China City Technology Entrepreneurship Index 2025

中国城市科技创业评价报告2025

上海科技大学创业与管理学院
中国城市科技创业评价课题组 著

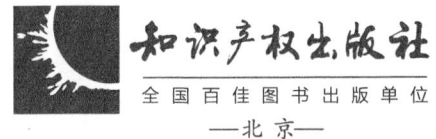

—北京—

图书在版编目（CIP）数据

中国城市科技创业评价报告. 2025 / 上海科技大学创业与管理学院中国城市科技创业评价课题组著. -- 北京：知识产权出版社，2025.9. -- ISBN 978-7-5245-0101-5

Ⅰ. F124.3

中国国家版本馆CIP数据核字第2025XB6130号

策划编辑：李　潇　　　　　　　　　责任校对：王　岩
责任编辑：韩　冰　武　晋　　　　　责任印制：孙婷婷
封面设计：杰意飞扬·张　悦

中国城市科技创业评价报告2025

上海科技大学创业与管理学院中国城市科技创业评价课题组　著

出版发行：知识产权出版社有限责任公司	网　　址：http://www.ipph.cn
社　　址：北京市海淀区气象路50号院	邮　　编：100081
责编电话：010-82000860转8126	责编邮箱：83930393@qq.com
发行电话：010-82000860转8101/8102	发行传真：010-82000893/82005070/82000270
印　　刷：北京九州迅驰传媒文化有限公司	经　　销：新华书店、各大网上书店及相关专业书店
开　　本：787mm×1092mm　1/16	印　　张：13
版　　次：2025年9月第1版	印　　次：2025年9月第1次印刷
字　　数：292千字	定　　价：118.00元
ISBN 978-7-5245-0101-5	

出版权专有　侵权必究

如有印装质量问题，本社负责调换。

编辑委员会

主　　编：柳卸林

副主编：杨博旭　郦光伟

执笔人：柳卸林　杨博旭　郦光伟　贾建军
　　　　　郑　雯　杨锡怡　孔祥茹

前　言

科技创业是基于科技创新成果的创业活动，是连接技术发明、技术创新与新产品或新服务的桥梁，同时也是培育和发展新质生产力的重要途径。《中国城市科技创业评价报告》（以下简称《评价报告》）是以中国城市科技创业为主题的综合性年度研究报告。《评价报告》以区域创业生态系统理论为指导，利用大量的统计数据，综合、客观且动态地对我国主要城市科技创业水平进行监测和分析。《评价报告》不仅可为政府决策部门强化科技创新对产业创新的引领带动作用，引导培育地区发展的新模式、新业态和新产业，形成各具特色的区域创新体系和区域协调格局提供参考；也可为地方政府因地制宜发展新质生产力，推动经济高质量发展提供新的思路。《评价报告》的评价过程使用滞后两年的数据，即2025年的评价结果基于2023年的数据。《评价报告》采用国家相关部门和第三方机构发布的客观数据，对城市科技创业整体水平从不同维度进行评价。

过去一年来，我国科技创业走过了一段不平凡的道路。由于全球经济的低迷和逆全球化趋势，科技创业处于一个动荡的调整期。但得益于我国对科技创业的持续支持，以及人工智能等新一代信息技术的迅速发展，我国城市科技创业仍然取得了很大的进步。总的来说，具有如下特色。

第一，科技金融制度不断完善，进一步支撑科技创业发展。党的二十大和二十届三中全会明确提出，要构建同科技创新相适应的科技金融体制，加强对国家重大科技任务和科技型中小企业的金融支持。2024年全国科技大会和中央金融工作会议对科技金融作出具体部署，要求金融管理部门、科技部门和金融机构深化金融供给侧结构性改革，推动金融、科技、产业融合发展。为加快构建同科技创新相适应的科技金融体制，支撑高水平科技自立自强和科技强国建设，2024年以来，金融监管总局《关于加强科技型企业全生命周期金融服务的通知》与中国人民银行等七部门《关于扎实做好科技金融大文章的工作方案》相继出台，构建了覆盖信贷、债券、创投等多渠道的政策矩阵，尤其在科创企业全生命周期服务、知识产权融资、资本市场对接等领域形成细化指引。2025年5月13日，科技部、中国人民银行、金融监管总局等七部门联合发布《加快构建科技金融体制 有力支撑高水平科技自立自强的若干政策举措》，旨在通过创业投资、资本市场、科技保险等领域的制度创新来推动科技创新。地方政府积极探索各具特色的差异化实践路径，持续优化并完善科技金融制度体系，如北京银行推出"创新积分贷"、上海浦东开展知识产权证券化试点、江苏完善"苏创融"产品模式。

第二，人工智能技术蓬勃发展，赋能城市科技创业百舸争流。2025年伊始，杭州"六小龙"横空出世，再次引起各行各业对人工智能技术的广泛关注。人工智能的强赋能作用，使其成为新一轮科技革命和产业变革的重要驱动力量，将对全球经济社会发展和人类文明进步产生深远影响。中国在人工智能领域持续发力，跻身世界第一梯队，截至2025年4月9日，我国人工智能专利申请量达1 576 379件，占全球申请量的38.58%，位居全球首位。我国人工智能产业规模占全球十分之一，形成了完整的人工智能产业体系。根据2025年政府工作报告，我国将深入推进"人工智能+"行动计划，旨在更好地结合数字技术与我国的制造和市场优势，促进大模型技术的广泛应用。各地持续出台相关举措，布局人工智能产业，推动人工智能与传统产业融合，提升城市科技创业能力。北京市发展改革委，北京市经济和信息化局，北京市科委、中关村管委会联合发布《北京市推动"人工智能+"行动计划（2024—2025年）》，从标杆应用、示范应用、商业应用等三个维度谋划推动人工智能应用落地，构建大模型赋能经济社会发展的全景图。杭州印发《杭州市加快建设人工智能创新高地实施方案（2025年版）》，抢占人工智能发展制高点，塑造人工智能创新生态发展优势，加快建设具有全球竞争力和影响力的人工智能创新高地。南京发布《南京市支持人工智能人才发展若干措施》，聚焦人工智能顶尖人才、产业急需人才、青年人才三个重点方向，围绕人才引进、培养、评价、服务等方面集中推出AI人才专项政策。

第三，科技创业领域展现出显著的地区差异，跨区域协同合作仍有待进一步深化与强化。面对新形势，城市科技创业日益受到重视。然而，鉴于各城市资源禀赋与发展阶段的不同，发展不平衡与不协调的问题仍旧突出。其一，呈现典型的区域特征和梯队分布。2025年城市科技创业能力依然呈现"东强西弱"的特征，排名前 10 位的城市中，除武汉外，均为东部城市，同时，排名后 50 位的城市大多为中西部城市。其二，整体格局相对稳定，个别城市变化较大。领先格局基本稳定，排名前 10 位的城市中，无锡进步明显，从第 14 位提升至第 10 位，其他城市排名变化不超过 2 位。2025 年综合排名上升的城市有 50 个，其中有 5 个城市排名上升超过 15 位；排名下降的城市有 44 个，其中有 8 个城市排名下降超过 15 位。其三，城市科技创业能力在不同维度差异较大。北京在企业培育、创新网络化、环境与平台三个维度排名第一，深圳在高质量创新创业维度排名第一，杭州在科技水平维度排名第一。其四，城市间协同发展有待加强，特别是对个别维度需要重点关注。其中，京津冀城市群整体处于勉强协调状态，长三角城市群整体处于勉强协调状态，珠三角城市群整体处于勉强协调状态，长江中游城市群整体处于濒临失调状态。然而，个别维度耦合协调度较低，特别是长三角城市群、珠三角城市群、长江中游城市群在高质量创新创业方面的耦合协调度。

需要说明的是，限于数据资料和时间精力等主客观原因，本报告只展示了排名前 100 位的城市进行分析，入选城市涵盖了我国 30 个省（自治区、直辖市）。

本报告为中国城市科技创业评价课题组和中国科学学与科技政策研究会创新生态与平台专业委员会（筹）的重要成果，在起草和写作过程中，得到了上海科技大学创业与管理学院领导和老师的大力支持，上海科技大学创业与管理学院一直视科技创业研究和学生培养为己任。希望依托本报告，能够为全国同行提供一个监测和分析各个城市科技创业水平的平台。

本报告是以上海科技大学创业与管理学院老师为主的多人集体完成的成果，因此文字风格不尽统一，加之时间紧迫、经验有限，虽数易其稿，但仍有不尽如人意之处，欢迎各界批评指正。

本报告得到国家社会科学基金的支持，是国家社科基金重大项目"国家创新体系整体效能提升的关键问题研究"（23&ZD132）阶段性成果。

上海科技大学创业与管理学院
中国城市科技创业评价课题组
2025 年 6 月 26 日

目 录 Contents

第1章 科技创业评价的意义与评价体系	1
1.1 城市科技创业评价的意义	1
1.2 评价体系与分析框架	2
第2章 中国城市科技创业能力总体排名	11
2.1 总体概述	11
2.2 城市科技创业能力排名	12
2.3 领先地区	20
2.4 重点区域	37
第3章 科技创业的企业培育分析	43
3.1 总体概述	43
3.2 领先地区	50
3.3 重点区域	59
3.4 关键指标分析	63
第4章 科技创业的高质量创新创业分析	72
4.1 总体概述	72
4.2 领先地区	79
4.3 重点区域	86
4.4 关键指标分析	89
第5章 科技创业的创新网络化分析	100
5.1 总体概述	100
5.2 领先地区	109

5.3 重点区域	125
5.4 关键指标分析	130

第6章 科技创业的科技水平分析　　　138
6.1 总体概述	138
6.2 领先地区	146
6.3 重点区域	151
6.4 关键指标分析	155

第7章 科技创业的环境与平台分析　　　166
7.1 总体概述	166
7.2 领先地区	174
7.3 重点区域	179
7.4 关键指标分析	182

后　　记　　　197

第1章 科技创业评价的意义与评价体系

1.1 城市科技创业评价的意义

改革开放以来,我国的科技创新历程经历了从"技术驱动"到"市场驱动",再到如今的"创新驱动"的深刻转变。早期,我国自主创新能力相对较弱,主要是对国外技术进行引进消化吸收。之后,随着市场需求的不断增长,我国对技术创新的需求也不断提升,通过对国外技术的再创新来满足国内市场需求,完成"从1到N"的过程。现阶段,我国整体技术水平已经实现从跟跑走向并跑,甚至向领跑过渡,对原始创新、基础研究的需求不断提升,并形成大量科技创新成果,学术论文、发明专利等成果数量全球领先。然而,仍有大量科技创新成果处于"闲置"状态,无法真正转化为生产力。因此,在"创新驱动"阶段,将科技创新成果转化为新质生产力,实现科技创新对产业创新的引导作用,是真正实现经济高质量增长和全要素生产率提升的关键所在。

科技创业是基于科技创新成果的创业活动,是科技成果商业化的重要方式,是连接技术发明、技术创新与新产品或新服务的桥梁,同时也是培育和发展新质生产力的重要途径。一个创新强国一定是一个科技创业发达的国度。自人类进入第四次工业革命以来,更是如此。从美国的硅谷,到今天我国的许多地区,科技创业已经被证明是地区经济增长的重要源泉。

科技创业作为一种特殊的创业形式,不仅具备一般创业活动的特征,更重要的是强调创业活动的"科技含量",具有高技术、高附加值、高投入、高风险、高回报等特征。一个城市的科技创业水平,不仅是当地创业活力的直接表现,而且也反映了其科技创新能力。对城市科技创业能力进行研究和评价,将为城市创新发展提供良好的理论基础和战略参考。

什么决定了一个地区的科技创业水平?根据过往的研究,一是当地的科技发展水平,这是科技创业的源泉;二是掌握科技的企业家,这是熊彼特理论中的企业家,有激情,有梦想,有获得和调动各种资源的能力,有百折不挠的信心。然而,科技基础如何构建?企业家的来源何在?相关人才又应如何培育?有了科技,有了创业的欲望,如何敢于创业,且能够获得各类资源，如土地、风险投资、政府支持、用户认可？人们为什么在这个地区创业而不是在那个地区创业？

本报告认为，一个地区的科技创业水平是由创业生态系统发展水平决定的。创业生态系统是由多种创业参与主体及其所处的创业环境所构成的有机整体，系统各要素彼此间存在复杂的交互作用，从而全面提升创业活动水平，其展现出多样性、网络互联、共生共存、竞争激烈、自我维持及鲜明的区域特色等六大核心特征。从地域维度审视，创业生态系统展现出显著的"根植性"特点，尤其是地理位置的邻近性和文化背景的相似性，这也是基于城市开展科技创业能力评价的必要性。

客观科学的指标评价体系是准确反映城市科技创业能力的关键，指标体系的整体结构、权重大小等都会影响最终结果。为此，本报告在充分借鉴《中国区域创新能力评价报告》《全球创新指数》《全球科技创新中心发展指数》《"中国100城"城市创新生态指数报告》等诸多国内外知名报告的基础上，基于创业生态系统的理念，构建了一个指标评价体系，并形成分析报告，基于两年的连续数据对城市科技创业能力进行系统评价和比较。这一指标体系通过多轮学术会议和专家座谈会讨论，最终被确定为本报告采纳的当前版本。但这一指标体系会不断发展，未来，将根据我国创新创业体系建设的不断深入，以及全球科技创新水平的发展，对指标体系进行动态调整。

1.2 评价体系与分析框架

在本报告中，某一城市的科技创业能力是该城市的科技创业能力相对于其他城市而言的排名，不是对该地区科技创新能力的直接衡量。从城市科技创业能力的基础数据来看，各城市的科技创业能力基本处于不断上升的状态。

1.2.1 评价原则

为保证城市科技创业能力评价结果的有效性，本报告在构建城市科技创业评价指标体系的过程中，召开了近十次由不同专家组成的座谈会，听取了许多专家的意见，严格遵循如下原则。

第一，充分考虑城市对科技创业的培育能力。科技创业是利用科技成果进行商业化转化的过程，在这一过程中，城市需致力于构建优良的外部环境，促进科学家与企业家之间的深度融合，确保科技与产业间的渠道畅通无阻，从而孕育并催生出一批中小科技企业及高新技术企业。

第二，充分考虑城市在创新创业活动中的地位。城市创新创业活动具有明显的正外部性，对周边城市的创新创业能力起到正向促进作用。对于科技创业水平较高的城市而言，其一般也会具备较高的创新创业引领能力。因此，本报告通过创新网络化来反映城市在创新创业中的位置，包括城市内部产学研合作、跨城市合作情况。反过来看，当城市在创新创业中占据中心位置时，也能够更快地获取信息和资源，进而支撑城市科技创业。

第三，强调科技创新创业的质量。相较于普通创业，科技创业专注于科技成果的商业化转化，旨在打造高附加值产品，实现价值最大化。因此，对于科技创业而言，其一般具有高质量属性。从创业链条上来看，不仅用于创业的技术是高质量的，创业形成的产品也是高质量的，并最终支撑经济高质量发展。

第四，充分考虑评价体系的跨城市可比性。城市科技创业能力评价的科学性要求评价体系能够公平地"对待"每一个城市，尽量降低数据和城市规模等因素对评价结果的影响。为此，本报告数据全部采用国家权威部门采集和公布的年鉴和报告中的数据等。同时，在具体评价指标方面，本报告使用人均指标和增长率指标，从而消除城市规模对评价结果的影响。

1.2.2 指标体系

1. 城市科技创业的内涵

城市科技创业至少可以包括如下三方面内容。

第一，城市科技创业的培育能力。这是一个基本的能力，一个科技创业培育能力强的地区，必定是创业企业不断涌现的地区。在这里，创业文化深入人心，人们普遍认为创业是一种值得尊重和推崇的行为。科技创业企业的诞生，既依赖于科学家敏锐的市场洞察力，将科技创新转化为实际生产力，也离不开城市精心营造的商业环境，可以激发创业的热情与活力，引导科技创业。基于此，本报告一方面考虑城市科技创业的来源和基础，即支撑科技创业的人力、财力和技术等要素；另一方面考虑城市在环境塑造和平台建设方面的优势，如城市基础设施、孵化器平台建设等。

第二，城市科技创新创业的质量。不同于一般的创业活动，科技创业是将科技创新成果进行商业化转化的过程，在这一过程中，不仅能创造新的产业，并且有获得全球市场的可能性。因此，科技创业一定是高质量的创业。高质量创新创业既强调可用于科技创业的创新成果是高质量的，保证创业活动具有更强的竞争力；也强调科技创业的成果符合经济高质量发展的要求，即产出的成果更加绿色化、智能化。

第三，城市的创业生态营造。随着第四次工业革命的加速演进，全球化和数字技术不断推进，生态系统成为推动创新发展的第四种力量，创业生态系统的概念也引起了学者的广泛关注。从区域的角度来看，生态系统具有典型的"根植性"特征，强调地理邻近和文化相似。从生态视角来看，企业培育和高质量创新创业离不开三个重要因素。一是当地的科技水平，包括基础支撑、科技投入、科技产出，但科技资源需要与商业资源有效联结。二是知识流动和溢出，知识可以在城市内和城市间流动，形成新的知识组合。城市创新创业活动在很大程度上促进了各类创新要素的流动，通过主体之间的交流，强化了知识的流动和组合。同时，城市创新创业活动也具有明显的溢出效应，有利于引导和促进周边城市的创新创业能力。三是环境与平台，主要是指营商环境，包括创新环境、金融环境，以及与创业相关的配套设施，包括医疗条件、基础教育水平等。

2. 城市科技创业评价指标体系

根据本报告对城市科技创业内涵的界定，遵循科学性、客观性、可行性、可比性等原则，构建城市科技创业评价指标体系（表1-1）。城市科技创业评价指标体系包括5个一级指标、11个二级指标、31个三级指标。其中，一级指标包括企业培育、高质量创新创业、创新网络化、科技水平和环境与平台。

表1-1 城市科技创业评价指标体系

一级指标	二级指标	三级指标	指标含义
1 企业培育	1.1 领军企业	高新技术企业	高新区内高新技术企业占入统企业比重
		专精特新企业	每百万人国家级专精特新"小巨人"企业数量
		新三板企业	每万人新三板企业数量
	1.2 创业企业	在孵企业	每万人孵化器在孵企业数
		众创空间	每万人众创空间服务的创业团队数量
		科技企业	每万人新注册科技企业数量
2 高质量创新创业	2.1 新兴产业	人工智能	每万人人工智能企业数量
		数字经济	每万人数字产业企业数量
		绿色产业	每万人绿色专利数量
	2.2 国际竞争力	产品出口	高新区内入统高新技术企业出口总额占营业收入比重
		国际专利	城市所有企业PCT专利申请数量/城市常住人口数量
3 创新网络化	3.1 内部合作创新	内部合作强度	城市内部合作专利数量/专利总量
		产学研合作创新	产学研合作专利数量/内部合作专利总量
	3.2 跨城市合作创新	跨城市合作强度	跨城市合作专利数量/专利总量
		创新领导力	跨城市合作网络中心性
		创新信息优势	跨城市合作网络结构洞

续表

一级指标	二级指标	三级指标	指标含义
4 科技水平	4.1 基础支撑	政府支持	政府科技支出占政府财政支出比重
		科研产出	每万人高校科研院所科研人员发明专利数量
		基础研究	每万人国际科技论文数量
		科技人才	每万人本科生在校人数
	4.2 科技投入	研发投入	高新区内入统高新技术企业当年研发经费支出占营业收入比重
		研发人员	高新区内入统高新技术企业每万人当年研发人员全时当量数
	4.3 科技产出	发明专利	城市所有企业发明专利申请数量/万人
		工业产值	高新区内入统高新技术企业工业总产值占营业收入的比重
		技术收入	高新区内入统高新技术企业技术收入占营业收入的比重
5 环境与平台	5.1 营商环境	创新环境	区域报告中的创新环境维度
		金融发展水平	年末贷款余额与 GDP 之比
		风险投资	人均风险投资金额
	5.2 配套设施	医疗条件	每万人拥有的医院、卫生院床位数量
		休闲与文化	人均图书馆藏书
		基础教育	每百名中小学生对应的教师数量

企业培育是推动城市科技创业蓬勃发展的关键环节，本报告通过分析城市对领军企业和创业企业两类企业的培育，评价目标城市的企业培育能力。推动创新创业高质量发展，有利于进一步增强创业带动就业能力，有利于提升科技创新和产业发展活力，有利于创造优质供给和扩大有效需求，对增强经济发展内生动力具有重要意义[1]。本报告使用新兴产业和国际竞争力两个指标来度量城市的高质量创新创业。创新网络化对于一个地区的科技创业发展具有重要作用。地区创新网络化强调合作伙伴、信息共享、影响力以及网络集中程度等因素的重要性，其形成和发展可以促进知识流动、资源整合和合作交流，从而推动科技创业的繁荣和经济的可持续发展。本报告从内部合作创新和跨城市合作创新两个维度来衡量一个地区的创新网络化程度。科技水平在一个城市的科技创业中扮演着至关重要的角色。提升科技水平能够提高企业和地区的创新能力，推动科技创业活动的发展。科技水平的提高还意味着城市

---

[1] 见《国务院关于推动创新创业高质量发展打造"双创"升级版的意见》（国发〔2018〕32号）。

拥有更先进的技术和更高的技术应用能力，能够更好地将科技成果转化为实际生产力。本报告使用三个指标来度量城市的科技水平，即基础支撑、科技投入和科技产出。科技创业的环境与平台是决定一个城市科技创业水平的关键因素之一。这一生态系统直接塑造创业者的成功路径，在提供市场机会、连接人才和专业网络、促进融资以及提供先进基础设施和技术支持等方面发挥作用。本报告使用营商环境和配套设施两个指标评估各个城市为科技创业提供的环境与平台。

当然，本报告是基于城市的评价，且评价的指标取决于指标的可获取性。因此，尽管各类风险投资也是决定当地创业水平的重要因素，但因为这个数据不可得，只能放弃。未来，将尝试从第三方数据库获取相关的城市层面数据，不断完善评价体系。

开展城市科技创业能力评价的目标是：一方面，为中央政府强化科技创新对产业创新的引领带动作用，引导培育地区发展的新模式、新业态和新产业，形成各具特色的区域创新体系和区域协调格局提供理论参考；另一方面，为地方政府因地制宜发展新质生产力，进而推动经济高质量发展提供新的思路，更加突出科技成果向生产力转化的重要性，发挥地方政府在产业升级和经济发展方式转变中的能动作用。

1.2.3 评价方法

城市科技创业的评价方法是加权综合评价法，即将基础指标无量纲化后，使用逐级等权法进行分层逐级综合，最后得出每个城市的科技创业能力的综合效用值。

单一指标采用直接获取的城市数据来表示，在无量纲化处理时采用效用值法。效用值法规定的值域是[0, 100]，即某一指标下最优值的效用值得分为100，最差值的效用值得分为0，计算方法如下。

1. 效用指标

设 i 表示第 i 项指标，j 表示第 j 个城市，则 x_{ij} 表示 i 指标 j 城市的指标获取值；y_{ij} 表示 i 指标 j 城市的指标效用值；$x_{i\max}$ 表示 i 指标的最大值；$x_{i\min}$ 表示 i 指标的最小值；$y_{ij} = \frac{x_{ij} - x_{i\min}}{x_{i\max} - x_{i\min}} \times 100$。

这里的效用指标是指正效用指标，即该项指标值越大，效用值得分越高。本报告所使用的指标均为正效用指标。

2. 权重选取

本报告采用逐级等权法，即对同一维度下的同等级指标赋予相同的权重。为避免逐级等权法可能带来的偏差，本报告同时邀请多位国内外科技创业领域的专家参加座谈会，对逐级等权法的科学性进行讨论，并得到一致认可。

3. 加权综合

加权计算是分层逐级进行的，以图1-1为例说明。

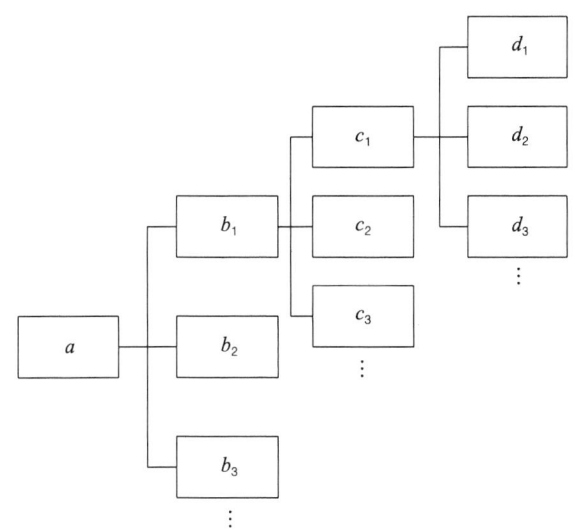

图1-1 指标体系示意图

设 a、b、c、d 表示分层；$f(a)$，$f(b)$，$f(c)$，$f(d)$ 分别表示其权重；$x(a,j)$，$x(b,j)$，$x(c,j)$，$x(d,j)$ 分别表示分层分城市的指标效用值，计算时从右向左进行。

例如，计算 c_i 的指标值（加权效用值）。设 $x(c_i, j)$ 是城市 j 在 c_i 指标下的综合效用值；$x(d_i, j)$ 是城市 j 在 d_i 指标下的效用值，那么，

$$x(c_1, j) = x(d_1, j)f(d_1) + x(d_2, j)f(d_2) + x(d_3, j)f(d_3) + \cdots$$

以此类推，求出 $x(c_2, j)$，$x(c_3, j)$ $\cdots$

进一步求出 $x(b_i, j)$：

$$x(b_1, j) = x(c_1, j)f(c_1) + x(c_2, j)f(c_2) + x(c_3, j)f(c_3) + \cdots$$

以此类推，求出 $x(b_2, j)$，$x(b_3, j)$ $\cdots$

再进一步求出 $x(a, j)$：

$$x(a, j) = x(b_1, j)f(b_1) + x(b_2, j)f(b_2) + x(b_3, j)f(b_3) + \cdots$$

4. 耦合协调度

在对城市科技创业能力进行评价的基础上，本报告通过计算耦合协调度，分析特定区域内部城市之间的协调程度。

耦合协调度是指创业生态系统内部，各子系统的系统水平和耦合关联程度，即不同城市在科技创业能力方面的整体水平和关联程度。耦合协调度越高，表明城市的科技创业能力以及彼此之间的耦合度也越高。

在计算过程中,首先计算城市之间的耦合度,公式如下:

$$C_t = \left\{ \frac{TE_{1t} \times TE_{2t} \times \cdots \times TE_{kt}}{\left[(TE_{1t} + TE_{2t} + \cdots + TE_{kt})/k \right]^k} \right\}^{\frac{1}{k}}$$

其中,TE_{it}为第i($i=1,2,\cdots,k$)个城市在第t年的科技创业能力;k为计算耦合度的城市数量。耦合度取值范围为[0,1],越接近1,耦合度越大。

在此基础上,计算城市之间的耦合协调度:

$$D_t = \sqrt{C_t \times T}$$

$$T = \beta_1 TE_{1t} + \beta_2 TE_{2t} + \cdots + \beta_k TE_{kt}$$

其中,T为耦合协调综合评价指数;β为待定系数,学术界通常采取等权重的方式进行复制。

为保证C和T的取值在同一数量级,本报告在计算耦合协调度时,先将城市科技创业能力的取值范围转化到[0,1]。

根据耦合协调度的取值,将城市之间的耦合协调情况分为极度失调到优质协调十种类型,如表1-2所示。

表1-2 耦合协调度及其对应类型

取值	协调类型	取值	协调类型
[0, 0.1)	极度失调	[0.5, 0.6)	勉强协调
[0.1, 0.2)	严重失调	[0.6, 0.7)	初级协调
[0.2, 0.3)	中度失调	[0.7, 0.8)	中级协调
[0.3, 0.4)	轻度失调	[0.8, 0.9)	良好协调
[0.4, 0.5)	濒临失调	[0.9, 1]	优质协调

1.2.4 评价对象与数据来源

为了保证研究的可检验性,本报告的数据均来自公开出版的统计年鉴、研究数据库、公开出版的评价报告等,主要包括《中国城市统计年鉴》、《中国火炬统计年鉴》、国家知识产权局专利数据库、incoPat数据库、中国研究数据服务平台、《中国区域创新能力评价报告》等。借鉴国内外类似研究报告的一般做法,本报告使用滞后两年的基础数据进行测算,如2025年的评价结果使用的是2023年的基础数据。对个别地区的缺失数据和异常值,在评价过程中进行了多方验证和平滑处理。考虑到城市数据的可得性和具体评价的可操作性,本报告选取具有国家级高新区的城市进行评价,并选取排名前100位的城市进行展示和分析。参评城市和区域分布如表1-3和图1-2所示。

表 1-3 参评城市

地区	城市	地区	城市	地区	城市	地区	城市
安徽	安庆	广东	惠州	广东	清远	湖北	咸宁
辽宁	鞍山	江西	吉安	浙江	衢州	陕西	咸阳
内蒙古	包头	吉林	吉林	福建	泉州	湖南	湘潭
河北	保定	山东	济南	福建	厦门	湖北	襄阳
北京	北京	浙江	嘉兴	上海	上海	江苏	徐州
江苏	常州	广东	江门	浙江	绍兴	山东	烟台
四川	成都	河南	焦作	广东	深圳	江苏	盐城
安徽	滁州	辽宁	锦州	辽宁	沈阳	江苏	扬州
辽宁	大连	湖北	荆门	河北	石家庄	湖北	宜昌
广东	东莞	江西	景德镇	江苏	苏州	湖南	益阳
山东	东营	新疆	克拉玛依	江苏	宿迁	宁夏	银川
内蒙古	鄂尔多斯	云南	昆明	山西	太原	辽宁	营口
广东	佛山	甘肃	兰州	山东	泰安	云南	玉溪
福建	福州	江苏	连云港	江苏	泰州	广东	湛江
广东	广州	辽宁	辽阳	天津	天津	吉林	长春
贵州	贵阳	山东	临沂	安徽	铜陵	湖南	长沙
广西	桂林	河南	洛阳	山东	威海	广东	肇庆
黑龙江	哈尔滨	广东	茂名	山东	潍坊	江苏	镇江
海南	海口	四川	绵阳	浙江	温州	河南	郑州
浙江	杭州	江西	南昌	新疆	乌鲁木齐	广东	中山
安徽	合肥	江苏	南京	江苏	无锡	重庆	重庆
广东	河源	广西	南宁	安徽	芜湖	广东	珠海
内蒙古	呼和浩特	江苏	南通	湖北	武汉	湖南	株洲
浙江	湖州	浙江	宁波	陕西	西安	山东	淄博
江苏	淮安	山东	青岛	青海	西宁	四川	自贡

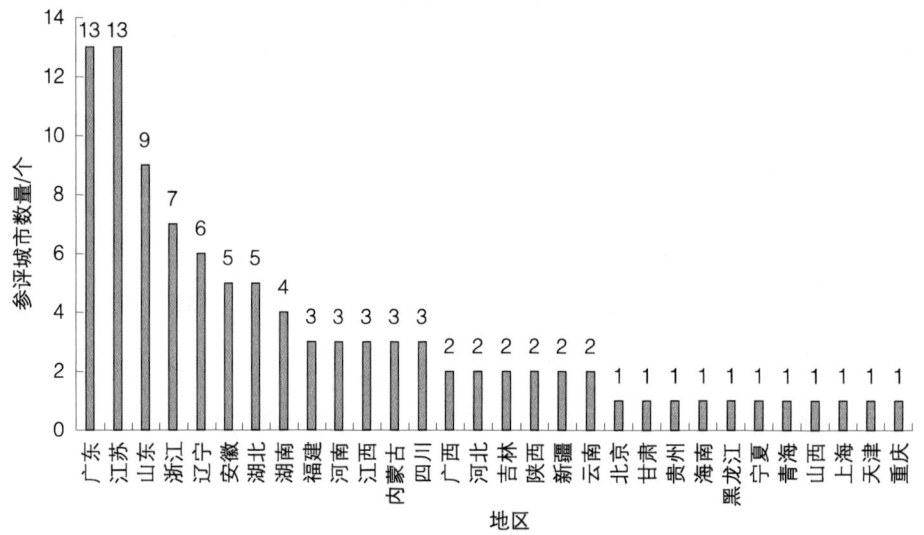

图1-2 参评城市区域分布

第 2 章
中国城市科技创业能力总体排名

2.1 总体概述

2025 年，我国主要城市科技创业能力呈现以下特征。

一是，呈现典型的区域特征和梯队分布。2025 年，城市科技创业能力依然呈现"东强西弱"的特征，排名前 10 位的城市中，除武汉外，均为东部城市，同时，排名后 50 位的城市大多为中西部城市。城市科技创业能力呈现明显的梯队分布，其中，北京、深圳、南京和杭州处于超一流梯队，得分超过 45 分；珠海、上海、苏州、广州、武汉和无锡处于第一梯队，得分超过 36 分。

二是，整体格局相对稳定，个别城市位次变化较大。领先格局基本稳定，排名前 10 位的城市中，无锡进步明显，从 2024 年的第 14 位提升到第 10 位，其他城市排名变化不超过 2 位。2025 年，综合排名上升的城市有 50 个，其中，有 5 个城市排名上升超过 15 位；排名下降的城市有 44 个，其中，有 8 个城市排名下降超过 15 位。

三是，城市科技创业能力的不同维度差异较大。北京在企业培育、创新网络化、环境与平台三个维度排名第 1 位，深圳在高质量创新创业维度排名第 1 位，杭州在科技水平维度排名第 1 位。企业培育维度排名高于综合排名的城市有 48 个，低于综合排名的城市有 50 个；高质量创新创业维度排名高于综合排名的城市有 45 个，低于综合排名的城市有 51 个；创新网络化维度排名高于综合排名的城市有 46 个，低于综合排名的城市有 51 个；科技水平维度排名高于综合排名的城市有 47 个，低于综合排名的城市有 49 个；环境与平台维度排名高于综合排名的城市有 45 个，低于综合排名的城市有 49 个。

四是，城市间科技创业能力协同发展有待加强，特别是个别维度需要重点关注。我国主要城市群的科技创业耦合协调度范围为 [0.49, 0.53]，其中，京津冀城市群的耦合协调度和长三角城市群的耦合协调度均为 0.53，处于勉强协调状态；珠三角城市群的耦合协调度为 0.51，处于勉强协调状态；长江中游城市群的耦合协调度为 0.49，处于濒临失调状态。然而，主要城市群在个别维度的耦合协调度较低，如长三角城市群在高质量创新创业维度的耦合协调度低于0.3，已经处于中度失调状态；珠三角城市群在高质量创新创业维度的耦合协调度只有0.25，处于中度失调状态；长江中游城市群在高质量创新创业维度的耦合协调度仅为0.21，处于中度失调状态。

2.2 城市科技创业能力排名

2.2.1 综合得分与排名

2025年，北京科技创业能力排名第1位，深圳和南京分别排名第2位和第3位，杭州和珠海分别排名第4位和第5位。进入前10位的城市还有上海、苏州、广州、武汉和无锡。从区位分布来看，北京和上海2个直辖市进入前10位，广东和江苏均有3个城市进入前10位，浙江和湖北各有1个城市进入前10位。

如图2-1所示，2025年城市科技创业能力呈现明显的梯队分布，其中，北京、深圳、南京和杭州处于超一流梯队，得分超过45分；珠海、上海、苏州、广州、武汉和无锡处于第一梯队，得分超过36分；合肥、成都、青岛、西安、天津、嘉兴、常州、济南、长沙、厦门、佛山、宁波和镇江处于第二梯队，得分超过30分。鄂尔多斯、包头、乌鲁木齐、东营、滁州、临沂、泰安、玉溪、银川和清远得分均低于20分。

2.2.2 排名变化

从排名变化情况来看（表2-1），2025年综合排名上升的城市共有50个，其中，排名上升15位及以上的城市包括宿迁（33位）、吉安（21位）、咸宁（18位）、保定（18位）和自贡（15位）。在京东的带动下，宿迁电子商务类科技创业活动活跃；吉安、咸宁和自贡作为中西部城市，通过创新驱动实现转型。排名下降的城市有44个，其中，排名下降15位及以上的城市包括景德镇（25位）、包头（21位）、惠州（20位）、滁州（19位）、潍坊（18位）、襄阳（18位）、辽阳（16位）和河源（15位）。排名下降的城市既包括东部沿海地区，也包括中西部地区。其中，惠州和河源虽然地处珠三角，但主要以传统制造业为主，科技创业活力仍需被激发；景德镇、潍坊等地区以农业和制造业为主，也需要继续进一步转型升级。

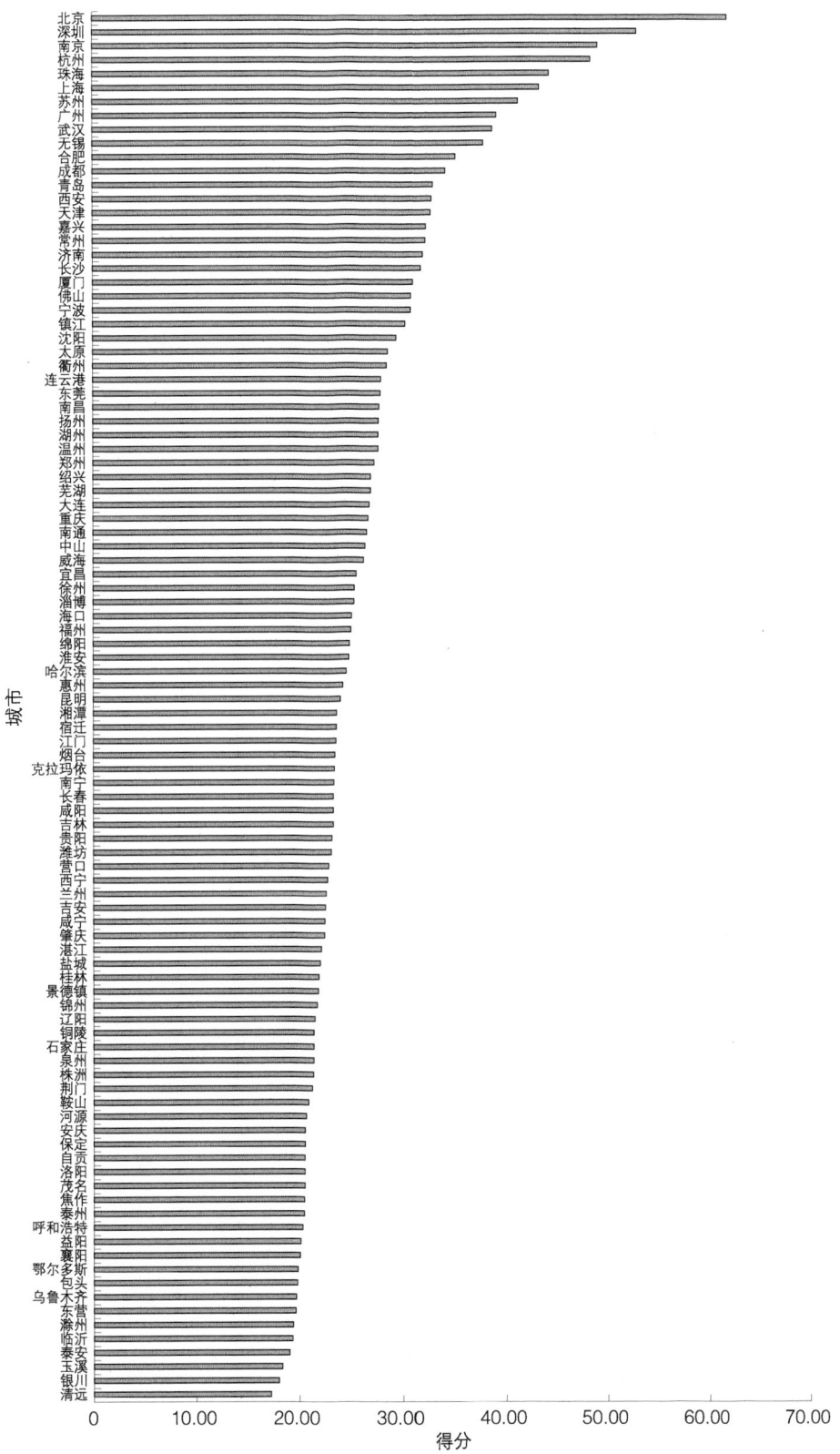

图 2-1 2025 年中国城市科技创业能力综合得分

表 2-1 城市科技创业能力排名变化

城市	排名 2025年	排名 2024年	排名变化	城市	排名 2025年	排名 2024年	排名变化	城市	排名 2025年	排名 2024年	排名变化
北京	1	1	0	芜湖	35	25	-10	盐城	69	73	4
深圳	2	2	0	大连	36	41	5	桂林	70	75	5
南京	3	4	1	重庆	37	45	8	景德镇	71	46	-25
杭州	4	3	-1	南通	38	44	6	锦州	72	61	-11
珠海	5	6	1	中山	39	40	1	辽阳	73	57	-16
上海	6	5	-1	威海	40	34	-6	铜陵	74	69	-5
苏州	7	9	2	宜昌	41	47	6	石家庄	75	80	5
广州	8	8	0	徐州	42	56	14	泉州	76	89	13
武汉	9	7	-2	淄博	43	38	-5	株洲	77	78	1
无锡	10	14	4	海口	44	48	4	荆门	78	87	9
合肥	11	10	-1	福州	45	39	-6	鞍山	79	70	-9
成都	12	11	-1	绵阳	46	55	9	河源	80	65	-15
青岛	13	13	0	淮安	47	52	5	安庆	81	83	2
西安	14	17	3	哈尔滨	48	50	2	保定	82	100	18
天津	15	20	5	惠州	49	29	-20	自贡	83	98	15
嘉兴	16	19	3	昆明	50	51	1	洛阳	84	74	-10
常州	17	21	4	湘潭	51	42	-9	茂名	85	94	9
济南	18	15	-3	宿迁	52	85	33	焦作	86	97	11
长沙	19	16	-3	江门	53	49	-4	泰州	87	79	-8
厦门	20	12	-8	烟台	54	53	-1	呼和浩特	88	99	11
佛山	21	24	3	克拉玛依	55	59	4	益阳	89	77	-12
宁波	22	18	-4	南宁	56	54	-2	襄阳	90	72	-18
镇江	23	26	3	长春	57	58	1	鄂尔多斯	91	82	-9
沈阳	24	22	-2	咸阳	58	64	6	包头	92	71	-21
太原	25	31	6	吉林	59	66	7	乌鲁木齐	93	92	-1
衢州	26	27	1	贵阳	60	63	3	东营	94	91	-3
连云港	27	37	10	潍坊	61	43	-18	滁州	95	76	-19
东莞	28	36	8	营口	62	67	5	临沂	96	93	-3
南昌	29	30	1	西宁	63	60	-3	泰安	97	90	-7
扬州	30	35	5	兰州	64	62	-2	玉溪	98	96	-2
湖州	31	23	-8	吉安	65	86	21	银川	99	95	-4
温州	32	32	0	咸宁	66	84	18	清远	100	88	-12
郑州	33	33	0	肇庆	67	68	1				
绍兴	34	28	-6	湛江	68	81	13				

注：表中正数为排名上升位数，负数为排名下降位数，"0"表示排名没有变化，后同。

2.2.3 一级指标分析

如表 2-2 所示，在企业培育指标方面，北京全国排名第 1 位，得分为 68.25 分，具有明显的领先优势；珠海排名第 2 位，得分为 59.94 分，与北京差距较大；苏州、南京和深圳分别排名第 3 位、第 4 位和第 5 位；排名进入前 10 位的城市还有杭州、无锡、武汉、常州和上海。排名后 5 位的城市依次为吉林、桂林、吉安、自贡和鞍山。与综合排名进行对比，发现企业培育排名高于综合排名的城市有 48 个，其中，排名差距达到 20 位及以上的城市有荆门（37/78）、克拉玛依（17/55）、襄阳（53/90）、株洲（44/77）、泰州（55/87）、咸阳（30/58）、乌鲁木齐（65/93）、海口（20/44）和滁州（73/95）。企业培育排名低于综合排名的城市有 50 个，其中，排名差距达到 20 位及以上的城市有吉林（100/59）、徐州（80/42）、南宁（89/56）、吉安（98/65）、贵阳（91/60）、绵阳（76/46）、桂林（99/70）、湘潭（77/51）、西安（36/14）、西宁（85/63）、青岛（34/13）、连云港（47/27）和南昌（49/29）。

表 2-2　2025 年城市科技创业能力综合排名与得分及各维度排名与得分

城市	综合值		企业培育		高质量创新创业		创新网络化		科技水平		环境与平台	
	排名	得分	排名	得分	排名	得分	排名	得分	排名	得分	排名	得分
北京	1	61.58	1	68.25	2	51.57	1	49.62	3	50.88	1	87.57
深圳	2	52.78	5	55.95	1	63.74	43	32.65	5	47.41	5	64.13
南京	3	49.03	4	56.54	5	31.52	11	40.53	2	52.28	4	64.27
杭州	4	48.33	6	54.42	6	31.21	22	38.49	1	53.18	3	64.34
珠海	5	44.20	2	59.94	3	37.66	73	27.60	9	41.71	6	54.11
上海	6	43.24	10	45.05	10	23.00	20	38.75	17	33.22	2	76.15
苏州	7	41.21	3	57.54	4	33.26	63	28.83	10	41.65	14	44.75
广州	8	39.12	14	40.10	12	21.29	16	39.44	7	42.50	9	52.29
武汉	9	38.73	8	47.67	18	17.66	6	41.22	4	50.14	35	36.95
无锡	10	37.84	7	52.80	13	20.54	58	29.73	19	32.73	7	53.40
合肥	11	35.10	16	38.82	11	22.77	25	37.98	11	41.10	46	34.85
成都	12	34.11	29	33.30	7	26.44	15	40.25	16	34.78	43	35.78
青岛	13	32.90	34	31.25	14	19.77	2	45.00	18	33.00	44	35.46
西安	14	32.76	36	31.10	25	14.24	14	40.27	8	42.30	42	35.88
天津	15	32.68	11	42.17	9	26.00	38	34.76	49	25.35	45	35.11
嘉兴	16	32.22	26	33.63	26	13.93	83	25.01	13	36.03	8	52.51
常州	17	32.16	9	46.33	16	18.25	80	25.34	33	28.90	17	41.99
济南	18	31.92	21	35.47	23	14.93	10	40.63	37	27.70	21	40.90

续表

城市	综合值		企业培育		高质量创新创业		创新网络化		科技水平		环境与平台	
	排名	得分	排名	得分	排名	得分	排名	得分	排名	得分	排名	得分
长沙	19	31.72	24	33.85	24	14.56	30	36.59	6	43.06	68	30.55
厦门	20	31.01	22	34.80	15	19.65	37	35.07	15	34.86	67	30.65
佛山	21	30.84	18	36.73	20	17.49	55	30.22	21	31.49	28	38.27
宁波	22	30.79	12	41.32	27	13.84	72	27.75	22	31.43	25	39.61
镇江	23	30.29	35	31.24	31	11.46	23	38.20	30	29.29	19	41.24
沈阳	24	29.42	23	34.44	55	5.93	28	37.33	32	29.05	24	40.34
太原	25	28.60	27	33.43	59	5.66	32	36.26	43	25.89	18	41.78
衢州	26	28.53	13	41.17	61	5.63	79	25.43	86	18.24	10	52.19
连云港	27	27.96	47	27.03	73	4.38	52	31.07	12	40.67	37	36.67
东莞	28	27.89	31	31.67	17	18.03	86	23.76	29	29.48	38	36.52
南昌	29	27.78	49	26.44	37	9.54	17	39.42	14	35.04	81	28.47
扬州	30	27.71	33	31.49	34	10.13	69	27.84	20	31.54	30	37.54
湖州	31	27.70	15	39.56	28	12.88	90	22.88	48	25.40	29	37.77
温州	32	27.67	25	33.80	43	7.80	54	30.23	53	23.91	15	42.63
郑州	33	27.30	38	30.48	42	8.22	12	40.49	41	26.47	66	30.85
绍兴	34	26.96	32	31.54	38	9.42	85	23.79	31	29.16	22	40.87
芜湖	35	26.93	19	35.78	36	9.71	78	25.93	28	29.53	55	33.70
大连	36	26.82	50	25.93	35	10.02	41	33.68	57	23.69	23	40.76
重庆	37	26.69	48	26.73	29	12.68	5	42.30	54	23.88	84	27.89
南通	38	26.55	40	30.08	33	11.25	67	28.21	50	24.26	27	38.95
中山	39	26.40	43	28.27	19	17.62	76	26.65	63	22.29	33	37.18
威海	40	26.26	39	30.30	32	11.35	31	36.39	81	19.21	53	34.04
宜昌	41	25.52	28	33.40	64	5.24	18	39.00	78	20.05	71	29.93
徐州	42	25.36	80	18.61	60	5.64	21	38.53	40	26.56	31	37.46
淄博	43	25.31	59	23.37	52	6.56	45	32.56	24	31.35	58	32.73
海口	44	25.09	20	35.59	67	5.04	48	32.03	84	18.59	52	34.22
福州	45	25.04	46	27.62	40	8.39	50	31.85	23	31.42	93	25.90
绵阳	46	24.87	76	19.42	30	11.74	47	32.06	36	27.76	56	33.38
淮安	47	24.78	42	28.70	53	6.01	68	28.08	42	26.28	47	34.83
哈尔滨	48	24.55	60	22.43	62	5.52	36	35.09	76	20.34	26	39.39
惠州	49	24.22	41	29.40	21	16.40	96	19.26	59	23.34	59	32.72

续表

城市	综合值		企业培育		高质量创新创业		创新网络化		科技水平		环境与平台	
	排名	得分	排名	得分	排名	得分	排名	得分	排名	得分	排名	得分
昆明	50	23.99	45	27.71	66	5.12	27	37.53	67	21.72	85	27.87
湘潭	51	23.62	77	19.24	65	5.13	26	37.56	25	31.23	96	24.94
宿迁	52	23.60	64	21.71	82	3.43	74	27.43	35	28.20	32	37.20
江门	53	23.55	52	24.99	22	14.94	82	25.31	55	23.78	78	28.72
烟台	54	23.45	54	24.63	44	7.76	35	35.99	80	19.51	75	29.37
克拉玛依	55	23.38	17	36.82	90	2.97	100	11.77	77	20.27	11	45.06
南宁	56	23.36	89	16.01	47	7.28	9	40.73	51	24.14	79	28.63
长春	57	23.30	51	25.15	39	8.75	66	28.36	75	20.37	54	33.88
咸阳	58	23.30	30	33.29	72	4.52	75	27.36	93	16.79	50	34.53
吉林	59	23.30	100	4.02	63	5.26	51	31.45	26	30.99	13	44.77
贵阳	60	23.15	91	15.01	51	7.00	34	36.12	46	25.42	61	32.20
潍坊	61	23.09	63	21.89	41	8.38	65	28.54	66	21.94	48	34.72
营口	62	22.85	68	21.10	46	7.45	57	29.84	79	19.67	39	36.20
西宁	63	22.74	85	16.99	95	2.25	3	43.41	87	18.16	57	32.88
兰州	64	22.60	57	23.68	75	4.09	33	36.16	71	20.79	83	28.26
吉安	65	22.53	98	9.64	8	26.21	60	29.68	73	20.58	90	26.52
咸宁	66	22.45	61	22.30	92	2.66	13	40.41	91	17.39	74	29.51
肇庆	67	22.42	56	24.54	80	3.60	56	30.09	65	21.96	63	31.92
湛江	68	22.13	71	20.21	76	3.93	19	38.99	90	17.52	70	29.98
盐城	69	22.01	70	20.59	54	6.00	29	37.04	99	11.93	51	34.48
桂林	70	21.89	99	9.59	56	5.88	7	41.06	45	25.49	87	27.43
景德镇	71	21.81	78	19.06	71	4.60	24	38.19	88	18.01	76	29.22
锦州	72	21.72	83	17.55	77	3.86	59	29.69	74	20.38	34	37.13
辽阳	73	21.51	82	17.75	98	1.97	95	20.55	62	22.37	12	44.91
铜陵	74	21.39	67	21.16	68	5.03	94	20.88	89	17.56	16	42.32
石家庄	75	21.38	62	22.23	74	4.31	81	25.32	38	27.39	86	27.64
泉州	76	21.37	58	23.38	49	7.17	44	32.59	64	22.10	98	21.63
株洲	77	21.34	44	27.72	78	3.71	89	22.89	44	25.52	89	26.88
荆门	78	21.25	37	30.75	69	4.85	99	17.35	68	21.17	62	32.12
鞍山	79	20.91	96	10.34	83	3.42	53	30.71	47	25.41	49	34.68
河源	80	20.67	92	14.10	57	5.83	88	23.10	82	19.18	20	41.16

续表

城市	综合值		企业培育		高质量创新创业		创新网络化		科技水平		环境与平台	
	排名	得分	排名	得分	排名	得分	排名	得分	排名	得分	排名	得分
安庆	81	20.57	66	21.23	84	3.33	91	22.61	61	23.06	60	32.64
保定	82	20.57	74	19.72	50	7.12	98	17.57	34	28.38	69	30.07
自贡	83	20.53	97	9.67	93	2.60	8	40.92	97	13.46	41	36.01
洛阳	84	20.53	69	21.01	81	3.43	64	28.69	39	26.76	97	22.76
茂名	85	20.53	86	16.69	99	0.78	4	43.30	92	16.84	95	25.03
焦作	86	20.48	88	16.23	58	5.70	71	27.80	58	23.52	77	29.16
泰州	87	20.45	55	24.58	48	7.23	97	18.31	70	20.91	65	31.24
呼和浩特	88	20.31	72	19.91	88	3.04	49	31.88	69	21.11	94	25.60
益阳	89	20.13	94	11.82	89	2.98	40	33.80	56	23.77	82	28.29
襄阳	90	20.07	53	24.75	97	2.05	39	33.84	83	19.02	100	20.68
鄂尔多斯	91	19.87	81	17.89	45	7.51	87	23.66	52	24.02	91	26.26
包头	92	19.78	79	18.87	86	3.12	77	26.33	27	29.79	99	20.82
乌鲁木齐	93	19.66	65	21.70	96	2.15	62	28.84	100	9.50	40	36.13
东营	94	19.62	75	19.64	70	4.77	92	21.95	94	14.89	36	36.87
滁州	95	19.36	73	19.81	79	3.67	70	27.80	85	18.46	88	27.09
临沂	96	19.31	93	13.29	94	2.49	61	29.03	60	23.17	80	28.55
泰安	97	19.02	87	16.54	87	3.12	84	24.85	72	20.76	72	29.86
玉溪	98	18.32	95	11.24	100	0.51	42	33.25	95	14.85	64	31.76
银川	99	18.01	90	15.54	91	2.86	46	32.10	98	13.37	92	26.17
清远	100	17.22	84	17.16	85	3.27	93	21.94	96	14.06	73	29.67

在高质量创新创业指标方面，深圳全国排名第1位，得分为63.74分，具有明显的领先优势；北京紧随其后，排名第2位，得分为51.57分，依然具有较强竞争力；珠海、苏州、南京分别排名第3位、第4位和第5位；高质量创新创业排名进入前10位的城市还包括杭州、成都、吉安、天津和上海。排名后5位的城市依次为玉溪、茂名、辽阳、襄阳和乌鲁木齐。与综合排名进行对比，发现高质量创新创业排名高于综合排名的城市有45个，其中，排名差距达到20位及以上的城市有吉安（8/65）、鄂尔多斯（45/91）、泰州（48/87）、保定（50/82）、江门（22/53）、焦作（58/86）、惠州（21/49）、泉州（49/76）、东营（70/94）、河源（57/80）、潍坊（41/61）和中山（19/39）。高质量创新创业排名低于综合排名的城市有51个，其中，排名差距大于20位的城市有连云港（73/27）、克拉玛依（90/55）、衢州（61/26）、太原（59/25）、西宁（95/63）、沈阳（55/24）、宿迁（82/52）、咸宁（92/66）、辽阳（98/73）、海口（67/44）和宜昌（64/41）。

在创新网络化指标方面，北京全国排名第1位，得分为49.62分，具有一定的领先优势；青岛紧随其后，排名第2位，得分为45.00分；西宁、茂名和重庆分别排名第3位、第4位和第5位，其中，西宁作为西部城市，通过强化创新网络带动科技创业。创新网络化排名进入前10位的城市还包括武汉、桂林、自贡、南京和济南。创新网络化排名后5位的城市依次为克拉玛依、荆门、保定、泰州和惠州。与综合排名进行对比，发现创新网络化排名高于综合排名的城市有46个，其中，排名差距达到40位及以上的城市有茂名（4/85）、自贡（8/83）、桂林（7/70）、西宁（3/63）、玉溪（42/98）、咸宁（13/66）、银川（46/99）、襄阳（39/90）、湛江（19/68）、益阳（40/89）、南宁（9/56）、景德镇（24/71）和盐城（29/69）。创新网络化排名低于综合排名的城市有51个，其中，排名差距大于40位的城市有珠海（73/5）、嘉兴（83/16）、常州（80/17）、湖州（90/31）、东莞（86/28）、苏州（63/7）、衢州（79/26）、绍兴（85/34）、宁波（72/22）、无锡（58/10）、惠州（96/49）、克拉玛依（100/55）、芜湖（78/35）和深圳（43/2）。不难看出，创新网络化排名与综合排名差距整体较大，一些科技创新创业能力相对较弱的中西部城市，通过嵌入东部发达地区，实现科技创业发展；而部分东部城市的创新网络联系相对较少。

在科技水平指标方面，杭州全国排名第1位，得分为53.18分，为科技创业提供了良好的基础条件；南京排名第2位，得分为52.28分，略低于杭州的得分；北京、武汉和深圳分别排名第3位、第4位和第5位。科技水平排名进入前10位的城市还有长沙、广州、西安、珠海和苏州。排名后5位的城市依次为乌鲁木齐、盐城、银川、自贡和清远。与综合排名进行对比，发现科技水平排名高于综合排名的城市有47个，其中排名差距大于30位及以上的城市有包头（27/92）、保定（34/82）、洛阳（39/84）、鄂尔多斯（52/91）、石家庄（38/75）、临沂（60/96）、益阳（56/89）、株洲（44/77）、吉林（26/59）和鞍山（47/79）。科技水平排名低于综合排名的城市有49个，其中排名差距达到30位及以上的城市有衢州（86/26）、威海（81/40）、海口（84/44）、宜昌（78/41）、咸阳（93/58）、天津（49/15）和盐城（99/69）。

在环境与平台指标方面，北京全国排名第1位，得分为87.57分，具有较大的领先优势；上海紧随其后，排名第2位，得分为76.15分，与北京有一定差距，但依然具有较强竞争力；杭州、南京和深圳分别排名第3位、第4位和第5位。环境与平台排名进入前10位的城市还包括珠海、无锡、嘉兴、广州和衢州。排名后5位的城市依次为襄阳、包头、泉州、洛阳和湘潭。与综合排名进行对比，发现环境与平台排名高于综合排名的城市有45个，其中，排名差距达到30位及以上的城市有辽阳（12/73）、河源（20/80）、东营（36/94）、铜陵（16/74）、乌鲁木齐（40/93）、吉林（13/59）、克拉玛依（11/55）、自贡（41/83）、锦州（34/72）、玉溪（64/98）、鞍山（49/79）。环境与平台排名低于综合排名的城市有49个，其中，排名差距达到30位及以上的城市有南昌（81/29）、长沙（68/19）、福州（93/45）、重庆（84/37）、厦门（67/20）、湘潭（96/51）、昆明（85/50）、合肥（46/11）、郑州（66/33）、青岛（44/13）、成都（43/12）、宜昌（71/41）和天津（45/15）。

2.3 领先地区

2.3.1 北京

2025年北京科技创业能力全国排名第1位。经济指标方面，2023年北京地区生产总值为43 761亿元，全国排名第2位；人均地区生产总值为200 278元，全国排名第4位。北京科技创业能力排名高于地区生产总值和人均地区生产总值排名。

北京科技创业能力及其各维度得分与排名如表2-3所示。分指标看，2025年北京企业培育排名第1位，与2024年持平；高质量创新创业排名第2位，与2024年持平；创新网络化排名第1位，与2024年持平，科技水平排名第3位，比2024年上升2位；环境与平台排名第1位，与2024年持平。

表2-3 北京科技创业能力及其各维度得分与排名

指标	2025年		2024年		排名变化
	得分	排名	得分	排名	
科技创业能力	61.58	1	60.37	1	0
1 企业培育	68.25	1	72.70	1	0
1.1 领军企业	76.68	1	87.55	1	0
1.2 创业企业	59.82	2	57.86	2	0
2 高质量创新创业	51.57	2	55.68	2	0
2.1 新兴产业	70.03	1	76.30	1	0
2.2 国际竞争力	33.10	5	35.06	5	0
3 创新网络化	49.62	1	47.90	1	0
3.1 内部合作创新	32.56	45	29.14	41	-4
3.2 跨城市合作创新	66.67	1	66.67	1	0
4 科技水平	50.88	3	50.55	5	2
4.1 基础支撑	62.99	2	61.45	2	0
4.2 科技投入	22.42	64	25.00	60	-4
4.3 科技产出	67.23	1	65.21	2	1
5 环境与平台	87.57	1	75.01	1	0
5.1 营商环境	99.23	1	95.35	1	0
5.2 配套设施	75.90	1	54.67	10	9

五个维度上,北京没有明显短板,其企业培育、创新网络化和环境与平台三项指标居全国首位,具有明显的科技创业优势。在科技水平方面表现相对较弱,排名第3位。从五个维度的得分来看(图2-2),北京在环境与平台方面得分最高,具有明显的领先优势,在创新网络化方面得分最低。

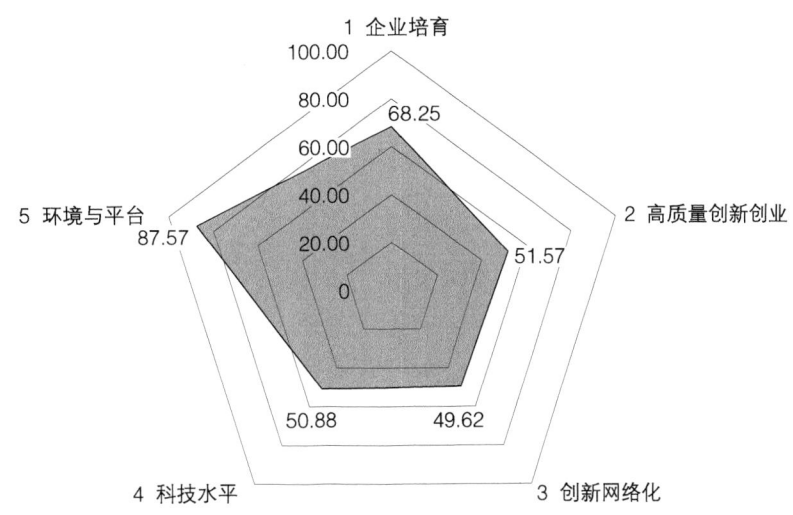

图2-2 2025年北京科技创业能力蛛网图

北京诸多的优势基础指标,支撑了其整体科技创业能力(表2-4)。具体来看,北京的新三板企业、人工智能、数字经济、创新领导力、创新信息优势和基础研究等基础指标均连续两年排名全国首位。

表2-4 北京优势基础指标(部分)

指标	2025年		2024年		排名变化
	得分	排名	得分	排名	
新三板企业	0.36	1	0.38	1	0
人工智能	4.60	1	4.27	1	0
数字经济	32.75	1	48.77	1	0
创新领导力	334.00	1	330.00	1	0
创新信息优势	0.93	1	0.94	1	0
基础研究	71.83	1	74.30	1	0

北京主要有以下几个基础指标处于劣势(表2-5)。研发投入排名第60位,比上一年下降4位。产品出口排名第79位,比上一年保持一致,高技术产品出口竞争力有所提升。产学研合作创新排名第80位,比上一年上升1位,产学研合作创新的潜力依然较大。工业产值排名第99位,与上一年持平。跨城市合作强度排名第100位,与上一年保持一致,跨区域合作能力有待进一步挖掘。

表 2-5 北京劣势基础指标（部分）

指标	2025 年		2024 年		排名变化
	得分	排名	得分	排名	
研发投入	1.46	64	1.57	60	-4
产品出口	0.04	79	0.04	79	0
产学研合作创新	0.17	80	0.18	81	1
工业产值	0.14	99	0.15	99	0
跨城市合作强度	0.00	100	0.00	100	0

整体来看，北京在科技创业的五个维度没有明显短板，整体处于领先水平，但是从基础指标来看，北京依然存在一些劣势基础指标，部分基础指标排名处于第50位以后。北京集聚了大量国内顶尖的高等院校和科研院所，为科技创业、科技成果转化等提供了强大的技术支撑。同时，北京也是国内最早设立高新技术产业园区并鼓励高新技术创业的城市，具有浓厚的科技创业底蕴与环境。经历三十多年的发展，北京已构建起完善的创业生态系统，这些都为科技创业和培育发展新质生产力提供了重要支撑。

近年来，北京出台了一系列行动措施和政策方案，不断丰富和完善科技创业的政策工具，推动科技创业迈向新台阶。2025年3月，北京市人才工作局、北京市人力资源和社会保障局、北京市知识产权局、北京市公安局出入境管理局等4部门印发《北京市支持留学回国人才创新创业若干措施》，支持留学回国人才在京发展，推动北京国际科技创新中心和高水平人才高地建设。2024年10月，为推动全市创业孵化服务升级发展，根据《中关村国家自主创新示范区促进园区高质量发展支持资金管理办法》（京科发〔2024〕16号），北京市科学技术委员会、中关村科技园区管理委员会组织开展2024年中关村示范区创业服务机构培育优秀科技型企业支持项目申报工作。2024年10月，北京市科学技术委员会、中关村科技园区管理委员会，北京市财政局研究制定《中关村国家自主创新示范区优化创新创业生态环境支持资金管理办法》，优化中关村国家自主创新示范区创新创业生态体系，促进各类新技术、新产业、新业态、新模式在中关村示范区聚集发展。

2.3.2 深圳

2025年深圳科技创业能力全国排名第2位。经济指标方面，2023年深圳地区生产总值为34 606亿元，全国排名第3位；人均地区生产总值为195 230元，全国排名第6位。深圳科技创业能力排名高于地区生产总值和人均地区生产总值排名。

深圳科技创业能力及其各维度得分与排名如表2-6所示。分指标看，2025年深圳企业培育排名第5位，比上一年下降3位；高质量创新创业排名第1位，与上一年持平；创新网络化排名第43位，比上一年下降6位；科技水平排名第5位，比上一年下降1位；环境与平台排名第5位，比上一年下降2位。

表2-6　深圳科技创业能力及其各维度得分与排名

指标	2025年		2024年		排名变化
	得分	排名	得分	排名	
科技创业能力	52.78	2	52.72	2	0
1 企业培育	55.95	5	56.29	2	-3
1.1 领军企业	67.87	4	72.10	2	-2
1.2 创业企业	44.03	8	40.47	7	-1
2 高质量创新创业	63.74	1	63.99	1	0
2.1 新兴产业	57.90	2	55.42	3	1
2.2 国际竞争力	69.58	1	72.57	1	0
3 创新网络化	32.65	43	31.59	37	-6
3.1 内部合作创新	16.84	87	14.87	89	2
3.2 跨城市合作创新	48.47	5	48.30	5	0
4 科技水平	47.41	5	50.60	4	-1
4.1 基础支撑	25.10	28	24.88	25	-3
4.2 科技投入	50.71	9	58.07	6	-3
4.3 科技产出	66.43	2	68.86	1	-1
5 环境与平台	64.13	5	61.13	3	-2
5.1 营商环境	72.72	4	78.84	2	-2
5.2 配套设施	55.53	14	43.42	21	7

从五个维度的得分来看（图2-3），深圳在环境与平台方面得分最高，具有明显的领先优势，在创新网络化方面得分最低。

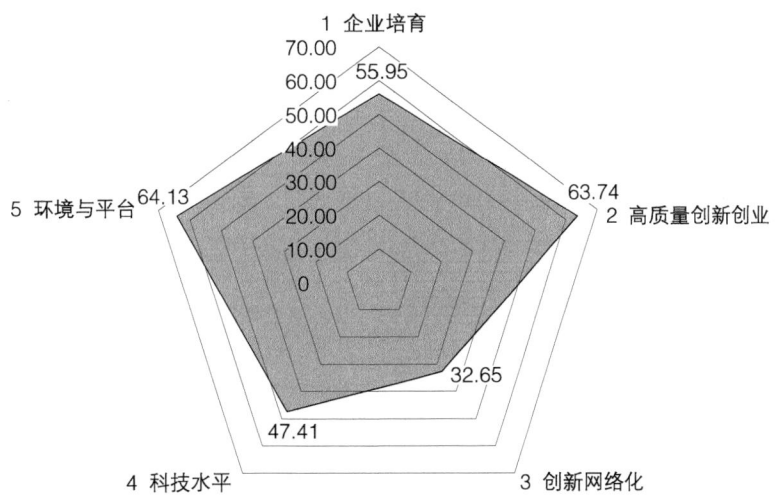

图2-3　2025年深圳科技创业能力蛛网图

2025 年，深圳诸多的优势基础指标支撑了其整体科技创业能力（表 2-7）。具体来看，国际专利基础指标连续两年排名第 1 位；2025 年，人工智能、数字经济、研发投入三个基础指标均排名第 2 位，其中，人工智能基础指标的排名比上一年上升 2 位。

表 2-7　深圳优势基础指标（部分）

指标	2025 年		2024 年		排名变化
	得分	排名	得分	排名	
国际专利	9.54	1	9.55	1	0
人工智能	3.15	2	2.68	4	2
数字经济	23.00	2	34.95	2	0
研发投入	4.34	2	4.70	2	0

2025 年，深圳主要有以下几个基础指标处于劣势（表 2-8）。科技人才排名第 98 位，比上一年下降 4 位，基础支撑呈现下降趋势。产学研合作创新排名第 78 位，比上一年上升 5 位，在产学研合作创新方面表现有所提升。医疗条件排名第 75 位，比上一年上升 1 位，在医疗服务方面稳定改善。工业产值排名第 74 位，比上一年下降 7 位，在工业发展方面需关注潜在挑战。内部合作强度排名第 57 位，比上一年上升 10 位，内部协作水平明显提升。

表 2-8　深圳劣势基础指标（部分）

指标	2025 年		2024 年		排名变化
	得分	排名	得分	排名	
科技人才	59.22	98	110.46	94	-4
产学研合作创新	0.17	78	0.18	83	5
医疗条件	36.44	75	34.19	76	1
工业产值	0.65	74	0.67	67	-7
内部合作强度	0.07	57	0.06	67	10

整体来看，深圳高质量创新创业维度表现最好，而创新网络化水平相对较低。深圳在国际专利、人工智能、数字经济、研发投入等诸多方面具有明显优势，但是在科技人才、产学研合作创新、医疗条件、工业产值、内部合作强度等方面仍有待提升。深圳作为我国最早开放的经济特区之一，具有浓厚的创新创业氛围，已经孕育了华为、腾讯等多个国际知名的科技企业。随着在高科技、高等教育等方面投入的增加，深圳为科技创业提供了良好的土壤。

近年来，深圳相关部门出台了一系列政策文件，强化科技金融支持，促进科技创业高质量发展。2025 年 3 月，深圳市地方金融管理局、深圳市发展和改革委员会、深圳市科技创新局、深圳市工业和信息化局联合制定印发了《深圳市促进风投创投高质量发展行动方案（2025—2026）》，旨在促进深圳风投创投高质量发展，培育壮大耐心资本。2024 年 7 月，深圳市人力资源和社会保障局、深圳市财政局、深圳市地方金融管理局、人民银行深圳市分行联合制定了《深圳市创业担保贷款管理办法》，进一步促进和规范创业担保贷款工作，加大对初创企业和小微企业的融资支持力度，促进创业带动就业。

2.3.3 南京

2025 年南京科技创业能力全国排名第 3 位。经济指标方面，2023 年南京地区生产总值为 17 421 亿元，全国排名第 10 位；人均地区生产总值为 183 015 元，全国排名第 10 位。南京科技创业能力排名高于地区生产总值和人均地区生产总值排名。

南京科技创业能力及其各维度得分与排名如表 2-9 所示。分指标看，2025 年南京企业培育排名第 4 位，与上一年保持一致；高质量创新创业排名第 5 位，比上一年下降 1 位；创新网络化排名第 11 位，与上一年保持一致；科技水平排名第 2 位，比上一年上升 1 位；环境与平台排名第 4 位，比上一年上升 1 位。

表 2-9 南京科技创业能力及其各维度得分与排名

指标	2025 年		2024 年		排名变化
	得分	排名	得分	排名	
科技创业能力	49.03	3	47.52	4	1
1 企业培育	56.54	4	52.76	4	0
1.1 领军企业	51.97	10	46.30	25	15
1.2 创业企业	61.10	1	59.21	1	0
2 高质量创新创业	31.52	5	37.55	4	−1
2.1 新兴产业	47.13	3	57.64	2	−1
2.2 国际竞争力	15.91	24	17.45	22	−2
3 创新网络化	40.53	11	37.85	11	0
3.1 内部合作创新	34.75	36	29.79	37	1
3.2 跨城市合作创新	46.30	7	45.91	7	0
4 科技水平	52.28	2	52.14	3	1
4.1 基础支撑	71.39	1	70.52	1	0
4.2 科技投入	31.56	42	32.78	43	1
4.3 科技产出	53.88	4	53.13	6	2
5 环境与平台	64.27	4	57.30	5	1
5.1 营商环境	59.10	6	52.93	7	1
5.2 配套设施	69.44	4	61.67	6	2

从五个维度的得分来看（图 2-4），南京在环境与平台维度得分最高，具有明显的领先优势，在高质量创新创业维度得分最低。

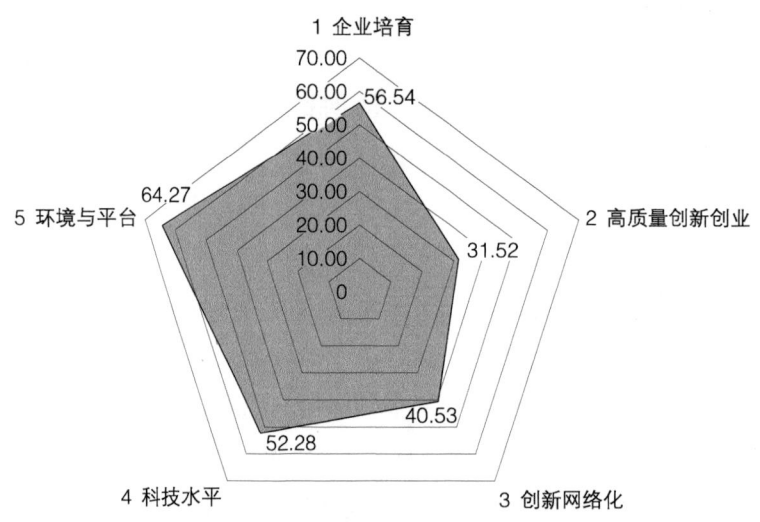

图2-4　2025年南京科技创业能力蛛网图

2025年，南京诸多的优势基础指标支撑了其整体科技创业能力（表2-10）。具体来看，在孵企业排名第1位，与上一年保持一致，在孵化企业方面保持领先优势。科研产出排名第1位，与上一年保持一致。基础研究排名第2位，与上一年保持一致。绿色产业排名第3位，与上一年保持一致，在绿色产业方面具有发展潜力，但需政策支持以激活动能。

表2-10　南京优势基础指标（部分）

指标	2025年		2024年		排名变化
	得分	排名	得分	排名	
在孵企业	18.75	1	18.94	1	0
科研产出	24.24	1	23.85	1	0
基础研究	65.00	2	66.34	2	0
绿色产业	8.24	3	12.37	3	0

2025年，南京主要有以下几个基础指标处于劣势（表2-11）。研发人员排名第53位，比上一年上升2位。产学研合作创新排名第54位，比上一年上升4位。工业产值排名第77位，比上一年下降2位。跨城市合作强度排名第95位，与上一年保持一致，需要重点关注。

表2-11　南京劣势基础指标（部分）

指标	2025年		2024年		排名变化
	得分	排名	得分	排名	
研发人员	8.18	53	8.68	55	2
产学研合作创新	0.35	54	0.30	58	4

续表

指标	2025 年		2024 年		排名变化
	得分	排名	得分	排名	
工业产值	0.63	77	0.63	75	-2
跨城市合作强度	0.00	95	0.00	95	0

整体来看，南京在环境与平台维度表现最好，而高质量创新创业水平相对较低。南京在在孵企业、科研产出、基础研究和绿色产业等诸多方面具有明显优势，但是在工业产值和产学研合作创新等方面仍有待提升。南京是我国东部地区重要的中心城市，是全国重要的科研教育基地和综合交通枢纽，丰富的科教资源为科技创业提供了有利条件。

南京出台一系列政策文件，优化创新创业资源配置，为科技创业营造良好环境。2025 年 1 月，南京市人民政府办公厅印发《南京市 2025 年优化营商环境工作要点》，旨在为经营主体营造一流的发展环境，推动生产要素畅通流动、各类资源高效配置、市场潜力充分释放。2024 年 2 月，南京市人民政府办公厅印发《推动科创金融高质量发展若干政策措施》，加大金融支持科技创新力度，推动"科技—产业—金融"良性循环，着力为科创企业提供全生命周期的多元化接力式金融服务。2021 年 3 月，南京市人才工作领导小组办公室、南京市人力资源和社会保障局、南京市财政局印发《紫金山英才宁聚计划青年大学生就业创业项目实施细则》，对评选出的优秀创业项目按照相关政策标准给予 10 万 ~ 50 万元资助，其中 50% 资助资金由市级天使基金进行股权投资，50% 由政府补助。2023 年 6 月，南京市人民政府办公厅印发《2023 年度南京市建设科创金融改革试验区工作要点》，从推进科创金融专业化服务体系建设、推动科创金融产品和服务创新、强化多层次资本市场建设和运用、加强科创金融改革协同联动、推进科技赋能金融和优化科创金融生态等六个方面提出 40 项工作要点，全面促进科创金融改革试验区建设，为科技创业营造良好的金融环境。

2.3.4 杭州

2025 年杭州科技创业能力全国排名第 4 位。经济指标方面，2023 年杭州地区生产总值为 20 059 亿元，全国排名第 8 位；人均地区生产总值为 161 129 元，全国排名第 18 位。杭州科技创业能力排名高于地区生产总值和人均地区生产总值排名。

杭州科技创业能力及其各维度得分与排名如表 2-12 所示。分指标看，2025 年杭州在企业培育方面排名第 6 位，比上一年下降 3 位；高质量创新创业排名第 6 位，比上一年下降 1 位；创新网络化排名第 22 位，比上一年下降 5 位；科技水平排名第 1 位，与上一年持平；环境与平台排名第 3 位，比上一年上升 1 位。

表2-12 杭州科技创业能力及其各维度得分与排名

指标	2025年		2024年		排名变化
	得分	排名	得分	排名	
科技创业能力	48.33	4	47.98	3	-1
1 企业培育	54.42	6	55.26	3	-3
1.1 领军企业	51.78	11	60.81	7	-4
1.2 创业企业	57.07	3	49.71	3	0
2 高质量创新创业	31.21	6	34.87	5	-1
2.1 新兴产业	43.85	5	51.66	4	-1
2.2 国际竞争力	18.57	19	18.09	21	2
3 创新网络化	38.49	22	36.83	17	-5
3.1 内部合作创新	31.23	48	28.17	46	-2
3.2 跨城市合作创新	45.74	8	45.49	8	0
4 科技水平	53.18	1	55.01	1	0
4.1 基础支撑	48.12	5	45.22	5	0
4.2 科技投入	55.61	3	63.24	3	0
4.3 科技产出	55.81	3	56.57	3	0
5 环境与平台	64.34	3	57.95	4	1
5.1 营商环境	62.38	5	59.74	4	-1
5.2 配套设施	66.29	6	56.15	8	2

从五个维度的得分来看（图2-5），杭州在环境与平台方面得分最高，具有明显的领先优势，在高质量创新创业方面得分最低。

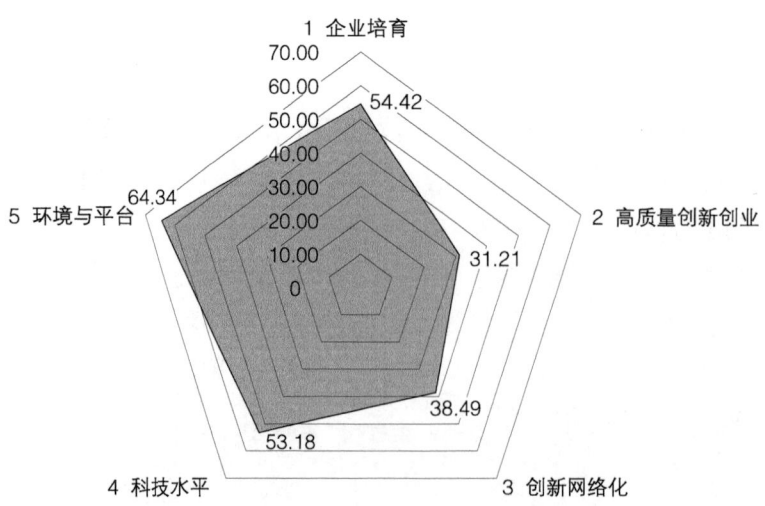

图2-5　2025年杭州科技创业能力蛛网图

2025 年，杭州诸多的优势基础指标支撑了其整体科技创业能力（表 2-13）。具体来看，科技企业排名第 2 位，比上一年上升 1 位；人工智能排名第 3 位，与上一年保持一致；数字经济排名第 3 位，与上一年保持一致；研发投入排名第 3 位，与上一年保持一致；金融发展水平排名第 3 位，比上一年上升 1 位。

表 2-13 杭州优势基础指标（部分）

指标	2025 年		2024 年		排名变化
	得分	排名	得分	排名	
科技企业	40.54	2	34.54	3	1
人工智能	1.98	3	2.86	3	0
数字经济	17.91	3	26.27	3	0
研发投入	4.07	3	4.19	3	0
金融发展水平	3.77	3	3.59	4	1

2025 年，杭州主要有以下几个基础指标处于劣势（表 2-14）。产学研合作创新排名第 57 位，比上一年下降 6 位；工业产值排名第 68 位，比上一年上升 6 位；跨城市合作强度排名第 97 位，与上一年保持一致。

表 2-14 杭州劣势基础指标（部分）

指标	2025 年		2024 年		排名变化
	得分	排名	得分	排名	
产学研合作创新	0.31	57	0.35	51	-6
工业产值	0.67	68	0.63	74	6
跨城市合作强度	0.00	97	0.00	97	0

整体来看，杭州在环境与平台维度表现最好，而创新网络化水平相对较差。杭州在科技企业、人工智能、数字经济、研发投入、金融发展水平等诸多方面具有明显优势，但是在产学研合作创新、工业产值、跨城市合作强度等方面仍有待提升。杭州作为数字经济领头城市，在培育新兴产业方面表现出明显优势，2024 年继续入选"外籍人才眼中最具吸引力的中国城市"，位列第三，仅次于北京、上海，并且杭州已经连续 14 年入选榜单前十、连续 6 年进入榜单前五。

近年来，杭州高度重视以大学生为主体的科技创业，先后出台多个相关文件，完善科技创业支撑体系。

2025 年 6 月，杭州市人民政府办公厅印发《服务"新势力"企业若干举措》，进一步加大企业梯度培育力度，在战略性新兴产业、未来产业中培育一批代表新一轮科技革命和产业变革方向的高技术含量、高附加值、高成长性、产业辐射面广的"新势力"企业，形成未来支撑高质量发展、体现新质生产力的中流砥柱。2024年9月,杭州市科学技术局印发《杭州市"新雏鹰"企业培育管理办法》,加强科技企业源头培育,完善科技企业成长链条,进一步强化企业科技创新主体地位,以颠覆性技术和前沿技术创新推动未来产业发展,加快形成新质生产力。2023年12月,杭州市人力资源和社会保障局联合杭州市财政局印发《关于优化调整就业创业政策措施全力促发展惠民生的通知》,鼓励创业带动就业,并对科技创业提供各类补贴和支持。2023年3月,杭州市人力资源和社会保障局等四部门联合印发《杭州市创业担保贷款实施办法》,促进创业担保贷款工作发展,进一步促进创业带动就业。

2.3.5 珠海

2025年珠海科技创业能力全国排名第5位。经济指标方面,2023年珠海地区生产总值为4233亿元,全国排名第73位;人均地区生产总值为170 306元,全国排名第14位。珠海科技创业能力排名高于地区生产总值和人均地区生产总值排名。

珠海科技创业能力及其各维度得分与排名如表2-15所示。分指标看,2025年珠海在企业培育方面排名第2位,比上一年上升3位;高质量创新创业排名第3位,与上一年持平;创新网络化排名第73位,比上一年下降19位;科技水平排名第9位,比上一年上升2位;环境与平台排名第6位,比上一年上升3位。

表2-15 珠海科技创业能力及其各维度得分与排名

指标	2025年		2024年		排名变化
	得分	排名	得分	排名	
科技创业能力	44.20	5	40.56	6	1
1 企业培育	59.94	2	51.93	5	3
1.1 领军企业	71.44	3	57.03	10	7
1.2 创业企业	48.44	4	46.82	4	0
2 高质量创新创业	37.66	3	39.55	3	0
2.1 新兴产业	44.90	4	46.82	5	1
2.2 国际竞争力	30.41	6	32.28	9	3
3 创新网络化	27.60	73	27.63	54	-19
3.1 内部合作创新	20.47	78	20.62	76	-2
3.2 跨城市合作创新	34.73	35	34.65	24	-11
4 科技水平	41.71	9	41.15	11	2
4.1 基础支撑	26.31	24	26.55	21	-3
4.2 科技投入	46.69	12	43.59	20	8
4.3 科技产出	52.14	5	53.31	5	0

续表

指标	2025年		2024年		排名变化
	得分	排名	得分	排名	
5 环境与平台	54.11	6	42.54	9	3
5.1 营商环境	75.71	3	59.62	6	3
5.2 配套设施	32.52	86	25.45	74	-12

从五个维度的得分来看（图2-6），珠海在企业培育方面得分最高，具有明显的领先优势，在创新网络化方面得分最低。

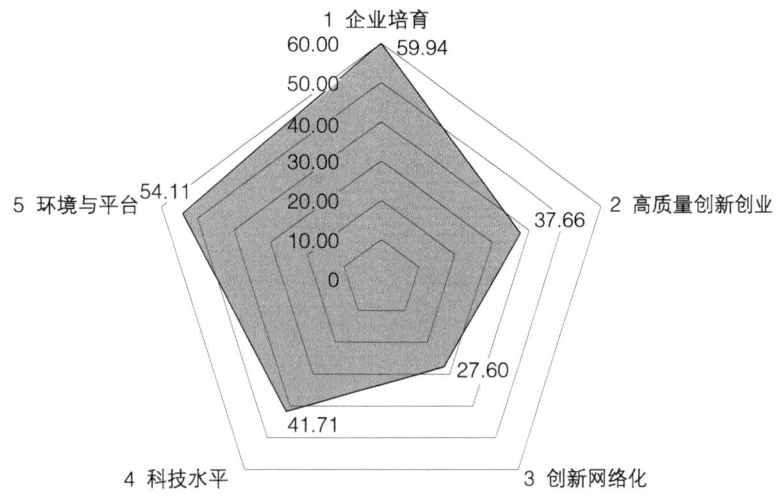

图2-6　2025年珠海科技创业能力蛛网图

2025年，珠海诸多的优势基础指标支撑了其整体科技创业能力（表2-16）。具体来看，新三板企业排名第2位，比上一年上升1位；在孵企业排名第2位，与上一年保持一致；绿色产业排名第2位，与上一年保持一致；发明专利排名第2位，与上一年保持一致；风险投资排名第3位，比上一年上升10位。

表2-16　珠海优势基础指标（部分）

指标	2025年		2024年		排名变化
	得分	排名	得分	排名	
新三板企业	0.23	2	0.21	3	1
在孵企业	16.73	2	16.32	2	0
绿色产业	9.33	2	15.67	2	0
发明专利	61.48	2	59.60	2	0
风险投资	78.13	3	26.32	13	10

2025年，珠海主要有以下几个基础指标处于劣势（表2-17）。高新技术企业排名第62位，与上一年保持一致；产学研合作创新排名第98位，比上一年下降1位；基础教育排名第98位，比上一年下降17位。

表2-17 珠海劣势基础指标（部分）

指标	2025年		2024年		排名变化
	得分	排名	得分	排名	
高新技术企业	0.64	62	0.61	62	0
产学研合作创新	0.03	98	0.01	97	-1
基础教育	506.80	98	626.66	81	-17

整体来看，珠海在企业培育维度表现最好，而创新网络化水平相对较差。珠海在新三板企业、在孵企业、绿色产业、发明专利、风险投资等诸多方面具有明显优势，但是在高新技术企业、产学研合作创新、基础教育等方面仍有待提升。

珠海依托珠三角丰富的科教资源和优越的地理位置，不断强化对科技创业的资金支持，依托横琴强化与澳门深度合作，持续优化政策体系。2025年3月，珠海市人民政府办公室印发《珠海市支持珠海青年返乡创业若干措施》，从政策扶持、金融支持、产业发展、平台搭建、创业服务、商事登记、用地和保险保障、人才培育、宣传引导等九个方面提出具体举措，支持珠海青年人才返乡创业。2024年10月，珠海市人力资源和社会保障局、珠海市财政局重新印发《珠海市就业创业补贴申请办理指导清单》，以真金白银的补贴促就业、鼓励创业带动就业，全面促进珠海高质量充分就业。2023年12月，横琴粤澳深度合作区民生事务局印发《横琴粤澳深度合作区关于促进澳门青年创新创业的办法》，积极支持澳门青年参与横琴粤澳深度合作区建设，融入国家发展大局，促进合作区澳门青年创新创业载体建设，支持澳门青年在合作区创新创业。

2.3.6 上海

2025年上海科技创业能力全国排名第6位。经济指标方面，2023年上海地区生产总值为47 219亿元，全国排名第1位；人均地区生产总值为190 300元，全国排名第8位。上海科技创业能力排名低于地区生产总值排名，但与人均地区生产总值排名一致。

上海科技创业能力及其各维度得分与排名如表2-18所示。分指标看，2025年上海在企业培育方面排名第10位，比上一年下降2位；高质量创新创业排名第10位，比上一年上升3位；创新网络化排名第20位，比上一年下降6位；科技水平排名第17位，比上一年上升11位；环境与平台排名第2位，与上一年持平。

表2-18 上海科技创业能力及其各维度得分与排名

指标	2025年 得分	2025年 排名	2024年 得分	2024年 排名	排名变化
科技创业能力	43.24	6	41.63	5	-1
1 企业培育	45.05	10	46.34	8	-2
1.1 领军企业	56.72	7	64.90	4	-3
1.2 创业企业	33.37	14	27.78	20	6
2 高质量创新创业	23.00	10	22.89	13	3
2.1 新兴产业	21.91	13	21.25	13	0
2.2 国际竞争力	24.10	13	24.54	14	1
3 创新网络化	38.75	20	37.15	14	-6
3.1 内部合作创新	27.15	64	23.85	63	-1
3.2 跨城市合作创新	50.36	2	50.45	2	0
4 科技水平	33.22	17	31.57	28	11
4.1 基础支撑	30.68	18	27.61	19	1
4.2 科技投入	19.35	70	19.92	70	0
4.3 科技产出	49.63	6	47.19	11	5
5 环境与平台	76.15	2	70.19	2	0
5.1 营商环境	77.34	2	71.03	3	1
5.2 配套设施	74.97	3	69.35	1	-2

从五个维度的得分来看（图2-7），上海在环境与平台维度得分最高，具有明显的领先优势，在高质量创新创业维度得分最低。

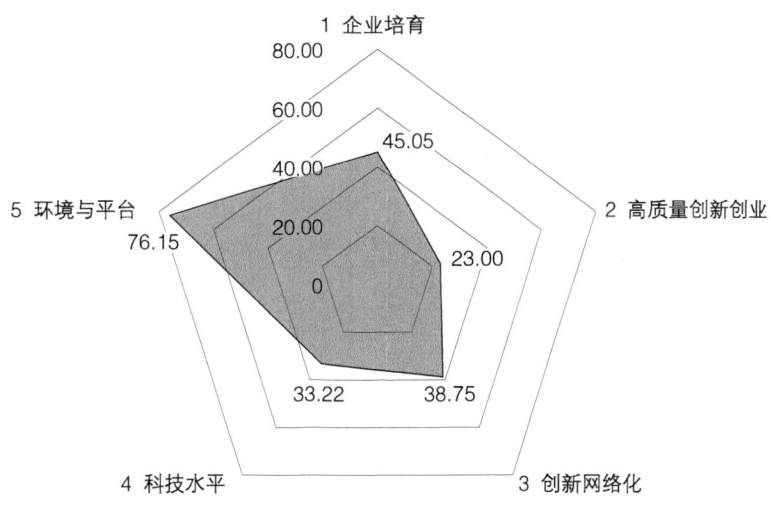

图2-7 2025年上海科技创业能力蛛网图

2025 年，上海诸多优势基础指标支撑了其整体科技创业能力（表 2-19）。具体来看，创新领导力、金融发展水平、风险投资均排名第 2 位，其中创新领导力和金融发展水平与上一年持平，风险投资比上一年上升 2 位；国际专利排名第 4 位，与上一年保持一致。

表 2-19　上海优势基础指标（部分）

指标	2025 年		2024 年		排名变化
	得分	排名	得分	排名	
创新领导力	236.00	2	237.00	2	0
金融发展水平	4.10	2	4.05	2	0
风险投资	78.24	2	56.44	4	2
国际专利	2.84	4	2.83	4	0

2025 年，上海主要有以下几个基础指标处于劣势（表 2-20）。绿色产业排名第 56 位，比上一年下降 1 位；研发投入排名第 58 位，比上一年上升 1 位；产学研合作创新排名第 59 位，比一年上升 2 位；科技人才排名第 63 位，与上一年保持一致；研发人员排名第 70 位，上一年下降 1 位；工业产值排名第 98 位；与上一年保持一致。

表 2-20　上海劣势基础指标（部分）

指标	2025 年		2024 年		排名变化
	得分	排名	得分	排名	
绿色产业	1.58	56	2.05	55	-1
研发投入	1.65	58	1.57	59	1
产学研合作创新	0.31	59	0.29	61	2
科技人才	230.17	63	223.05	63	0
研发人员	5.72	70	6.22	69	-1
工业产值	0.34	98	0.35	98	0

整体来看，上海在环境与平台方面表现最好，而高质量创新创业水平相对较低。上海在创新领导力、金融发展水平、风险投资、国际专利等诸多方面具有明显优势，但是在绿色产业、研发投入、产学研合作创新、科技人才、研发人员、工业产值等方面仍有待提升。上海作为金融中心和国际科技创新中心，集聚了诸多大型国有企业和外资企业，也拥有多所国内顶尖高校，具备培育科技企业的良好条件。

近年来，上海市高度重视创新创业工作，针对各类创业群体出台了一系列政策文件，不断夯实科技创业制度基础。2024 年 7 月，上海市人民政府办公厅印发《关于进一步推动上海创业投资高质量发展的若干意见》，旨在加快培育发展新质生产力、实现高水平科技自立自强、塑造发展新动能新优势。2024 年 9 月，在上海市委人才办牵头下，上海市委金融办、上海市金融工作党委会同相关单位和部门等围绕"金融支持人才创新创业"主题开展了深入调研，研究制订了《关于金融支持人才创新创业的若干措施》，为各类人才在沪创新创业提供更加全面、优质、高效的金融服务。2023年12月，上海市人民政府办公厅印发《上海市大学科技园改革发展行动方案》，加速推进上海市大学科技园高质量发展，强化大学科技园科技成果转化、科技企业孵化等核心功能。2023年12月，上海市人民政府办公厅印发《关于进一步促进上海股权投资行业高质量发展的若干措施》，强调要完善政府引导基金体系，加强市、区两级政府引导基金联动，强化对投早投小投科技的引导支持。

2.3.7 苏州

2025年苏州科技创业能力全国排名第7位。经济指标方面，2023年苏州地区生产总值为24 653亿元，全国排名第6位；人均地区生产总值为190 300元，全国排名第7位。苏州科技创业能力排名低于地区生产总值，但高于人均地区生产总值排名。

苏州科技创业能力及其各维度得分与排名如表2-21所示。分指标看，2025年苏州在企业培育方面排名第3位，比上一年上升6位；高质量创新创业排名第4位，比上一年上升2位；创新网络化排名第63位，比上一年下降10位；科技水平排名第10位，比上一年上升6位；环境与平台排名第14位，比上一年下降7位。

表2-21 苏州科技创业能力及其各维度得分与排名

指标	2025年		2024年		排名变化
	得分	排名	得分	排名	
科技创业能力	41.21	7	37.58	9	2
1 企业培育	57.54	3	44.31	9	6
1.1 领军企业	67.82	5	56.65	11	6
1.2 创业企业	47.26	5	31.98	11	6
2 高质量创新创业	33.26	4	32.71	6	2
2.1 新兴产业	26.67	8	26.04	10	2
2.2 国际竞争力	39.85	3	39.38	3	0
3 创新网络化	28.83	63	27.64	53	-10
3.1 内部合作创新	16.30	89	14.54	92	3
3.2 跨城市合作创新	41.37	12	40.74	12	0
4 科技水平	41.65	10	36.26	16	6
4.1 基础支撑	25.24	27	22.51	32	5
4.2 科技投入	52.67	6	40.25	25	19
4.3 科技产出	47.04	10	46.03	13	3

续表

指标	2025年		2024年		排名变化
	得分	排名	得分	排名	
5 环境与平台	44.75	14	46.96	7	-7
5.1 营商环境	52.25	10	50.13	9	-1
5.2 配套设施	37.25	69	43.79	19	-50

从五个维度的得分来看（图2-8），苏州在企业培育维度得分最高，具有明显的领先优势，在创新网络化维度得分最低。

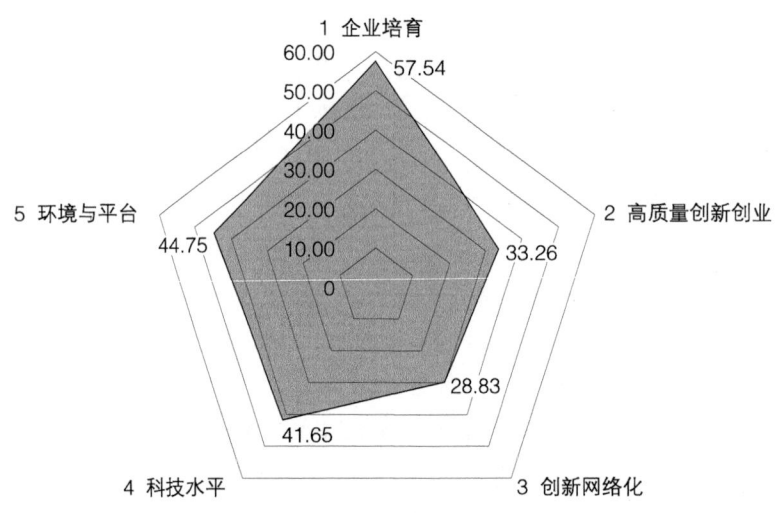

图2-8 2025年苏州科技创业能力蛛网图

2025年，苏州诸多优势基础指标支撑了其整体科技创业能力（表2-22）。具体来看，专精特新企业排名第2位，比上一年上升11位；在孵企业、产品出口、政府支持均排名第3位，其中，在孵企业排名比上一年上升10位，产品出口排名比上一年上升2位；政府支持排名比上一年上升1位。

表2-22 苏州优势基础指标（部分）

指标	2025年		2024年		排名变化
	得分	排名	得分	排名	
专精特新企业	0.18	2	0.09	13	11
在孵企业	12.36	3	6.32	13	10
产品出口	0.34	3	0.33	5	2
政府支持	10.30	3	8.93	4	1

2025年，苏州主要有以下几个基础指标处于劣势（表2-23）。科技人才排名第60位，

比上一年上升1位；高新技术企业排名第61位，与上一年保持一致；内部合作强度排名第68位，比上一年上升10位；产学研合作创新排名第75位，比上一年上升2位；医疗条件排名第93位，比上一年下降50位。

表2-23 苏州劣势基础指标（部分）

指标	2025年		2024年		排名变化
	得分	排名	得分	排名	
科技人才	235.52	60	226.45	61	1
高新技术企业	0.64	61	0.61	61	0
内部合作强度	0.06	68	0.05	78	10
产学研合作创新	0.19	75	0.20	77	2
医疗条件	24.07	93	53.15	43	-50

整体来看，苏州在环境与平台方面表现最好，而创新网络化水平相对较差。苏州在专精特新企业、在孵企业、产品出口、政府支持等诸多方面具有明显优势，但是在科技人才、高新技术企业、内部合作强度、产学研合作创新、医疗条件等方面仍有待提升。

苏州凭借处于长三角核心经济圈的地理优势，形成了全球领先的制造业集群与数字经济生态，依托其强大的工业体系和卓越的创新能力，持续推动科技创业工作。在2025苏州苏商大会上，发布《关于加快集聚青年人才的若干措施》，围绕求职就业、安居生活、创新创业等方面，推出9条支持举措。2024年10月，苏州工业园区发布全新的"金鸡湖人才计划"政策体系，以"1+4+X"为框架，推进建设开放创新的世界一流高科技园区。其中，"1"指《关于深入实施"金鸡湖人才计划"的若干意见》，主干政策包括聚焦科技领军人才的"领军登峰"、企业引才育才奖励的"企业撷英"、企业管理团队支持的"产业强基"及青年人才普惠的"青春园区"。2023年7月，苏州市委人才办、市财政局、市人力资源社会保障局联合发布《苏州市留学人员创业园管理办法》，通过鼓励更多社会力量设立留创园、建立留创园分层管理体系、加大留创园政策集成支持力度等举措，进一步赋能留创园建设发展，为留学人员来苏州创新创业提供更优质的平台和环境。

2.4 重点区域

鉴于不同地区在地理位置、资源禀赋、产业基础等方面的异质性，区域创新和创业生态系统具有典型的根植性特征。同样，科技创业也具有一定的地理集聚现象。为了更好地展示科技创业地理集聚特征，本报告对重点区域进行分析。

2.4.1　京津冀城市群

京津冀地区是我国的"首都经济圈",包括北京、天津两个直辖市及河北省。其中,北京、天津、保定、廊坊为京津冀地区的核心功能区。京津冀地区有4个城市纳入评价,分别为北京、天津、石家庄和保定。2025年京津冀城市群科技创业能力及其各维度得分如表2-24所示。整体来看,京津冀城市群的科技创业能力及其各维度得分的地区均值均高于全国均值,地区科技创业能力领先于全国。其中,环境与平台得分最高,达到45.10分,京津冀地区为科技创业提供了良好的外部环境和平台支撑;高质量创新创业得分最低,为22.25分,说明在高质量的创新产出方面依然有待进一步提升。

表2-24　2025年京津冀城市群科技创业能力及其各维度得分

城市	科技创业能力	企业培育	高质量创新创业	创新网络化	科技水平	环境与平台
全国均值	26.57	27.85	10.65	31.69	26.45	36.21
地区均值	34.05	38.09	22.25	31.82	33.00	45.10
北京	61.58	68.25	51.57	49.62	50.88	87.57
天津	32.68	42.17	26.00	34.76	25.35	35.11
石家庄	21.38	22.23	4.31	25.32	27.39	27.64
保定	20.57	19.72	7.12	17.57	28.38	30.07
耦合协调度	0.53	0.54	0.30	0.52	0.55	0.60

从各城市得分来看,北京科技创业能力得分最高,其次为天津,保定最低。其中,北京和天津的科技创业能力得分高于全国均值,但天津得分低于地区均值;而石家庄和保定的科技创业能力得分低于全国均值。从五个维度来看,北京五个维度的得分均高于地区均值,在京津冀地区处于明显的领先地位;天津在企业培育、高质量创新创业、创新网络化三个维度的得分高于全国均值和地区均值;石家庄和保定的科技水平得分高于全国均值,但低于地区均值,另外四个维度的得分均低于全国均值和地区均值。

本报告进一步计算了4个城市之间的耦合协调度,结果表明,4个城市在科技创业能力方面的耦合协调度为0.53,处于勉强协调状态;从各个维度的耦合协调度来看,高质量创新创业的耦合协调度低于0.4,处于轻度失调状态;而企业培育、创新网络化、科技水平的耦合协调度均低于0.6,处于勉强协调状态;环境与平台的耦合协调度最高,为0.60,处于初级协调状态。

2.4.2　长三角城市群

长三角地区是中国经济发展最活跃、开放程度最高、创新能力最强的区域之一。推动长三角地区一体化发展，增强长三角地区的创新能力和竞争能力，提高经济集聚度、区域连接性和政策协同效率，对引领全国经济高质量发展、建设现代化经济体系具有重大意义。长三角地区有 26 个城市纳入评价。2025 年长三角城市群科技创业能力及其各维度得分如表 2-25 所示。整体来看，长三角城市群科技创业能力的地区均值高于全国均值；从五个维度的得分情况来看，除创新网络化外，其他四个维度的地区均值均高于全国均值。其中，环境与平台维度的地区均值最高，达到 42.72 分，为科技创业提供了良好的外部环境和平台支撑。另外，长三角地区在合作创新方面仍有待提升。

表 2-25 2025 年长三角城市群科技创业能力及其各维度得分

城市	科技创业能力	企业培育	高质量创新创业	创新网络化	科技水平	环境与平台
全国均值	26.57	27.85	10.65	31.69	26.45	36.21
地区均值	29.91	34.79	12.74	29.49	29.83	42.72
南京	49.03	56.54	31.52	40.53	52.28	64.27
杭州	48.33	54.42	31.21	38.49	53.18	64.34
上海	43.24	45.05	23.00	38.75	33.22	76.15
苏州	41.21	57.54	33.26	28.83	41.65	44.75
无锡	37.84	52.80	20.54	29.73	32.73	53.40
合肥	35.10	38.82	22.77	37.98	41.10	34.85
嘉兴	32.22	33.63	13.93	25.01	36.03	52.51
常州	32.16	46.33	18.25	25.34	28.90	41.99
宁波	30.79	41.32	13.84	27.75	31.43	39.61
镇江	30.29	31.24	11.46	38.20	29.29	41.24
衢州	28.53	41.17	5.63	25.43	18.24	52.19
连云港	27.96	27.03	4.38	31.07	40.67	36.67
扬州	27.71	31.49	10.13	27.84	31.54	37.54
湖州	27.70	39.56	12.88	22.88	25.40	37.77
温州	27.67	33.80	7.80	30.23	23.91	42.63
绍兴	26.96	31.54	9.42	23.79	29.16	40.87
芜湖	26.93	35.78	9.71	25.93	29.53	33.70
南通	26.55	30.08	11.25	28.21	24.26	38.95
徐州	25.36	18.61	5.64	38.53	26.56	37.46
淮安	24.78	28.70	6.01	28.08	26.28	34.83
宿迁	23.60	21.71	3.43	27.43	28.20	37.20
盐城	22.01	20.59	6.00	37.04	11.93	34.48

续表

城市	科技创业能力	企业培育	高质量创新创业	创新网络化	科技水平	环境与平台
铜陵	21.39	21.16	5.03	20.88	17.56	42.32
安庆	20.57	21.23	3.33	22.61	23.06	32.64
泰州	20.45	24.58	7.23	18.31	20.91	31.24
滁州	19.36	19.81	3.67	27.80	18.46	27.09
耦合协调度	0.53	0.56	0.28	0.53	0.52	0.63

从各城市的科技创业能力得分情况来看，南京最高，其次为杭州，滁州最低；南京、杭州、上海、苏州、无锡、合肥、嘉兴、常州、宁波、镇江、衢州、连云港、扬州、湖州、温州、绍兴、芜湖17个城市的得分高于全国均值，其中，南京、杭州、上海、苏州、无锡、合肥、嘉兴、常州、宁波、镇江10个城市的得分还高于地区均值。从五个维度来看，在企业培育方面，苏州等11个城市的得分高于地区均值；在高质量创新创业方面，苏州等10个城市的得分高于地区均值；在创新网络化方面，南京等10个城市的得分高于地区均值；在科技水平方面，杭州等10个城市的得分高于地区平均水平；在环境与平台方面，上海等7个城市的得分高于地区均值。综合来看，长三角地区的城市在环境与平台方面普遍做得比较好，而在创新网络化方面则相对落后。

本报告进一步计算了26个城市之间的耦合协调度，结果表明，26个城市在科技创业能力方面的耦合协调度为0.53，处于勉强协调状态；从各个维度的耦合协调度来看，高质量创新创业耦合协调度低于0.3，已经处于中度失调状态；企业培育、创新网络化和科技水平耦合协调度均低于0.6，处于勉强协调状态；而环境与平台的耦合协调度高于0.6，处于初级协调状态。

2.4.3 珠三角城市群

珠三角凭借得天独厚的地理位置，毗邻港澳，海陆交通四通八达，被誉为中国的"南大门"，是我国经济腾飞的重要引擎。珠三角城市群有13个城市纳入评价。2025年珠三角城市群科技创业能力及其各维度得分如表2-26所示。整体来看，珠三角城市群城市科技创业能力的地区均值高于全国均值；从五个维度的平均得分来看，除创新网络化外，其他四个维度的地区均值均高于全国均值。其中，环境与平台得分最高，达到38.59分，为科技创业提供了良好的外部环境和平台支撑。另外，珠三角城市群在合作创新方面仍有待提升。

表2-26 2025年珠三角城市群科技创业能力及其各维度得分

城市	科技创业	企业培育	高质量创新创业	创新网络化	科技水平	环境与平台
全国均值	26.57	27.85	10.65	31.69	26.45	36.21
地区均值	28.61	30.75	17.28	29.41	27.04	38.59

续表

城市	科技创业	企业培育	高质量创新创业	创新网络化	科技水平	环境与平台
深圳	52.78	55.95	63.74	32.65	47.41	64.13
珠海	44.20	59.94	37.66	27.60	41.71	54.11
广州	39.12	40.10	21.29	39.44	42.50	52.29
河源	20.67	14.10	5.83	23.10	19.18	41.16
佛山	30.84	36.73	17.49	30.22	31.49	38.27
中山	26.40	28.27	17.62	26.65	22.29	37.18
东莞	27.89	31.67	18.03	23.76	29.48	36.52
惠州	24.22	29.40	16.40	19.26	23.34	32.72
肇庆	22.42	24.54	3.60	30.09	21.96	31.92
湛江	22.13	20.21	3.93	38.99	17.52	29.98
清远	17.22	17.16	3.27	21.94	14.06	29.67
江门	23.55	24.99	14.94	25.31	23.78	28.72
茂名	20.53	16.69	0.78	43.30	16.84	25.03
耦合协调度	0.51	0.50	0.25	0.53	0.49	0.60

从各城市的科技创业能力得分来看，深圳最高，其次为珠海，清远最低；13个城市中，深圳、珠海和广州的科技创业能力得分均高于全国均值，其余10个城市的得分均低于地区均值。从五个维度来看，在企业培育方面，珠海等5个城市的得分高于地区均值；在高质量创新创业方面，深圳等6个城市的得分高于地区均值；在创新网络化方面，茂名等6个城市的得分高于地区均值；在科技水平方面，深圳等5个城市的得分高于地区均值；在环境与平台方面，深圳等4个城市的得分高于地区均值。

本报告进一步计算了13个城市之间的耦合协调度，结果表明，13个城市在科技创业能力方面的耦合协调度为0.51，处于勉强协调状态。从各个维度的耦合协调度来看，环境与平台耦合协调度最高，达到0.60，处于初级协调状态；而高质量创新创业的耦合协调度只有0.25，处于中度失调状态；其他三个维度的耦合协调度都在0.50左右。

2.4.4 长江中游城市群

长江中游城市群是以武汉城市群、环长株潭城市群、环鄱阳湖城市群为主体形成的特大型城市群，是贯彻落实长江经济带重大国家战略的重要举措，长江中游城市群有12个城市纳入评价。2025年长江中游城市群科技创业能力及其各维度得分如表2-27所示。整体来看，长江中游城市群科技创业能力地区均值低于全国均值。从五个维度的平均得分来看，除创新网络化和科技水平外，其他三个维度的地区均值均低于全国均值；其中，创新网络化的地区均值最高，达到34.16分，长江中游城市之间的创新合作较为广泛；高质量创新创业的地区均值最低，为8.26分，表明创新创业的质量仍有待提升。

表2-27 2025年长江中游城市群科技创业能力及其各维度得分

城市	科技创业能力	企业培育	高质量创新创业	创新网络化	科技水平	环境与平台
全国均值	26.57	27.85	10.65	31.69	26.45	36.21
地区均值	24.75	25.55	8.26	34.16	27.08	28.67
武汉	38.73	47.67	17.66	41.22	50.14	36.95
长沙	31.72	33.85	14.56	36.59	43.06	30.55
南昌	27.78	26.44	9.54	39.42	35.04	28.47
宜昌	25.52	33.40	5.24	39.00	20.05	29.93
湘潭	23.62	19.24	5.13	37.56	31.23	24.94
吉安	22.53	9.64	26.21	29.68	20.58	26.52
咸宁	22.45	22.30	2.66	40.41	17.39	29.51
景德镇	21.81	19.06	4.60	38.19	18.01	29.22
株洲	21.34	27.72	3.71	22.89	25.52	26.88
荆门	21.25	30.75	4.85	17.35	21.17	32.12
益阳	20.13	11.82	2.98	33.80	23.77	28.29
襄阳	20.07	24.75	2.05	33.84	19.02	20.68
耦合协调度	0.49	0.46	0.21	0.57	0.49	0.53

从各城市的科技创业能力得分来看，武汉最高，其次为长沙，襄阳最低；武汉、长沙和南昌3个城市的得分高于全国均值。从各维度来看，在企业培育方面，武汉等6个城市的得分高于地区均值；在高质量创新创业方面，吉安等4个城市的得分高于地区均值；在创新网络化方面，武汉等7个城市的得分高于地区均值；在科技水平方面，武汉等4个城市的得分高于地区均值；在环境与平台方面，武汉等6个城市的得分高于地区均值。

本报告进一步计算了12个城市之间的耦合协调度，结果表明，12个城市在科技创业能力方面的耦合协调度为0.49，处于濒临失调状态。从各个维度的耦合协调度来看，创新网络化、环境与平台的耦合协调度高于0.5，处于勉强协调状态；其他三个维度的耦合协调度均低于0.5，其中，高质量创新创业的耦合协调度最低，仅为0.21，处于中度失调状态。

第 3 章
科技创业的企业培育分析

3.1 总体概述

企业培育是推动城市科技创业蓬勃发展的关键环节，本报告从领军企业和创业企业两个维度进行评价。2025 年主要城市在科技创业的企业培育维度呈现以下特征。

第一，城市间企业培育能力差距较为悬殊，东部城市表现相对突出。其中，北京、珠海和苏州，占据了科技创业企业培育维度的前 3 位。排名前 10 位的城市均为东部城市。西部城市的企业培育能力普遍偏低，克拉玛依是排名最高的西部城市，排名第 17 位。

第二，城市在领军企业和创业企业两个维度的排名存在差异。北京在领军企业培育方面排名第 1 位，而在创业企业培育方面排名第 2 位；南京则在创业企业培育方面排名第 1 位，而在领军企业培育方面排名第 10 位。威海、安庆等 55 个城市，其领军企业的排名高于企业培育能力综合排名。银川、景德镇等 43 个城市，其创业企业的排名高于企业培育能力综合排名。

第三，城市企业培育能力排名的格局在 2025 年发生了较大幅度的变化。与 2024 年相比，2025 年前 10 位的城市中，苏州、无锡和常州分别上升了 6 位、6 位和 5 位，进步迅猛。与 2024 年相比，2025 年有 10 个城市的排名攀升超过了 10 位，其中咸阳和连云港的位次上升得最多，分别上升 41 位和 21 位。另外，有 11 个城市的排名下滑超过了 10 位，仅有 8 个城市的排名位次近两年没有发生变化。

3.1.1 综合得分与排名

如图 3-1 所示，在企业培育方面，2025 年北京排名第 1 位，珠海和苏州分别排名第 2 位和第 3 位，南京和深圳分别排名第 4 位和第 5 位。进入前 10 位的城市还有杭州、无锡、武汉、常州和上海。结合地区生产总值水平来看，经济发达地区在培育优质企业方面有较强的能力。从企业培育的梯队分布来看，北京、珠海、苏州、南京、深圳、杭州、无锡、武汉、常州、上海、天津、宁波、衢州和广州处于第一梯队，综合得分超过40分；湖州等26个城市处于第二梯队，综合得分在30~40分；惠州等31个城市处于第三梯队，综合得分在20~30分；呼和浩特等29个城市处于第四梯队，综合得分低于20分。城市之间的得分差异较大，其中，北京以68.25分占据了领先地位，领先第二名珠海近8分。

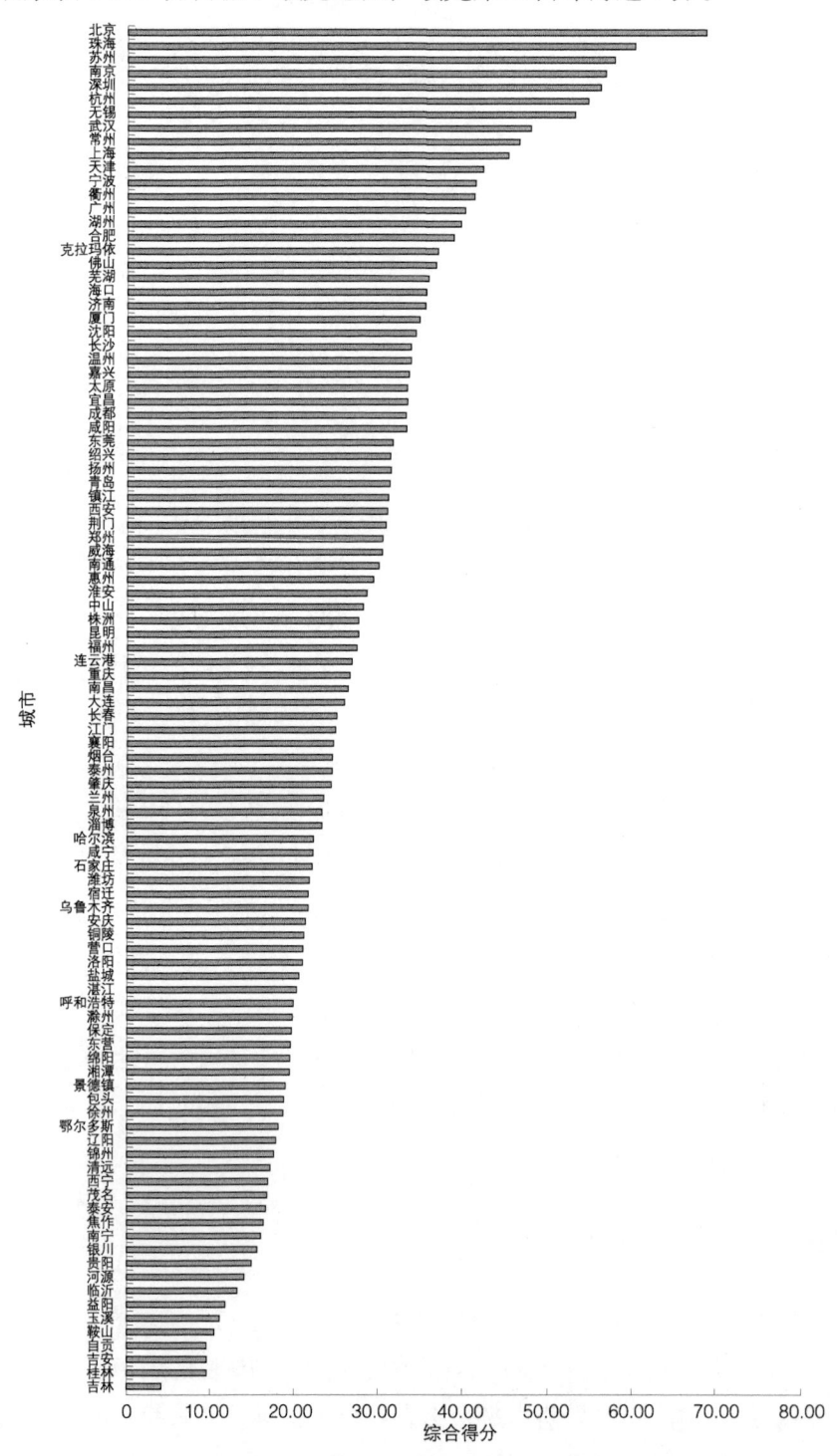

图3-1 2025年中国城市科技创业的企业培育综合得分

3.1.2 二级指标分析

如表3-1所示,在领军企业指标方面,北京全国排名第1位,得分为76.68分;无锡排名第2位,得分为72.93分;珠海、深圳和苏州分别排名第3位、第4位和第5位。在领军企业维度排名进入前10位的城市还有常州、上海、武汉、芜湖和南京。排名后5位的城市依次为吉林、吉安、鞍山、银川、自贡。与企业培育指标排名进行对比,发现领军企业指标排名高于其企业培育指标排名的城市有55个,其中排名差距达到20位及以上的城市有威海(16/39)、安庆(44/66)、清远(62/84)、株洲(23/44)、东营(54/75)、湘潭(57/77)和南宁(69/89);低于企业培育指标排名的城市有40个,其中排名差距达到20位及以上的城市有海口(74/20)、咸阳(75/30)、太原(58/27)、南昌(78/49)、石家庄(88/62)、天津(36/11)、兰州(79/57)、乌鲁木齐(87/65)和襄阳(73/53)。

表3-1 2025年城市科技创业的企业培育及其各维度得分与排名

城市	企业培育		领军企业		创业企业	
	得分	排名	得分	排名	得分	排名
北京	68.25	1	76.68	1	59.82	2
珠海	59.94	2	71.44	3	48.44	4
苏州	57.54	3	67.82	5	47.26	5
南京	56.54	4	51.97	10	61.10	1
深圳	55.95	5	67.87	4	44.03	8
杭州	54.42	6	51.78	11	57.07	3
无锡	52.80	7	72.93	2	32.67	17
武汉	47.67	8	56.69	8	38.64	10
常州	46.33	9	61.65	6	31.02	19
上海	45.05	10	56.72	7	33.37	14
天津	42.17	11	38.00	36	46.34	7
宁波	41.32	12	49.77	13	32.86	16
衢州	41.17	13	46.92	15	35.42	13
广州	40.10	14	43.63	20	36.58	12
湖州	39.56	15	51.15	12	27.97	24
合肥	38.82	16	44.38	19	33.26	15
克拉玛依	36.82	17	46.34	17	27.30	25
佛山	36.73	18	40.88	27	32.58	18
芜湖	35.78	19	54.55	9	17.01	60

续表

城市	企业培育		领军企业		创业企业	
	得分	排名	得分	排名	得分	排名
海口	35.59	20	24.24	74	46.94	6
济南	35.47	21	45.81	18	25.13	38
厦门	34.80	22	43.31	21	26.30	30
沈阳	34.44	23	38.17	35	30.71	20
长沙	33.85	24	40.94	26	26.76	27
温州	33.80	25	42.38	22	25.22	36
嘉兴	33.63	26	48.21	14	19.05	56
太原	33.43	27	28.26	58	38.60	11
宜昌	33.40	28	37.22	37	29.57	22
成都	33.30	29	41.87	24	24.73	39
咸阳	33.29	30	23.85	75	42.73	9
东莞	31.67	31	40.74	28	22.60	45
绍兴	31.54	32	39.09	33	24.00	41
扬州	31.49	33	40.22	31	22.76	44
青岛	31.25	34	41.22	25	21.28	50
镇江	31.24	35	38.87	34	23.62	42
西安	31.10	36	36.26	39	25.94	32
荆门	30.75	37	40.25	30	21.25	51
郑州	30.48	38	31.96	49	29.00	23
威海	30.30	39	46.58	16	14.01	70
南通	30.08	40	40.33	29	19.84	54
惠州	29.40	41	35.89	40	22.91	43
淮安	28.70	42	36.70	38	20.69	52
中山	28.27	43	30.43	52	26.11	31
株洲	27.72	44	42.25	23	13.18	72
昆明	27.71	45	28.74	56	26.68	28
福州	27.62	46	39.48	32	15.76	64
连云港	27.03	47	26.88	66	27.18	26
重庆	26.73	48	27.75	63	25.70	33
南昌	26.44	49	23.12	78	29.75	21
大连	25.93	50	29.53	53	22.33	48

续表

城市	企业培育		领军企业		创业企业	
	得分	排名	得分	排名	得分	排名
长春	25.15	51	34.95	43	15.34	65
江门	24.99	52	33.24	47	16.73	61
襄阳	24.75	53	24.27	73	25.24	35
烟台	24.63	54	35.29	41	13.97	71
泰州	24.58	55	27.71	64	21.45	49
肇庆	24.54	56	31.83	50	17.24	59
兰州	23.68	57	22.84	79	24.52	40
泉州	23.38	58	34.03	45	12.74	76
淄博	23.37	59	35.12	42	11.62	82
哈尔滨	22.43	60	32.65	48	12.21	79
咸宁	22.30	61	28.14	59	16.45	62
石家庄	22.23	62	18.06	88	26.40	29
潍坊	21.89	63	33.32	46	10.46	85
宿迁	21.71	64	21.07	83	22.36	47
乌鲁木齐	21.70	65	18.14	87	25.25	34
安庆	21.23	66	34.04	44	8.42	94
铜陵	21.16	67	30.89	51	11.44	84
营口	21.10	68	29.09	55	13.11	74
洛阳	21.01	69	27.92	61	14.11	69
盐城	20.59	70	25.11	68	16.07	63
湛江	20.21	71	27.96	60	12.46	78
呼和浩特	19.91	72	24.48	72	15.33	66
滁州	19.81	73	26.48	67	13.14	73
保定	19.72	74	24.82	70	14.63	68
东营	19.64	75	29.19	54	10.09	86
绵阳	19.42	76	26.93	65	11.91	81
湘潭	19.24	77	28.39	57	10.09	87
景德镇	19.06	78	12.91	95	25.20	37
包头	18.87	79	18.00	89	19.74	55
徐州	18.61	80	16.88	91	20.35	53
鄂尔多斯	17.89	81	18.37	86	17.41	58

续表

城市	企业培育		领军企业		创业企业	
	得分	排名	得分	排名	得分	排名
辽阳	17.75	82	23.31	76	12.18	80
锦州	17.55	83	19.84	84	15.25	67
清远	17.16	84	27.89	62	6.43	97
西宁	16.99	85	15.24	92	18.73	57
茂名	16.69	86	21.86	80	11.52	83
泰安	16.54	87	24.55	71	8.52	93
焦作	16.23	88	23.24	77	9.22	88
南宁	16.01	89	25.11	69	6.91	96
银川	15.54	90	8.48	97	22.60	46
贵阳	15.01	91	21.49	81	8.52	92
河源	14.10	92	21.20	82	7.01	95
临沂	13.29	93	17.97	90	8.61	90
益阳	11.82	94	18.87	85	4.78	100
玉溪	11.24	95	13.92	93	8.56	91
鞍山	10.34	96	7.66	98	13.02	75
自贡	9.67	97	10.24	96	9.10	89
吉安	9.64	98	6.78	99	12.51	77
桂林	9.59	99	13.10	94	6.09	98
吉林	4.02	100	2.29	100	5.75	99

在创业企业指标方面，南京全国排名第1位，得分为61.10分；排名第2位的是北京，得分为59.82分；杭州、珠海、苏州分别排名第3位、第4位和第5位。在创业企业维度排名进入前10位的城市还包括海口、天津、深圳、咸阳和武汉。与企业培育指标排名进行对比，发现创业企业指标排名高于其企业培育指标排名的城市有43个，其中，排名差距大于20位的城市有银川（46/90）、景德镇（37/78）、石家庄（29/62）、乌鲁木齐（34/65）、南昌（21/49）、西宁（57/85）、徐州（53/80）、包头（55/79）、鄂尔多斯（58/81）、咸阳（9/30）、连云港（26/47）、鞍山（75/96）和吉安（77/98）。创业企业指标排名低于企业培育指标排名的城市有52个，其中，排名差距大于20位的城市有芜湖（60/19）、威海（70/39）、嘉兴（56/26）、安庆（94/66）、株洲（72/44）、淄博（82/59）和潍坊（85/63）。

3.1.3 排名变化

从排名变化情况来看（表3-2），2025年企业培育指标排名上升的城市有42个，其中排名上升 10 位及以上的城市有咸阳（41 位）、连云港（21 位）、乌鲁木齐（20 位）、沈阳（15 位）、东莞（15 位）、昆明（15 位）、荆门（12 位）、南通（12 位）、佛山（11 位）、肇庆（11 位）和呼和浩特（10 位）。排名下降的城市有 50 个，其中滁州下滑幅度最大，下降了 29 位，其他排名下降 10 位及以上的城市有淄博（20 位）、咸宁（18 位）、绍兴（14 位）、辽阳（13 位）、湘潭（12 位）、洛阳（12 位）、潍坊（12 位）、厦门（11 位）、福州（10 位）和成都（10 位）。

表 3-2 城市科技创业的企业培育指标排名与变化

城市	排名 2025 年	排名 2024 年	排名变化	城市	排名 2025 年	排名 2024 年	排名变化	城市	排名 2025 年	排名 2024 年	排名变化
北京	1	1	0	温州	25	26	1	南昌	49	40	-9
珠海	2	5	3	嘉兴	26	21	-5	大连	50	47	-3
苏州	3	9	6	太原	27	28	1	长春	51	53	2
南京	4	4	0	宜昌	28	27	-1	江门	52	50	-2
深圳	5	2	-3	成都	29	19	-10	襄阳	53	58	5
杭州	6	3	-3	咸阳	30	71	41	烟台	54	54	0
无锡	7	13	6	东莞	31	46	15	泰州	55	56	1
武汉	8	6	-2	绍兴	32	18	-14	肇庆	56	67	11
常州	9	14	5	扬州	33	31	-2	兰州	57	61	4
上海	10	8	-2	青岛	34	30	-4	泉州	58	63	5
天津	11	15	4	镇江	35	33	-2	淄博	59	39	-20
宁波	12	10	-2	西安	36	35	-1	哈尔滨	60	66	6
衢州	13	12	-1	荆门	37	49	12	咸宁	61	43	-18
广州	14	22	8	郑州	38	34	-4	石家庄	62	55	-7
湖州	15	7	-8	威海	39	32	-7	潍坊	63	51	-12
合肥	16	17	1	南通	40	52	12	宿迁	64	73	9
克拉玛依	17	23	6	惠州	41	37	-4	乌鲁木齐	65	85	20
佛山	18	29	11	淮安	42	48	6	安庆	66	64	-2
芜湖	19	16	-3	中山	43	42	-1	铜陵	67	59	-8
海口	20	25	5	株洲	44	45	1	营口	68	62	-6
济南	21	24	3	昆明	45	60	15	洛阳	69	57	-12
厦门	22	11	-11	福州	46	36	-10	盐城	70	75	5
沈阳	23	38	15	连云港	47	68	21	湛江	71	80	9
长沙	24	20	-4	重庆	48	41	-7	呼和浩特	72	82	10

续表

城市	排名 2025年	排名 2024年	排名变化	城市	排名 2025年	排名 2024年	排名变化	城市	排名 2025年	排名 2024年	排名变化
滁州	73	44	-29	锦州	83	88	5	临沂	93	93	0
保定	74	72	-2	清远	84	76	-8	益阳	94	94	0
东营	75	81	6	西宁	85	79	-6	玉溪	95	95	0
绵阳	76	74	-2	茂名	86	91	5	鞍山	96	97	1
湘潭	77	65	-12	泰安	87	86	-1	自贡	97	99	2
景德镇	78	77	-1	焦作	88	90	2	吉安	98	98	0
包头	79	70	-9	南宁	89	83	-6	桂林	99	96	-3
徐州	80	78	-2	银川	90	92	2	吉林	100	100	0
鄂尔多斯	81	87	6	贵阳	91	84	-7				
辽阳	82	69	-13	河源	92	89	-3				

3.2 领先地区

3.2.1 北京

2025年北京的企业培育水平排全国第1位，连续两年占据全国领先位置。其中，如图3-2所示，北京在领军企业指标方面的领先地位尤为明显，其76.68分远远高于全国平均水平（33.37分），排名全国第1位；而其在创业企业指标方面的表现则略显逊色，为59.82分，居于全国第2位。

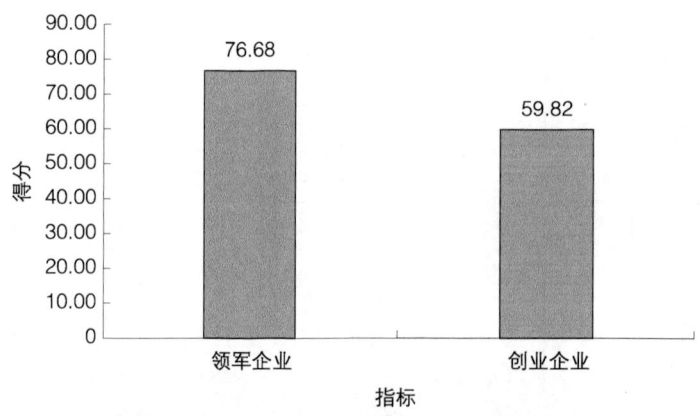

图3-2 2025年北京企业培育二级指标得分

北京作为我国科技创新的核心区域，在2025年企业培育水平位居全国首位且连续两年保持领先，这得益于多方面因素的共同作用。

一是政策支持体系持续优化，为企业培育提供坚实保障。例如，2025年北京市科学技术委员会、中关村科技园区管理委员会等部门发布《北京具身智能科技创新与产业培育行动计划（2025—2027年）》，提出培育一批具身智能领域独角兽企业、科技领军企业、国家高新技术企业和专精特新"小巨人"企业，通过设立专项扶持资金、搭建产学研合作平台、提供高端人才对接服务等措施，推动企业提升核心竞争力。

二是创新创业生态体系不断完善，助力企业快速发展。北京已布局建设了20余家标杆孵化器、110余家技术转移机构、20多个概念验证平台，各类孵化器和众创空间超过500家，是国家级孵化器数量最多的城市之一，知识产权专利代理机构和检验检测认证机构数量全国领先。

三是独角兽企业基数大，数量和估值持续保持全国第一。根据《中国独角兽企业发展报告（2025年）》数据，北京共有独角兽企业115家，总估值5949亿美元，数量和估值持续保持全国第一。

3.2.2 珠海

2025年珠海的企业培育水平位居全国第2位，在重点城市中展现出强劲发展势头。其中，如图3-3所示，珠海在创业企业指标方面排名全国第4位，48.44分的得分较全国平均水平（22.34分）高出117%；在领军企业指标方面排名全国第3位，以71.44分超越全国平均水平（33.37分）114%。

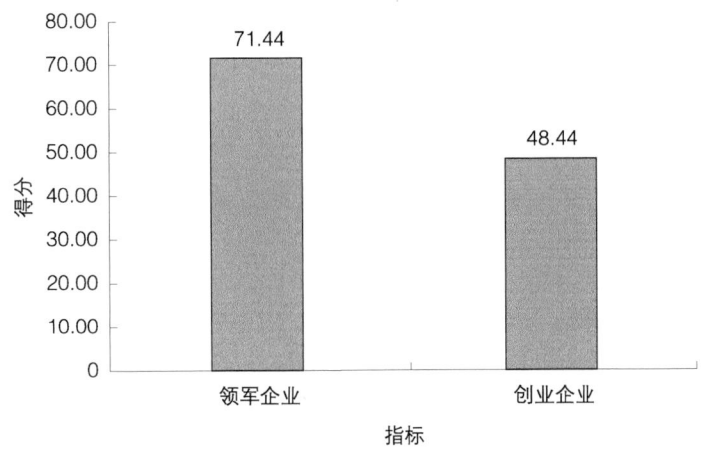

图3-3 2025年珠海企业培育二级指标得分

珠海的领先地位得益于其在企业培育方面的多项举措。2022年，珠海明确了科技型中小企业—高新技术企业—独角兽企业的梯度成长方向及具体培育措施。近年来，珠海科技创新实力强劲：研发投入占珠海地区生产总值的比重达4.06%，人才总量超90万人，拥有2家省实验室、2家粤港澳联合实验室，拥有2880多家高新技术企业，29家港澳项目孵化基地累计孵化近800个创业项目。2024年，珠海印发《珠海市高成长创新型企业培育管理办法》（以下简称新管理办法），进一步强化科技型企业梯次培育机制。新管理办法面向新一代信息技术、新能源、集成电路、生物医药与健康等主导产业，智能家电、装备制造、精细化工等优势产业，以及新药创制、未来计算、类脑智能、量子信息、基因技术、人工合成生物等前沿交叉领域，按照"遴选领域明确、企业层次清晰、培育引进并重"原则，遴选高成长创新型企业，包含瞪羚企业、独角兽企业两类。值得注意的是，新管理办法推动建设独角兽企业创新联盟，搭建企业之间以及与各方资源沟通交流的平台，为企业链接国内优质创新创业服务资源，提供覆盖企业成长全链条的服务，实现从"重企业发现"向"企业发现和培育并举"转变。

3.2.3 苏州

2025年苏州的企业培育水平稳居全国第3位。其中，如图3-4所示，苏州在领军企业指标方面表现突出，2025年得分达67.82分，较全国平均水平（33.37分）高出103%，排名全国第5位；而创业企业指标方面，珠海则以47.26分同样排全国第5位。

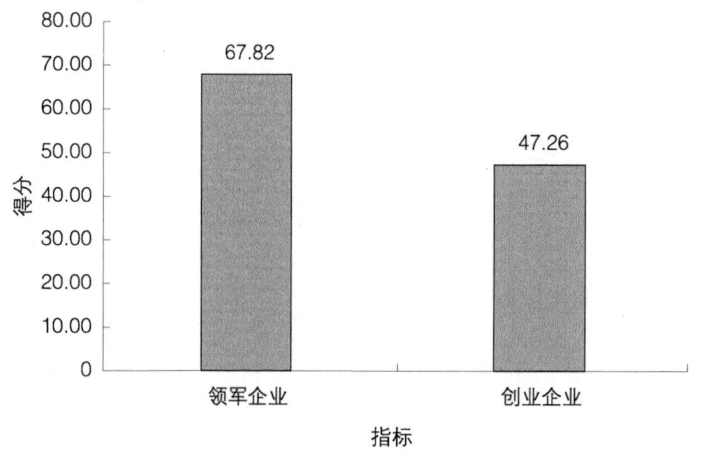

图3-4　2025年苏州企业培育二级指标得分

苏州的排名得益于其长期在企业培育特别是科技企业培育方面的深度经营。2022年，苏州出台《加快推进全市创新集群科技企业梯度培育的若干措施》，提出围绕科技企业全生命周期，大力建设众创空间、科技企业孵化器等科技创业孵化载体，加快构建以科技型中小企业为基础，以高新技术企业为主体，以专精特新企业、瞪羚企业和独角兽企业为标杆的科技企业梯队，推动更多科技企业借助科创板、北交所等多层次资本市场发展壮大，努力打造一批世界一流龙头企业，形成苏州培育科技企业的新模式。2025年，苏州聚焦"企业能级提升、关键技术攻关、研发机构赋能产业、人才引领发展"四条主线，深入实施科技企业领航、关键技术攻关突破、创新平台赋能、创新人才引领、创新生态优化等"五大行动"。在科技企业领航行动方面，全面构建"企业+"科创矩阵，加强科技领军企业、独角兽企业、瞪羚企业、高新技术企业、科技型中小企业等创新型企业梯度培育。

3.2.4 南京

2025年南京的企业培育水平位列全国第4位。其中,如图3-5所示,南京在创业企业指标方面实现领跑,创业企业指标以61.10分居全国首位,较全国平均水平(22.34分)高出174%;而领军企业指标方面,南京则以51.97分排名第10位。

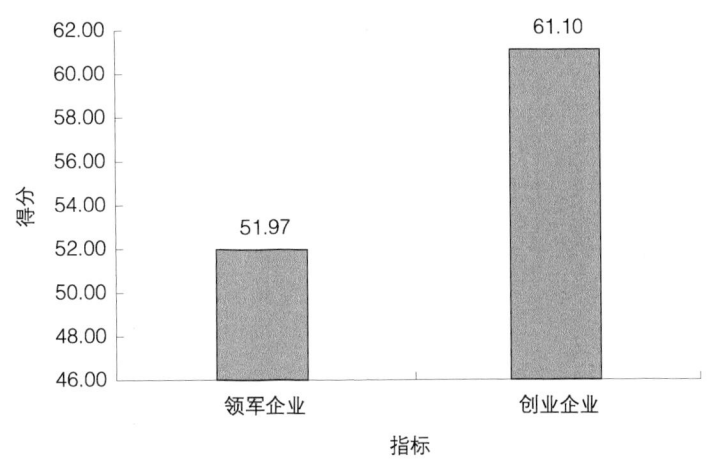

图3-5 2025年南京企业培育二级指标得分

近年来,南京高度重视专精特新企业培育工作,在全国率先出台推动专精特新中小企业高质量发展政策,构建"十百千万"梯次发展的专精特新企业群体。全市构建了从创新型中小企业、专精特新中小企业、专精特新"小巨人"企业到制造业单项冠军的优质企业梯度培育体系,全力支持中小企业走专精特新发展之路。

3.2.5 深圳

2025年深圳的企业培育水平位列全国第5位。其中,如图3-6所示,深圳在领军企业指标方面表现突出,2025年得分达67.87分,排名全国第4位,较全国平均水平(33.37分)高出103%;而创业企业指标方面,深圳则以44.03分排名第8位。

近年来,深圳积极打造"企业—企业家—生态"三位一体的企业培育系统,成效斐然。2022年,深圳出台《深圳市工业和信息化局优质中小企业梯度培育管理实施细则》,结合深圳产业状况和中小企业发展实际,设定"20+8"产业集群等本地化特色指标。从优化中小企业发展环境、加强部门协同和市区联动、构建服务体系、加强指导和服务等方面,对推动优质中小企业健康发展进行总体部署。对深圳市创新型中小企业评价、深圳市专精特新中小企业认定、国家专精特新"小巨人"企业认定的具体流程作出明确规定。2023年,深圳印发《深圳市民营及中小企业家培育工程"星耀鹏城"计划实施方案》,围绕民营及中小企业经营管理的重点领域和薄弱环节,密切结合"20+8"产业集群企业人才培养需求,组织实施企业家培育工程"星耀鹏城"计划,建立"线上+线下""理论+实战""学员+导师"三结合人才培训体系。到2025年,已连续举办三期培训。2025年,深圳发布《深圳市有力有效支持发展瞪羚企业、独角兽企业行动计划(2025—2027年)》,明确提出构建瞪羚企业、独角兽企业发现和培育壮大机制,聚焦"20+8"战略性新兴产业集群和未来产业领域,多渠道挖掘发现,建立瞪羚企业、独角兽企业梯度培育库,围绕金融、创新、场景、人才、市场等要素资源,持续健全"精准识别—梯度培育—生态赋能"的全链条培育服务体系,厚植瞪羚企业、独角兽企业成长沃土。

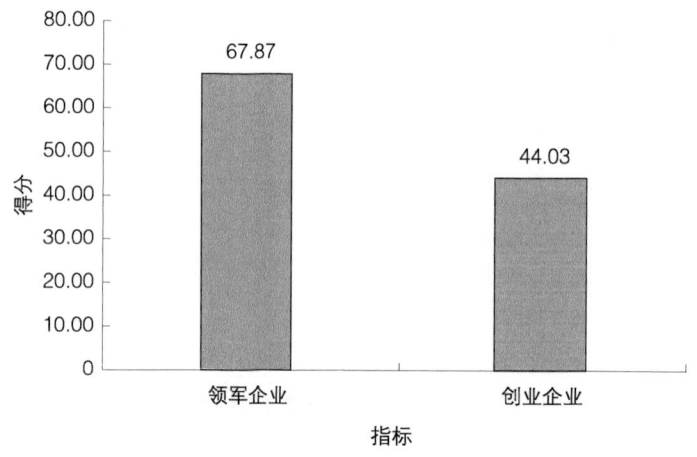

图3-6　2025年深圳企业培育二级指标得分

3.2.6　杭州

2025年杭州的企业培育水平位列全国第6位,在长三角城市群中展现出特色化发展路径。其中,如图3-7所示,杭州在创业企业指标方面优势显著,2025年以57.07分居全国第3位,较全国平均水平(22.34分)高出155%;而领军企业指标方面,杭州则以51.78分排名第11位。

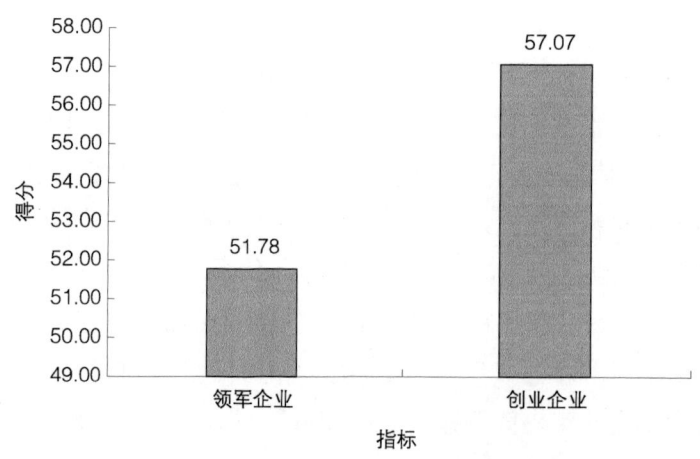

图3-7　2025年杭州企业培育二级指标得分

2023年底,杭州出台了《强化企业科技创新主体地位加快科技企业高质量发展的若干措施》,多措并举,持续激发企业科技创新活力。在构建科技企业梯度培育体系上,杭州实施科技企业"双倍增"行动,截至2023年底,杭州拥有国家高新技术企业15 062家,总量持续保持全国第5位。值得一提的是,近年来,杭州还围绕人工智能、脑机接口、人形机器人、低空经济等未来产业,积极探索"前沿技术发现—应用科研攻关—成果转化孵化—产业培育壮大"的未来产业全链条培育机制。2024年,杭州出台《杭州市"新雏鹰"企业培育管理办法》,明确提出到2027年,着力培育300家左右"新雏鹰"企业,开辟新领域新赛道,塑造新动能新优势,为杭州高质量发展提供强有力的科技支撑。

3.2.7 无锡

2025年无锡的企业培育水平在全国排名第7位,较上一年上升6位,展现出强劲的发展势头。其中,如图3-8所示,无锡在领军企业指标方面优势显著,2025年以72.93分居全国第2位;而创业企业指标排名相对靠后,以32.67分排名第17位。

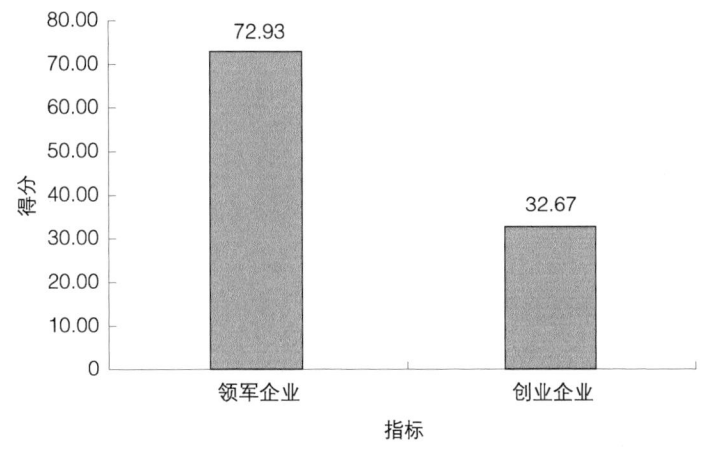

图3-8 2025年无锡企业培育二级指标得分

2023年,无锡印发《无锡市专精特新中小企业培育管理办法》,提出推进实施优质中小企业梯度培育,引导中小企业走专精特新发展道路,在提升产业链和供应链稳定性、推动经济社会发展中发挥更加重要的作用。同年,无锡发布《关于构建"465"现代产业体系 加快重点产业集群建设的实施意见》,聚焦物联网、集成电路、生物医药、软件与信息技术服务等4个产业,打造"高而强"的地标产业;聚焦高端装备、高端纺织服装、节能环保、特色新材料、新能源、汽车及零部件(含新能源汽车)等6个产业,打造"大而强"的优势产业;聚焦人工智能和元宇宙、量子科技、第三代半导体、氢能和储能、深海装备等5个产业,打造"新而强"的未来产业。2024年,无锡出台针对"465"现代产业集群链主企业遴选管理办法,开展首批链主企业遴选,分产业链建立"准链主"企业、骨干企业和新锐企业培育库名单,构建全链条企业梯次培育体系。

3.2.8 武汉

2025年武汉的企业培育水平在全国排名第8位，较上一年下降2位，但仍保持中部地区领先地位。其中，如图3-9所示，武汉在领军企业指标方面以56.69分居全国第8位；在创业企业指标方面，武汉则以38.64分排名第10位。

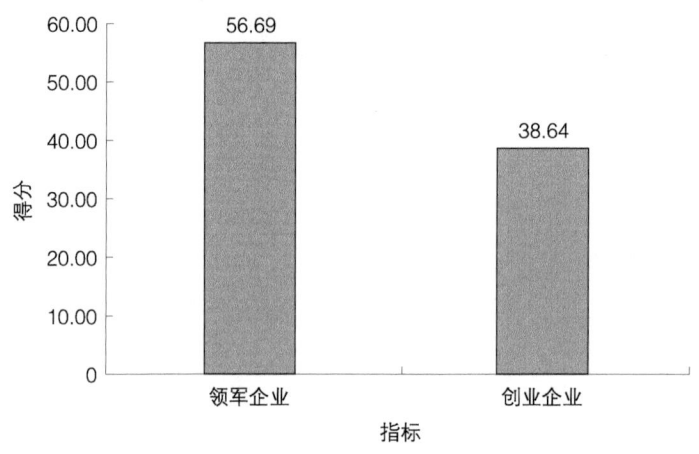

图3-9　2025年武汉企业培育二级指标得分

近年来，武汉围绕定标准、建体系、强生态，着力培育发展研发型企业，取得一定成效。2022年，武汉印发《武汉市进一步加快创新发展的若干政策措施》，出台一系列举措，旨在提升企业创新组织能力，激励高校、科研院所科技成果转化和产业化，加强中试平台（基地）建设，发展风投创投支持创新创业，拓展创新发展空间等，并指定具体责任单位负责落地实施。例如在发展风投创投支持创新创业方面，明确规定对新设立或者新迁入的风投创投机构，按照当年实际投资武汉非上市企业投资额的一定比例给予奖励；落实对风投创投机构和天使投资机构（个人）投资种子期、初创期科技型企业按照规定抵扣应纳税所得额的税收优惠政策。又如，在拓展创新发展空间方面，建强孵化加速平台，鼓励各类创新主体建设运营众创孵化载体，支持众创孵化载体专业化转型发展，办好"青桐汇"等双创平台。要求各区结合国土空间规划建设创新园区、创新街区和创新楼宇，在市政府确定的具备条件的创新园区试行M0土地政策，并且对创新街区、创新园区、创新楼宇，经定期考核择优给予最高500万元奖励。2025年，武汉出台《武汉市加快培育研发型企业　推进研发产业化实施方案（2025—2027年）》（以下简称《实施方案》），分为引导企业加大研发投入、做大研发型企业规模、加强企业研发支撑服务、强化外资研发中心引育、优化研发型企业发展生态5个方面，共18条。根据《实施方案》，武汉将设立"一库一专项"，通过建立研发型企业库和研发型企业创新专项，认定支持一批研发型企业，择优给予最高100万元研发经费支持。

3.2.9 常州

2025年常州以46.33分的企业培育得分稳居全国第一梯队，排名全国第9位。其中，如图3-10所示，在领军企业指标方面，常州以61.65分居全国第6位；在创业企业指标方面，以31.02分排名第19位。

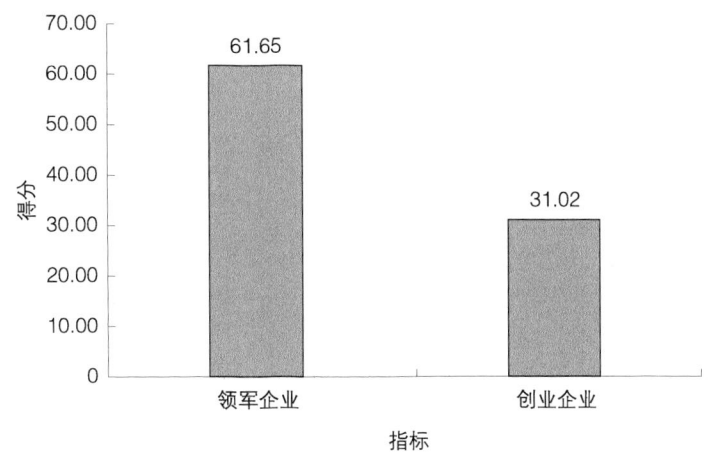

图3-10 2025年常州企业培育二级指标得分

近年来，常州持续加大企业培育力度，激发市场主体活力，推动科技创新和产业创新融合。2023年，常州出台《常州市科技型企业"倍增行动"工作计划（2023—2027年）》，提出按照"精准招引、精心培育、精细服务"的工作思路，加强科技型企业招引，建立完善科学的孵育体系，构建"科技型中小企业—高新技术企业—瞪羚企业—独角兽企业"的梯次成长培育机制，壮大科技型中小企业，做强全市高新技术企业，精心培育一批集成创新能力强、核心竞争优势明显的瞪羚企业、独角兽企业，打造一批创新发展的标杆型企业；并明确发展目标，提出到2027年底，常州全市高新技术企业数超8000家，瞪羚企业累计超1200家，独角兽企业、潜在独角兽企业累计超100家，科技型中小企业入库数超10000家。2025年，常州出台《进一步支持企业创新发展的若干政策》，聚焦支持企业追求卓越领航、支持企业扩大有效投入、支持企业加强品牌建设、支持企业壮大发展规模、支持企业完善公司治理、支持企业实施兼并重组等6个方面，提出对首次入选"世界500强""中国企业500强""中国制造业企业500强""中国民营企业500强""中国服务业企业500强"的企业，对新认定国家级制造业单项冠军企业、国家级专精特新"小巨人"企业，对新获评中国工业大奖、表彰奖、提名奖的企业，分别给予资金支持。对首次获得"中国质量奖""中国质量奖提名奖"的组织（个人），首次获得"江苏省省长质量奖""江苏省省长质量奖提名奖"的组织，分别给予资金支持。

3.2.10 上海

2025年上海以45.05分的企业培育得分稳居全国第一梯队，在企业培育体系中排名第10位。其中，如图3-11所示，上海在领军企业指标方面，以56.72分居全国第7位；在创业企业指标方面，以33.37分排名第14位。

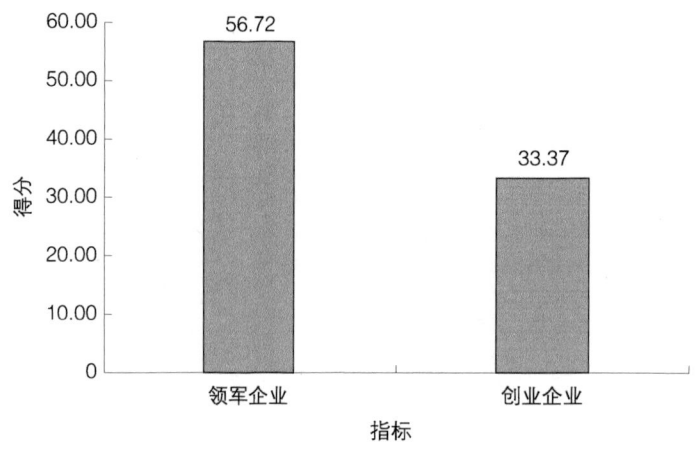

图3-11　2025年上海企业培育二级指标得分

近年来，上海在充分发挥其国企、外企传统优势的基础上，积极推动科技型中小企业的培育工作。2022年，上海出台《上海市优质中小企业梯度培育管理实施细则》，统一加强本市优质中小企业梯度培育工作，推动中小企业高质量发展。该细则明确提出，在"十四五"期间，推动培育十万家左右创新型中小企业、一万家左右专精特新中小企业、一千家左右专精特新"小巨人"企业。2025年，上海出台《上海市促进专精特新中小企业发展壮大的若干措施》，提出加强全链条培育，建设上海市专精特新中小企业梯度培育数智化平台，支持企业"小升规、规转强、强转股、股上市"，目标是到"十五五"末，全市专精特新中小企业数量翻一番，达到2万家左右。其中，推动"小升规"，对当年首次年营业收入达到2000万元及以上并符合条件的工业、互联网和相关服务、软件和信息技术服务业企业，给予最高50万元的一次性奖励。对年营业收入达到2000万元及以上符合条件的工业、互联网和相关服务、软件和信息技术服务业企业，根据当年增长情况给予最高40万元的一次性奖励。促进"规转强"，推动瞪羚、独角兽等高成长企业发展，加强分类培育，提供精准服务。对连续两年产值（营收）增速20%以上的专精特新"小巨人"企业，给予最高50万元支持。激励"强转股"，发挥国有基金引领作用，形成规模1000亿元的基金群，面向专精特新中小企业加大直接投资力度。支持"股上市"，加强专精特新专板建设，协调解决企业上市遇到的问题，深化拟上市企业服务。完善改制上市培育库，加大潜力企业发掘力度，入库企业数量突破1000家。

3.3 重点区域

3.3.1 京津冀城市群

京津冀地区有4个城市纳入评价，分别为北京、天津、石家庄和保定。2025年京津冀城市群企业培育及其各维度的得分和排名如表3-3所示。整体来看，京津冀城市群科技创业的企业培育指标、领军企业指标和创业企业指标的得分均值高于全国均值。

表3-3　2025年京津冀城市群企业培育及其各维度的得分和排名

城市	企业培育		领军企业		创业企业	
	得分	排名	得分	排名	得分	排名
全国均值	27.85		33.37		22.34	
地区均值	38.09		39.39		36.80	
北京	68.25	1	76.68	1	59.82	2
天津	42.17	11	38.00	36	46.34	7
保定	19.72	74	24.82	70	14.63	68
石家庄	22.23	62	18.06	88	26.40	29

从各城市的企业培育得分来看，北京的得分最高，居全国首位，其次为天津，保定最低；其中，北京和天津的得分高于全国均值，而石家庄和保定的得分低于全国均值。在培育领军企业方面，北京和天津的得分高于全国均值，但石家庄和保定的得分均低于全国均值。在培育创业企业方面，北京和天津的得分在全国范围内均位于前列（第2位和第7位），石家庄的得分也高于全国均值，而保定的得分低于全国均值，排在全国第68位。

3.3.2 长三角城市群

长三角地区有26个城市纳入评价，分别为苏州、南京、杭州、无锡、常州、上海、宁波、衢州、湖州、合肥、芜湖、温州、嘉兴、绍兴、扬州、镇江、南通、淮安、连云港、泰州、宿迁、安庆、铜陵、盐城、滁州和徐州。2025年长三角城市群企业培育及其各维度的得分排名如表3-4所示。整体来看，长三角城市群的科技创业企业培育能力高于全国平均水平，并且无论是领军企业培育还是创业企业培育，长三角城市群的得分均值都高于全国均值。

表 3-4　2025 年长三角城市群企业培育及其各维度的得分和排名

城市	企业培育		领军企业		创业企业	
	得分	排名	得分	排名	得分	排名
全国均值	27.85		33.37		22.34	
地区均值	34.38		41.91		26.85	
苏州	57.54	3	67.82	5	47.26	5
南京	56.54	4	51.97	10	61.10	1
杭州	54.42	6	51.78	11	57.07	3
无锡	52.80	7	72.93	2	32.67	17
常州	46.33	9	61.65	6	31.02	19
上海	45.05	10	56.72	7	33.37	14
宁波	41.32	12	49.77	13	32.86	16
衢州	41.17	13	46.92	15	35.42	13
湖州	39.56	15	51.15	12	27.97	24
合肥	38.82	16	44.38	19	33.26	15
芜湖	35.78	19	54.55	9	17.01	60
温州	33.80	25	42.38	22	25.22	36
嘉兴	33.63	26	48.21	14	19.05	56
绍兴	31.54	32	39.09	33	24.00	41
扬州	31.49	33	40.22	31	22.76	44
镇江	31.24	35	38.87	34	23.62	42
南通	30.08	40	40.33	29	19.84	54
淮安	28.70	42	36.70	38	20.69	52
连云港	27.03	47	26.88	66	27.18	26
泰州	24.58	55	27.71	64	21.45	49
宿迁	21.71	64	21.07	83	22.36	47
安庆	21.23	66	34.04	44	8.42	94
铜陵	21.16	67	30.89	51	11.44	84
盐城	20.59	70	25.11	68	16.07	63
滁州	19.81	73	26.48	67	13.14	73
徐州	18.61	80	16.88	91	20.35	53

分城市来看，长三角地区的苏州、南京、杭州、无锡、常州和上海的企业培育排全国前 10 位；宁波、衢州、湖州、合肥和芜湖的排名也在前 20 位之列；泰州、宿迁、安庆、铜陵、

盐城、滁州和徐州的排名较低，在 50 位之后。在培育领军企业方面，无锡居全国第 2 位，苏州、常州、上海、芜湖和南京也排全国前 10 位。在培育创业企业方面，南京居全国第 1 位，杭州和苏州也进入全国前 10 位。总体而言，长三角地区各城市在企业培育方面有较大的优势。

3.3.3 珠三角城市群

珠三角地区有 13 个城市纳入评价，分别为珠海、深圳、广州、佛山、东莞、惠州、中山、江门、肇庆、湛江、清远、茂名和河源。2025 年珠三角城市群企业培育及其各维度的得分和排名如表 3-5 所示。整体来看，珠三角城市群的企业培育得分均值高于全国均值，在培育领军企业和创业企业方面都具有领先优势。

表 3-5　2025 年珠三角城市群企业培育及其各维度的得分和排名

城市	企业培育		领军企业		创业企业	
	得分	排名	得分	排名	得分	排名
全国均值	27.85		33.37		22.34	
地区均值	30.75		38.07		23.43	
珠海	59.94	2	71.44	3	48.44	4
深圳	55.95	5	67.87	4	44.03	8
广州	40.10	14	43.63	20	36.58	12
佛山	36.73	18	40.88	27	32.58	18
东莞	31.67	31	40.74	28	22.60	45
惠州	29.40	41	35.89	40	22.91	43
中山	28.27	43	30.43	52	26.11	31
江门	24.99	52	33.24	47	16.73	61
肇庆	24.54	56	31.83	50	17.24	59
湛江	20.21	71	27.96	60	12.46	78
清远	17.16	84	27.89	62	6.43	97
茂名	16.69	86	21.86	80	11.52	83
河源	14.10	92	21.20	82	7.01	95

分城市来看，珠三角城市群中，企业培育得分最高的城市为珠海，排全国第 2 位；深圳排名第 5 位，广州和佛山分别排名第 14 位和第 18 位，均处于较为领先的位次。江门、肇庆、湛江、清远、茂名和河源的排名较靠后，在第 50 位之后。在培育领军企业方面，珠海和深圳名列前茅，分别排全国第 3 位和第 4 位。在培育创业企业方面，同样地，珠海和深圳的排名靠前，分别排全国第 4 位和第 8 位。

3.3.4 长江中游城市群

长江中游城市群是以武汉城市群、环长株潭城市群、环鄱阳湖城市群为主体形成的特大型城市群，规划范围包括：湖北武汉、黄石、鄂州、黄冈、孝感、咸宁、仙桃、潜江、天门、襄阳、宜昌、荆州、荆门，湖南长沙、株洲、湘潭、岳阳、益阳、常德、衡阳、娄底，江西南昌、九江、景德镇、鹰潭、新余、宜春、萍乡、上饶、抚州、吉安。在这些城市中，共有12个城市纳入本次评价，分别为武汉、长沙、宜昌、荆门、株洲、南昌、襄阳、咸宁、湘潭、景德镇、益阳和吉安。2025年长江中游城市群企业培育及其各维度的得分和排名如表3-6所示。整体来看，长江中游城市群入围城市的企业培育、领军企业和创业企业的得分均值都低于全国均值，存在劣势。

表3-6 2025年长江中游城市群企业培育及其各维度的得分和排名

城市	企业培育		领军企业		创业企业	
	得分	排名	得分	排名	得分	排名
全国均值	27.85		33.37		22.34	
地区均值	25.55		29.99		21.12	
武汉	47.67	8	56.69	8	38.64	10
长沙	33.85	24	40.94	26	26.76	27
宜昌	33.40	28	37.22	37	29.57	22
荆门	30.75	37	40.25	30	21.25	51
株洲	27.72	44	42.25	23	13.18	72
南昌	26.44	49	23.12	78	29.75	21
襄阳	24.75	53	24.27	73	25.24	35
咸宁	22.30	61	28.14	59	16.45	62
湘潭	19.24	77	28.39	57	10.09	87
景德镇	19.06	78	12.91	95	25.20	37
益阳	11.82	94	18.87	85	4.78	100
吉安	9.64	98	6.78	99	12.51	77

分城市来看，武汉的企业培育得分最高，排全国第8位；长沙、宜昌、荆门、株洲和南昌排在全国前50位；襄阳、咸宁、湘潭、景德镇、益阳和吉安排在50位之后，其中吉安排名最后，全国第98位。在培育领军企业方面，武汉和长沙排名相对靠前，分别排全国第8位和第26位。在培育创业企业方面，武汉和南昌排名相对靠前，分别排全国第10位和第22位。

3.4 关键指标分析

3.4.1 高新技术企业

表3-7所示为高新技术企业指标排名变化。该指标的排名变化幅度较大，其中有11个城市的上升位次达到10位及以上，上升幅度最大的城市是咸阳，上升了20位，显示出这些城市在高新技术企业方面有较大的培育力度。与此同时，有12个城市的下降位次达到10位及以上，其中下降幅度较大的城市为滁州（42位）、南昌（38位）、辽阳（22位）和西宁（20位）。

表3-7 高新技术企业指标排名变化

城市	排名 2025年	排名 2024年	排名变化	城市	排名 2025年	排名 2024年	排名变化	城市	排名 2025年	排名 2024年	排名变化
武汉	1	2	1	佛山	21	19	-2	昆明	41	59	18
芜湖	2	1	-1	威海	22	25	3	重庆	42	49	7
福州	3	3	0	江门	23	18	-5	湘潭	43	46	3
温州	4	6	2	长沙	24	14	-10	绵阳	44	54	10
沈阳	5	7	2	清远	25	24	-1	杭州	45	56	11
衢州	6	9	3	上海	26	20	-6	天津	46	53	7
淮安	7	5	-2	肇庆	27	26	-1	南宁	47	33	-14
长春	8	13	5	宜昌	28	10	-18	咸宁	48	57	9
泉州	9	16	7	西安	29	31	2	保定	49	32	-17
宁波	10	11	1	潍坊	30	39	9	南京	50	50	0
合肥	11	28	17	扬州	31	30	-1	烟台	51	52	1
成都	12	4	-8	郑州	32	34	2	深圳	52	42	-10
青岛	13	8	-5	北京	33	47	14	咸阳	53	73	20
株洲	14	15	1	无锡	34	41	7	茂名	54	66	12
安庆	15	22	7	荆门	35	38	3	连云港	55	63	8
湛江	16	21	5	铜陵	36	45	9	广州	56	55	-1
哈尔滨	17	29	12	湖州	37	37	0	嘉兴	57	68	11
营口	18	23	5	绍兴	38	40	2	大连	58	44	-14
惠州	19	17	-2	淄博	39	35	-4	东莞	59	71	12
济南	20	12	-8	洛阳	40	48	8	镇江	60	69	9

续表

城市	排名 2025年	排名 2024年	排名变化	城市	排名 2025年	排名 2024年	排名变化	城市	排名 2025年	排名 2024年	排名变化
苏州	61	61	0	泰安	75	82	7	石家庄	89	83	-6
珠海	62	62	0	焦作	76	88	12	克拉玛依	90	94	4
呼和浩特	63	51	-12	海口	77	58	-19	景德镇	91	89	-2
兰州	64	67	3	鄂尔多斯	78	77	-1	玉溪	92	90	-2
辽阳	65	43	-22	锦州	79	78	-1	桂林	93	85	-8
厦门	66	64	-2	贵阳	80	74	-6	泰州	94	93	-1
太原	67	60	-7	临沂	81	86	5	自贡	95	96	1
河源	68	70	2	宿迁	82	76	-6	鞍山	96	95	-1
滁州	69	27	-42	益阳	83	81	-2	吉安	97	97	0
南通	70	75	5	盐城	84	84	0	东营	98	98	0
襄阳	71	80	9	西宁	85	65	-20	吉林	99	99	0
常州	72	79	7	包头	86	87	1	银川	100	100	0
中山	73	72	-1	乌鲁木齐	87	91	4				
南昌	74	36	-38	徐州	88	92	4				

3.4.2 专精特新企业

表3-8所示为专精特新企业指标排名变化。该指标排名变化幅度较大，其中有28个城市的上升位次达到10位及以上，上升幅度较大的城市为东莞（34位）、佛山（39位）、宿迁（36位）、淮安（46位）、荆门（35位）和连云港（34位），显示出这些城市在专精特新企业方面有较大的培育力度。与此同时，有30个城市的下降位次达到10位及以上，其中下降幅度较大的城市为福州（39位）、包头（32位）、郑州（30位）和铜陵（30位）。

表3-8 专精特新企业指标排名变化

城市	排名 2025年	排名 2024年	排名变化	城市	排名 2025年	排名 2024年	排名变化	城市	排名 2025年	排名 2024年	排名变化
无锡	1	18	17	东营	6	21	15	南通	11	36	25
苏州	2	13	11	南京	7	23	16	湖州	12	3	-9
深圳	3	1	-2	北京	8	2	-6	泰州	13	25	12
珠海	4	14	10	杭州	9	5	-4	上海	14	11	-3
常州	5	10	5	嘉兴	10	4	-6	克拉玛依	15	16	1

续表

城市	排名 2025年	排名 2024年	排名变化	城市	排名 2025年	排名 2024年	排名变化	城市	排名 2025年	排名 2024年	排名变化
东莞	16	50	34	泰安	45	42	-3	银川	74	87	13
武汉	17	7	-10	中山	46	56	10	石家庄	75	58	-17
芜湖	18	12	-6	淮安	47	93	46	郑州	76	46	-30
宁波	19	8	-11	焦作	48	60	12	呼和浩特	77	99	22
荆门	20	55	35	滁州	49	22	-27	绵阳	78	57	-21
镇江	21	33	12	宿迁	50	86	36	乌鲁木齐	79	82	3
广州	22	51	29	连云港	51	85	34	河源	80	98	18
株洲	23	34	11	西安	52	52	0	保定	81	89	8
威海	24	19	-5	沈阳	53	53	0	泉州	82	81	-1
扬州	25	40	15	江门	54	62	8	贵阳	83	65	-18
济南	26	32	6	益阳	55	67	12	鞍山	84	78	-6
合肥	27	17	-10	湘潭	56	38	-18	景德镇	85	63	-22
盐城	28	61	33	重庆	57	41	-16	哈尔滨	86	75	-11
宜昌	29	24	-5	自贡	58	77	19	桂林	87	73	-14
烟台	30	27	-3	大连	59	54	-5	福州	88	49	-39
绍兴	31	9	-22	铜陵	60	30	-30	清远	89	90	1
厦门	32	6	-26	南昌	61	68	7	咸阳	90	91	1
长沙	33	20	-13	安庆	62	44	-18	西宁	91	94	3
天津	34	35	1	肇庆	63	71	8	南宁	92	92	0
佛山	35	74	39	徐州	64	79	15	海口	93	88	-5
成都	36	37	1	洛阳	65	43	-22	兰州	94	83	-11
青岛	37	31	-6	玉溪	66	84	18	茂名	95	95	0
淄博	38	15	-23	长春	67	72	5	包头	96	64	-32
温州	39	28	-11	辽阳	68	47	-21	鄂尔多斯	97	97	0
惠州	40	66	26	太原	69	48	-21	湛江	98	100	2
潍坊	41	39	-2	临沂	70	59	-11	吉林	99	96	-3
咸宁	42	45	3	锦州	71	69	-2	营口	100	76	-24
衢州	43	29	-14	吉安	72	80	8				
襄阳	44	26	-18	昆明	73	70	-3				

3.4.3 新三板企业

表3-9所示为新三板企业指标排名变化。各城市在该指标方面的排名较为稳定，相较于2024年，2025年的排名变化不大，株洲、鄂尔多斯、湘潭和滁州的排名上升位次达到10位及以上，没有排名下降超过10位的城市。其中，排名靠前的城市为北京、珠海、克拉玛依和苏州，排名靠后的城市包括湛江、茂名、清远和景德镇。

表3-9 新三板企业指标排名变化

城市	排名2025年	排名2024年	排名变化	城市	排名2025年	排名2024年	排名变化	城市	排名2025年	排名2024年	排名变化
北京	1	1	0	西安	25	26	1	荆门	49	55	6
珠海	2	3	1	南通	26	32	6	哈尔滨	50	49	-1
克拉玛依	3	2	-1	东莞	27	28	1	滁州	51	61	10
苏州	4	4	0	银川	28	21	-7	乌鲁木齐	52	47	-5
深圳	5	6	1	佛山	29	35	6	贵阳	53	51	-2
上海	6	5	-1	镇江	30	25	-5	泰州	54	50	-4
厦门	7	7	0	福州	31	29	-2	绵阳	55	60	5
常州	8	9	1	海口	32	30	-2	惠州	56	54	-2
无锡	9	8	-1	长沙	33	34	1	肇庆	57	64	7
杭州	10	10	0	大连	34	36	2	呼和浩特	58	53	-5
湖州	11	11	0	郑州	35	31	-4	江门	59	57	-2
嘉兴	12	16	4	东营	36	39	3	安庆	60	67	7
衢州	13	17	4	合肥	37	38	1	株洲	61	77	16
广州	14	13	-1	淄博	38	42	4	宜昌	62	58	-4
南京	15	12	-3	青岛	39	37	-2	南昌	63	56	-7
武汉	16	14	-2	扬州	40	33	-7	泉州	64	63	-1
芜湖	17	15	-2	成都	41	40	-1	盐城	65	59	-6
济南	18	19	1	烟台	42	41	-1	湘潭	66	78	12
威海	19	18	-1	温州	43	43	0	宿迁	67	62	-5
天津	20	22	2	包头	44	44	0	兰州	68	66	-2
中山	21	20	-1	石家庄	45	45	0	洛阳	69	69	0
宁波	22	24	2	沈阳	46	48	2	潍坊	70	73	3
绍兴	23	23	0	铜陵	47	52	5	长春	71	65	-6
太原	24	27	3	昆明	48	46	-2	南宁	72	71	-1

续表

城市	排名 2025年	排名 2024年	排名变化	城市	排名 2025年	排名 2024年	排名变化	城市	排名 2025年	排名 2024年	排名变化
徐州	73	76	3	自贡	83	82	-1	河源	93	84	-9
泰安	74	72	-2	咸阳	84	88	4	玉溪	94	93	-1
淮安	75	79	4	桂林	85	86	1	咸宁	95	95	0
吉安	76	70	-6	鄂尔多斯	86	98	12	襄阳	96	89	-7
焦作	77	68	-9	益阳	87	91	4	景德镇	97	96	-1
重庆	78	75	-3	辽阳	88	87	-1	清远	98	97	-1
连云港	79	81	2	西宁	89	94	5	茂名	99	99	0
鞍山	80	74	-6	锦州	90	90	0	湛江	100	100	0
营口	81	80	-1	吉林	91	85	-6				
保定	82	83	1	临沂	92	92	0				

3.4.4 在孵企业

表3-10所示为在孵企业指标排名变化。各城市在该指标方面的排名较为稳定，相较于2024年，2025年的排名变化不大，仅有宜昌、芜湖和苏州的上升位次达到10位及以上，没有排名下降超过10位的城市。其中，排名较为靠前的城市为南京、珠海、苏州和杭州，排名靠后的城市为辽阳、东营、锦州和茂名。该指标反映了城市在培育初创企业方面的成果。

表3-10 在孵企业指标排名变化

城市	排名 2025年	排名 2024年	排名变化	城市	排名 2025年	排名 2024年	排名变化	城市	排名 2025年	排名 2024年	排名变化
南京	1	1	0	常州	11	9	-2	济南	21	20	-1
珠海	2	2	0	合肥	12	15	3	郑州	22	22	0
苏州	3	13	10	武汉	13	14	1	兰州	23	18	-5
杭州	4	4	0	无锡	14	16	2	长沙	24	28	4
深圳	5	5	0	石家庄	15	11	-4	佛山	25	24	-1
北京	6	6	0	广州	16	12	-4	哈尔滨	26	25	-1
克拉玛依	7	3	-4	上海	17	19	2	宜昌	27	45	18
衢州	8	7	-1	天津	18	23	5	青岛	28	27	-1
宁波	9	10	1	太原	19	17	-2	乌鲁木齐	29	29	0
包头	10	8	-2	西安	20	21	1	大连	30	36	6

续表

城市	排名 2025年	排名 2024年	排名变化	城市	排名 2025年	排名 2024年	排名变化	城市	排名 2025年	排名 2024年	排名变化
江门	31	31	0	银川	55	64	9	南通	79	79	0
长春	32	38	6	温州	56	54	-2	潍坊	80	78	-2
厦门	33	26	-7	重庆	57	58	1	连云港	81	82	1
景德镇	34	30	-4	保定	58	59	1	河源	82	80	-2
惠州	35	34	-1	昆明	59	55	-4	吉林	83	74	-9
洛阳	36	33	-3	滁州	60	53	-7	安庆	84	91	7
中山	37	32	-5	湘潭	61	56	-5	清远	85	85	0
绍兴	38	37	-1	株洲	62	57	-5	咸阳	86	87	1
咸宁	39	40	1	海口	63	63	0	呼和浩特	87	93	6
成都	40	35	-5	南宁	64	61	-3	鞍山	88	86	-2
荆门	41	39	-2	鄂尔多斯	65	69	4	烟台	89	84	-5
西宁	42	41	-1	玉溪	66	66	0	嘉兴	90	89	-1
襄阳	43	44	1	肇庆	67	68	1	宿迁	91	88	-3
湖州	44	47	3	东莞	68	67	-1	吉安	92	90	-2
泰州	45	50	5	扬州	69	70	1	泉州	93	92	-1
桂林	46	49	3	贵阳	70	65	-5	临沂	94	94	0
镇江	47	43	-4	淮安	71	76	5	营口	95	96	1
威海	48	48	0	沈阳	72	72	0	湛江	96	95	-1
芜湖	49	60	11	焦作	73	75	2	茂名	97	97	0
盐城	50	51	1	益阳	74	71	-3	锦州	98	98	0
自贡	51	42	-9	绵阳	75	77	2	东营	99	99	0
淄博	52	46	-6	泰安	76	73	-3	辽阳	100	100	0
南昌	53	52	-1	福州	77	83	6				
铜陵	54	62	8	徐州	78	81	3				

3.4.5 众创空间

表3-11所示为众创空间指标排名变化。该指标方面的城市排名变化幅度较大，有15个城市的上升位次超过了10位，上升幅度较大的城市为乌鲁木齐（45位）、咸阳（29位）、沈阳（26位）和襄阳（24位），显示出这些城市在众创空间方面有强大的政策实施力度。与此同时，有20个城市的下降位次达到10位及以上，其中下降幅度较大的城市为咸宁（35位）、潍坊（34位）和惠州（29位）。

表3-11 众创空间指标排名变化

城市	排名 2025年	排名 2024年	排名变化	城市	排名 2025年	排名 2024年	排名变化	城市	排名 2025年	排名 2024年	排名变化
咸阳	1	30	29	锦州	32	49	17	合肥	63	61	-2
北京	2	1	-1	宁波	33	23	-10	江门	64	62	-2
天津	3	2	-1	深圳	34	21	-13	泉州	65	70	5
连云港	4	10	6	广州	35	25	-10	克拉玛依	66	69	3
沈阳	5	31	26	肇庆	36	53	17	保定	67	56	-11
杭州	6	7	1	乌鲁木齐	37	82	45	株洲	68	58	-10
南京	7	4	-3	银川	38	46	8	西安	69	67	-2
太原	8	26	18	中山	39	36	-3	青岛	70	81	11
宜昌	9	14	5	兰州	40	48	8	烟台	71	90	19
苏州	10	16	6	鄂尔多斯	41	47	6	福州	72	68	-4
湖州	11	3	-8	东莞	42	34	-8	济南	73	76	3
南昌	12	15	3	辽阳	43	42	-1	芜湖	74	86	12
宿迁	13	20	7	湛江	44	65	21	滁州	75	75	0
佛山	14	19	5	上海	45	40	-5	威海	76	78	2
重庆	15	8	-7	大连	46	44	-2	临沂	77	84	7
景德镇	16	39	23	营口	47	35	-12	包头	78	79	1
襄阳	17	41	24	鞍山	48	45	-3	绵阳	79	91	12
扬州	18	5	-13	西宁	49	55	6	东营	80	80	0
温州	19	12	-7	珠海	50	33	-17	湘潭	81	83	2
衢州	20	13	-7	茂名	51	60	9	焦作	82	71	-11
镇江	21	6	-15	呼和浩特	52	74	22	洛阳	83	88	5
无锡	22	24	2	海口	53	59	6	成都	84	77	-7
武汉	23	37	14	昆明	54	63	9	潍坊	85	51	-34
徐州	24	18	-6	石家庄	55	50	-5	安庆	86	92	6
淮安	25	17	-8	盐城	56	43	-13	玉溪	87	73	-14
绍兴	26	11	-15	长沙	57	54	-3	淄博	88	87	-1
常州	27	9	-18	惠州	58	29	-29	河源	89	66	-23
嘉兴	28	22	-6	郑州	59	64	5	清远	90	72	-18
泰州	29	28	-1	吉安	60	57	-3	泰安	91	94	3
南通	30	38	8	厦门	61	52	-9	铜陵	92	95	3
荆门	31	32	1	咸宁	62	27	-35	自贡	93	99	6

续表

城市	排名 2025年	排名 2024年	排名变化	城市	排名 2025年	排名 2024年	排名变化	城市	排名 2025年	排名 2024年	排名变化
长春	94	89	-5	南宁	97	96	-1	贵阳	100	100	0
吉林	95	93	-2	哈尔滨	98	97	-1				
益阳	96	85	-11	桂林	99	98	-1				

3.4.6 科技企业

表3-12所示为科技企业指标排名变化。该指标方面的城市排名变化幅度较大，有10个城市的上升位次达到10位及以上，上升幅度较大的城市为乌鲁木齐（18位）、铜陵（15位）、昆明（15位）和克拉玛依（13位），显示出这些城市的科技企业实现了大规模发展。下降幅度较大的城市有咸宁（58位）、吉安（31位）、扬州（16位）和株洲（15位）。

表3-12 科技企业指标排名变化

城市	排名 2025年	排名 2024年	排名变化	城市	排名 2025年	排名 2024年	排名变化	城市	排名 2025年	排名 2024年	排名变化
海口	1	1	0	珠海	18	24	6	芜湖	35	22	-13
杭州	2	3	1	南京	19	16	-3	石家庄	36	40	4
成都	3	2	-1	东莞	20	19	-1	烟台	37	49	12
广州	4	7	3	咸阳	21	20	-1	宁波	38	35	-3
合肥	5	4	-1	中山	22	26	4	东营	39	33	-6
昆明	6	21	15	惠州	23	29	6	大连	40	43	3
深圳	7	9	2	佛山	24	27	3	绵阳	41	53	12
武汉	8	10	2	南昌	25	17	-8	湖州	42	39	-3
上海	9	13	4	青岛	26	25	-1	温州	43	48	5
厦门	10	6	-4	福州	27	28	1	泉州	44	38	-6
郑州	11	11	0	苏州	28	30	2	兰州	45	55	10
北京	12	12	0	乌鲁木齐	29	47	18	潍坊	46	41	-5
长沙	13	8	-5	银川	30	34	4	重庆	47	50	3
太原	14	5	-9	沈阳	31	36	5	南通	48	46	-2
西安	15	14	-1	无锡	32	31	-1	常州	49	45	-4
济南	16	15	-1	贵阳	33	37	4	铜陵	50	65	15
天津	17	18	1	长春	34	32	-2	呼和浩特	51	60	9

续表

城市	排名 2025年	排名 2024年	排名变化	城市	排名 2025年	排名 2024年	排名变化	城市	排名 2025年	排名 2024年	排名变化
嘉兴	52	57	5	克拉玛依	69	82	13	景德镇	86	78	-8
哈尔滨	53	54	1	西宁	70	81	11	南宁	87	83	-4
威海	54	52	-2	安庆	71	71	0	吉林	88	93	5
淄博	55	51	-4	江门	72	79	7	包头	89	88	-1
宜昌	56	68	12	吉安	73	42	-31	玉溪	90	86	-4
徐州	57	59	2	临沂	74	75	1	河源	91	92	1
宿迁	58	61	3	连云港	75	80	5	自贡	92	90	-2
洛阳	59	64	5	泰州	76	74	-2	锦州	93	94	1
扬州	60	44	-16	鄂尔多斯	77	77	0	清远	94	91	-3
滁州	61	58	-3	株洲	78	63	-15	湛江	95	98	3
保定	62	69	7	焦作	79	84	5	辽阳	96	95	-1
淮安	63	67	4	盐城	80	72	-8	茂名	97	96	-1
襄阳	64	76	12	咸宁	81	23	-58	鞍山	98	97	-1
绍兴	65	56	-9	荆门	82	87	5	益阳	99	99	0
镇江	66	66	0	营口	83	85	2	桂林	100	100	0
衢州	67	62	-5	肇庆	84	89	5				
泰安	68	70	2	湘潭	85	73	-12				

第4章 科技创业的高质量创新创业分析

4.1 总体概述

推动创新创业高质量发展，有利于进一步增强创业带动就业的能力，提升科技创新和产业发展活力，有利于创造优质供给和扩大有效需求，对增强经济发展内生动力具有重要意义[①]。在本章中，使用两个指标来度量城市的高质量创新创业，即新兴产业和国际竞争力。整体来看，城市的高质量创新创业呈现以下特点。

第一，2025年样本城市高质量创新创业的得分均值为7.69分，得分高于50.00分的只有深圳和北京两个城市，得分分别是63.74分和51.57分。多数城市在新兴产业发展水平和国际竞争力水平方面有待提高。各城市在高质量创新创业方面的表现存在巨大差异。

在高质量创新创业的两个细分指标上，北京在新兴产业方面表现最佳，得分为70.03分，但是在国际竞争力方面的得分仅为33.10分，导致北京的高质量创新创业得分低于深圳，排名第2位。深圳在新兴产业发展上虽然落后于北京，但是国际竞争力和新兴产业方面得分比较均衡，分别是69.58分和57.90分。2025年珠海在高质量创新创业方面的表现仅次于深圳和北京，排在第4～10位的城市依次是苏州、南京、杭州、成都、吉安、天津和上海。

第二，比较2025年和2024年的情况，100个城市中有90个城市的排名都发生了变化，排名上升10位及以上的城市有5个，上升幅度从大到小依次是保定（排名第50位）、铜陵（排名第68位）、长春（排名第39位）、海口（排名第67位）、淮安（排名第53位），排名分别上升了23位、11位、10位、10位和10位。而排名下降10位及以上的城市有5个，下降幅度从大到小依次是锦州（排名第77位）、滁州（排名第79位）、哈尔滨（排名第62位）、宿迁（排名第82位）、景德镇（排名第71位），排名分别下降了22位、13位、11位、11位和10位。城市科技创业能力综合得分排名前10位的城市中，广州和上海的高质量创新

---

① 《国务院关于推动创新创业高质量发展打造"双创"升级版的意见》（国发〔2018〕32号），https：//www.gov.cn/zhengce/content/2018-09/26/content_5325472.htm，2018-09-26。

创业的排名上升幅度显著，都提升了3位。

4.1.1 综合得分与排名

如图4-1所示，高质量创新创业水平呈现明显的梯队分布，前10位分别为深圳、北京、珠海、苏州、南京、杭州、成都、吉安、天津、上海。2025年吉安高质量创新创业进步明显，首次进入全国前10位。上海高质量创新创业指标的全国排名与2024年相比提高了3位，排名第10位。在高质量创新创业方面，较为落后的城市有银川、咸宁、自贡、临沂、西宁、乌鲁木齐、襄阳、辽阳、茂名、玉溪。

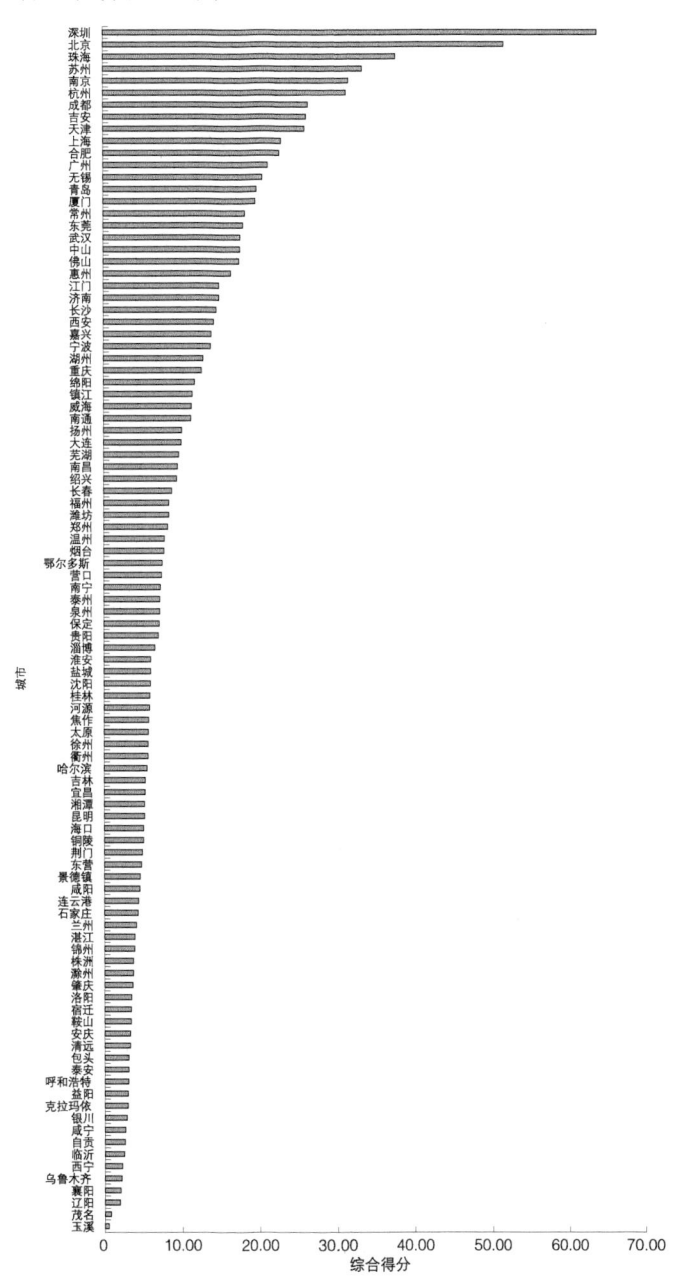

图4-1 2025年中国城市科技创业的高质量创新创业综合得分

4.1.2 二级指标分析

如表4-1所示，从高质量创新创业的细分指标表现来看，在新兴产业方面，北京全国排名第1位，得分为70.03分，领先优势明显；深圳紧随其后，排名第2位，得分为57.90分，与北京差距较大；排名前10位的城市还包括南京、珠海、杭州、天津、广州、苏州、合肥和武汉。在新兴产业维度，排名后10位的城市分别是临沂、益阳、湛江、营口、玉溪、锦州、咸宁、河源、辽阳、茂名。在国际竞争力方面，深圳、吉安、苏州、成都、北京、珠海、中山、惠州、江门、佛山位居前10位，茂名、哈尔滨、太原、西宁、银川、兰州、东营、呼和浩特、玉溪、乌鲁木齐、克拉玛依位居后10位。

表4-1 2025年城市科技创业的高质量创新创业及其各维度得分与排名

城市	高质量创新创业		新兴产业		国际竞争力	
	得分	排名	得分	排名	得分	排名
深圳	63.74	1	57.90	2	69.58	1
北京	51.57	2	70.03	1	33.10	5
珠海	37.66	3	44.90	4	30.41	6
苏州	33.26	4	26.67	8	39.85	3
南京	31.52	5	47.13	3	15.91	24
杭州	31.21	6	43.85	5	18.57	19
成都	26.44	7	17.76	16	35.12	4
吉安	26.21	8	2.41	78	50.00	2
天津	26.00	9	42.93	6	9.06	44
上海	23.00	10	21.91	13	24.10	13
合肥	22.77	11	26.59	9	18.94	17
广州	21.29	12	30.16	7	12.41	30
无锡	20.54	13	16.93	17	24.16	12
青岛	19.77	14	18.32	15	21.21	15
厦门	19.65	15	15.25	19	24.05	14
常州	18.25	16	16.81	18	19.70	16
东莞	18.03	17	11.86	21	24.21	11
武汉	17.66	18	24.82	10	10.49	39
中山	17.62	19	5.65	49	29.59	7
佛山	17.49	20	9.85	29	25.13	10
惠州	16.40	21	4.74	57	28.06	8

续表

城市	高质量创新创业		新兴产业		国际竞争力	
	得分	排名	得分	排名	得分	排名
江门	14.94	22	3.16	75	26.72	9
济南	14.93	23	24.09	11	5.76	65
长沙	14.56	24	18.97	14	10.14	40
西安	14.24	25	23.56	12	4.91	71
嘉兴	13.93	26	9.01	32	18.86	18
宁波	13.84	27	10.22	26	17.46	20
湖州	12.88	28	8.54	38	17.22	21
重庆	12.68	29	10.86	25	14.49	25
绵阳	11.74	30	6.46	44	17.03	22
镇江	11.46	31	14.32	20	8.60	47
威海	11.35	32	6.64	43	16.06	23
南通	11.25	33	11.76	22	10.74	37
扬州	10.13	34	7.83	39	12.43	29
大连	10.02	35	7.57	40	12.48	28
芜湖	9.71	36	10.12	27	9.30	42
南昌	9.54	37	11.05	24	8.04	50
绍兴	9.42	38	4.84	56	13.99	27
长春	8.75	39	11.42	23	6.09	63
福州	8.39	40	8.90	33	7.89	54
潍坊	8.38	41	5.04	54	11.73	32
郑州	8.22	42	8.56	37	7.89	53
温州	7.80	43	3.29	72	12.30	31
烟台	7.76	44	6.45	45	9.07	43
鄂尔多斯	7.51	45	3.96	63	11.06	35
营口	7.45	46	0.67	94	14.23	26
南宁	7.28	47	4.06	62	10.50	38
泰州	7.23	48	5.66	48	8.79	45
泉州	7.17	49	3.51	68	10.83	36
保定	7.12	50	2.61	77	11.62	33
贵阳	7.00	51	8.72	35	5.28	67
淄博	6.56	52	4.90	55	8.22	48

续表

城市	高质量创新创业		新兴产业		国际竞争力	
	得分	排名	得分	排名	得分	排名
淮安	6.01	53	4.51	59	7.51	56
盐城	6.00	54	5.32	53	6.69	61
沈阳	5.93	55	9.23	31	2.64	86
桂林	5.88	56	4.19	60	7.57	55
河源	5.83	57	0.30	98	11.37	34
焦作	5.70	58	2.09	82	9.31	41
太原	5.66	59	10.12	28	1.19	92
徐州	5.64	60	6.64	42	4.64	74
衢州	5.63	61	3.29	73	7.98	51
哈尔滨	5.52	62	9.64	30	1.39	91
吉林	5.26	63	1.91	83	8.61	46
宜昌	5.24	64	3.36	70	7.12	60
湘潭	5.13	65	5.55	50	4.71	72
昆明	5.12	66	8.56	36	1.69	89
海口	5.04	67	6.24	46	3.84	78
铜陵	5.03	68	3.77	67	6.29	62
荆门	4.85	69	1.52	86	8.17	49
东营	4.77	70	8.84	34	0.70	96
景德镇	4.60	71	1.23	90	7.97	52
咸阳	4.52	72	1.81	84	7.23	57
连云港	4.38	73	3.38	69	5.37	66
石家庄	4.31	74	5.48	52	3.14	85
兰州	4.09	75	7.37	41	0.81	95
湛江	3.93	76	0.68	93	7.18	59
锦州	3.86	77	0.52	96	7.20	58
株洲	3.71	78	3.86	65	3.55	81
滁州	3.67	79	3.90	64	3.43	84
肇庆	3.60	80	1.42	89	5.78	64
洛阳	3.43	81	2.34	79	4.53	76
宿迁	3.43	82	2.16	80	4.71	73
鞍山	3.42	83	3.21	74	3.64	80

续表

城市	高质量创新创业		新兴产业		国际竞争力	
	得分	排名	得分	排名	得分	排名
安庆	3.33	84	2.11	81	4.55	75
清远	3.27	85	1.44	88	5.09	69
包头	3.12	86	3.78	66	2.46	88
泰安	3.12	87	2.76	76	3.47	82
呼和浩特	3.04	88	5.50	51	0.58	97
益阳	2.98	89	0.69	92	5.26	68
克拉玛依	2.97	90	5.94	47	0.00	100
银川	2.86	91	4.67	58	1.05	94
咸宁	2.66	92	0.35	97	4.97	70
自贡	2.60	93	1.75	85	3.44	83
临沂	2.49	94	1.08	91	3.90	77
西宁	2.25	95	3.32	71	1.19	93
乌鲁木齐	2.15	96	4.19	61	0.12	99
襄阳	2.05	97	1.51	87	2.59	87
辽阳	1.97	98	0.23	99	3.72	79
茂名	0.78	99	0.07	100	1.50	90
玉溪	0.51	100	0.62	95	0.41	98
权重	100		50		50	

高质量创新创业排名前 10 位的城市中，吉安的新兴产业排名第 78 位，天津的国际竞争力排名第 44 位。

新兴产业排名高于高质量创新创业排名的城市有 50 个，其中新兴产业排名高于高质量创新创业排名 30 位及以上的 9 个城市分别是太原、哈尔滨、昆明、东营、兰州、呼和浩特、克拉玛依、银川、乌鲁木齐。国际竞争力排名高于高质量创新创业排名的城市有 56 个，其中国际竞争力排名高于高质量创新创业排名 20 位及以上的城市有营口、河源、荆门、益阳和咸宁。

4.1.3 排名变化

从排名变化情况看，2025 年高质量创新创业方面排名下降的城市有 45 个，下降 10 位及以上的城市包括锦州、滁州、宿迁、哈尔滨和景德镇，排名分别下降了 22 位、13 位、11 位、11 位、10 位。2025 年排名上升的城市有 45 个，保定、铜陵、海口、淮安、长春的排名上升最快，分别上升了 23 位、11 位、10 位、10 位、10 位，10 个城市的排名没有发生变化（表 4-2）。

乌鲁木齐、临沂和玉溪等城市的高质量创新创业指标近两年来一直排名靠后，需要在加快新兴产业发展和提升高新技术园区企业出口和国际专利申请方面发力，实现突破。

表4-2 城市科技创业的高质量创新创业指标排名与变化

地区	排名 2025年	排名 2024年	排名变化	地区	排名 2025年	排名 2024年	排名变化
深圳	1	1	0	绵阳	30	32	2
北京	2	2	0	镇江	31	31	0
珠海	3	3	0	威海	32	33	1
苏州	4	6	2	南通	33	29	-4
南京	5	4	-1	扬州	34	37	3
杭州	6	5	-1	大连	35	34	-1
成都	7	7	0	芜湖	36	30	-6
吉安	8	10	2	南昌	37	40	3
天津	9	8	-1	绍兴	38	38	0
上海	10	13	3	长春	39	49	10
合肥	11	9	-2	福州	40	39	-1
广州	12	15	3	潍坊	41	36	-5
无锡	13	14	1	郑州	42	43	1
青岛	14	11	-3	温州	43	44	1
厦门	15	16	1	烟台	44	45	1
常州	16	20	4	鄂尔多斯	45	42	-3
东莞	17	12	-5	营口	46	54	8
武汉	18	17	-1	南宁	47	41	-6
中山	19	18	-1	泰州	48	46	-2
佛山	20	21	1	泉州	49	58	9
惠州	21	19	-2	保定	50	73	23
江门	22	27	5	贵阳	51	60	9
济南	23	22	-1	淄博	52	56	4
长沙	24	26	2	淮安	53	63	10
西安	25	24	-1	盐城	54	50	-4
嘉兴	26	23	-3	沈阳	55	52	-3
宁波	27	28	1	桂林	56	47	-9
湖州	28	25	-3	河源	57	48	-9
重庆	29	35	6	焦作	58	65	7

续表

地区	排名 2025年	排名 2024年	排名变化	地区	排名 2025年	排名 2024年	排名变化
太原	59	59	0	肇庆	80	85	5
徐州	60	53	-7	洛阳	81	84	3
衢州	61	57	-4	宿迁	82	71	-11
哈尔滨	62	51	-11	鞍山	83	86	3
吉林	63	69	6	安庆	84	81	-3
宜昌	64	62	-2	清远	85	76	-9
湘潭	65	67	2	包头	86	87	1
昆明	66	64	-2	泰安	87	91	4
海口	67	77	10	呼和浩特	88	90	2
铜陵	68	79	11	益阳	89	88	-1
荆门	69	68	-1	克拉玛依	90	99	9
东营	70	70	0	银川	91	83	-8
景德镇	71	61	-10	咸宁	92	92	0
咸阳	72	78	6	自贡	93	95	2
连云港	73	74	1	临沂	94	93	-1
石家庄	74	72	-2	西宁	95	96	1
兰州	75	80	5	乌鲁木齐	96	97	1
湛江	76	82	6	襄阳	97	94	-3
锦州	77	55	-22	辽阳	98	89	-9
株洲	78	75	-3	茂名	99	98	-1
滁州	79	66	-13	玉溪	100	100	0

4.2 领先地区

4.2.1 深圳

2025年深圳的高质量创新创业水平排全国第1位，与2024年持平。深圳在新兴产业和国际竞争力两个指标上的表现比较均衡，得分分别为57.90分和69.58分（图4-2），使得深圳在高质量创新创业方面超越北京连续两年位列第一。深圳高质量创新创业指标排名高于其经济指标排名。

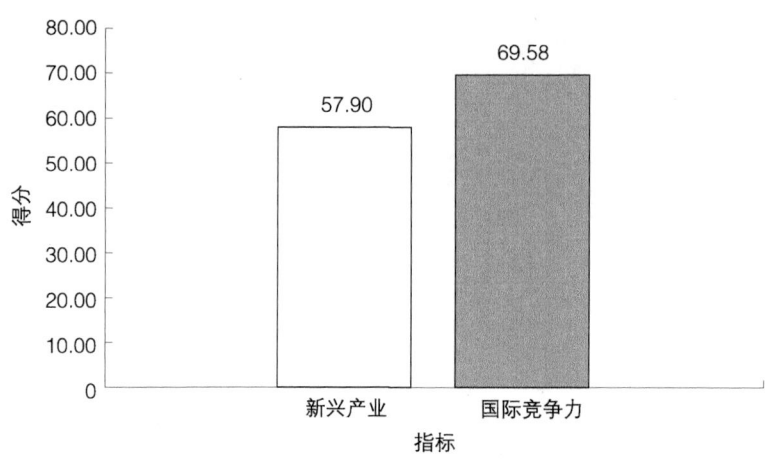

图4-2　2025年深圳高质量创新创业二级指标得分

深圳作为我国经济特区、全国性经济中心城市、国家创新型城市和粤港澳大湾区核心引擎城市之一，在高质量创新创业方面连续两年全国排名第1位，特别是在国际竞争力这一指标上表现突出。

深圳在高质量创新创业维度稳居全国第一，与深圳市政府重视原始创新能力建设的政策措施的落实密不可分。近年来，深圳高标准建设综合性国家科学中心，不断增加在基础研究、科研院所、国家级研发平台和高等院校等方面的投入，先后建成国家超级计算深圳中心、深圳国家基因库、鹏城实验室、深圳湾实验室等重大科研平台，布局建设了光明科学城、河套深港科技创新合作区、西丽湖国际科教城、大运深港国际科教城、坪山—大鹏粤港澳大湾区生命健康创新示范区等综合性科技园区，同时大力推进深圳国家应用数学中心、粤港澳大湾区量子科学中心等重大创新平台建设，实施基础研究十年行动计划，持续加大基础研究投入力度，为探索全球创新引领型城市持续努力。

深圳以"创新"为魂，以"基础研究+技术攻关+成果产业化+科技金融+人才支撑"为内核的全过程创新生态链不断完善和壮大，促进深圳高质量创新创业的发展。长期以来，深圳鼓励科技创新，不断加大研发投入，牢牢抓住强化企业创新主体地位的"牛鼻子"，在大攻关、重研发、补链条等方面，集中资源支持高新技术企业突破关键核心技术、增强自主创新能力、提升核心竞争力。深圳在5G、8K、人工智能、基因测序、3D显示、新能源汽车、无人机等领域的创新能力居世界前列，培育华为、大疆、迈瑞、比亚迪、云天励飞、微芯生物、北芯生命等一批具有国际影响力和竞争力的创新型企业，打造20大战略性新兴产业集群和8大未来产业。

2023年深圳R&D（研究与试验发展）经费投入达2236.61亿元，增长18.9%；R&D经费投入强度为6.46%；R&D经费投入占全省的46.6%、全国的6.7%，全国城市排名第2位。其中，深圳企业R&D经费投入达2085.78亿元，占深圳全社会R&D经费投入的93.3%，企业R&D经费投入总量全国城市排名第1位。从增速看，2023年深圳R&D经费投入增长18.9%，增速比上一年提高7.1个百分点，连续9年保持两位数增长。从强度看，2023年深圳R&D经费投入强度首次突破6%，达到6.46%，比上一年提高0.65个百分点，连续9年提升；投入强度超过全省2.92个百分点、全国3.81个百分点[①]。

4.2.2 北京

2025年，北京高质量创新创业水平全国排名第2位，与2024年持平（图4-3）。北京的新兴产业和国际竞争力两个指标的得分分别为70.03分和33.10分，在全国分别排名第1位和第5位，均与2024年持平。北京的高质量创新创业指标排名与地区生产总值排名一致。

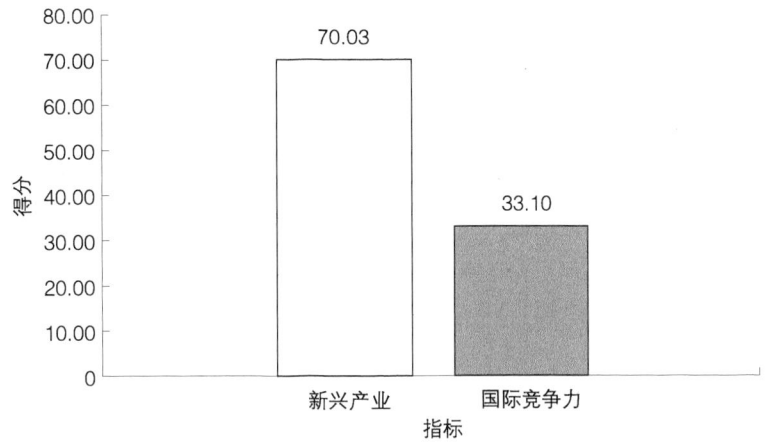

图4-3　2025年北京高质量创新创业二级指标得分

2023年，北京R&D经费投入总量为2947.1亿元，同比增长3.7%，保持稳步增长势头；占全国R&D经费投入的比重为8.8%，占比保持稳定。从投入强度看，2023年，北京全社会R&D经费投入强度为6.73%。自2019以来，北京R&D经费投入强度连续5年保持在6%以上，高于全市"十四五"发展规划全社会研究与试验发展经费支出占地区生产总值比重6%左右的目标。2023年，北京企业R&D经费投入为1372.9亿元，同比增长10.7%，增速较上一年提高1.6个百分点，占北京全社会R&D经费投入的46.6%，占比较上一年提高3个百分点，拉动全社会R&D经费增长4.7个百分点。企业、政府属研究机构和高等学校是R&D活动的三大执行主体[②]。

2023年9月5日，北京市人民政府办公厅印发《北京市促进未来产业创新发展实施方案》，提出面向未来信息（包括通用人工智能、第六代移动通信、元宇宙、量子信息、光电子）、未来健康（包括基因技术、细胞治疗与再生医学、脑科学与脑机接口、合成生物）、未来制造（包括类人机器人、智慧出行）、未来能源（包括氢能、新型储能、碳捕集封存利

---

① https://www.sz.gov.cn/cn/xxgk/zfxxgj/zwdt/content/post_11719100.html.
② https://tjj.beijing.gov.cn/tjsj_31433/sjjd_31444/202410/t20241018_3923370.html.

用)、未来材料（包括石墨烯材料、超导材料、超宽禁带半导体材料、新一代生物医用材料）、未来空间（商业航天、卫星网络）等六大领域，到2030年，形成一批颠覆性技术和重大原创成果，构建一批应用场景、中试平台和技术标准，培育一批行业领军企业、独角兽企业，建设一批创新中心和创新联盟，培养引进一批战略科学家、产业领军人才、产业经理人和卓越工程师。到2035年，集聚一批具有国际影响力和话语权的创新主体，不断开辟产业新领域新赛道，塑造发展新动能新优势，形成若干全球领先的未来产业集群，建成开拓世界科技产业前沿的人才高地，成为全球未来产业发展的引领者。

4.2.3 珠海

珠海的高质量创新创业水平全国排名第3位，与2024年持平。珠海的新兴产业和国际竞争力两个指标的得分为44.90分和30.41分（图4-4），在全国分别排名第4位和第6位。珠海的高质量创新创业指标排名高于其科技创业能力综合排名。经济指标方面，2023年珠海的地区生产总值为4233亿元，比上一年增长3.8%，排全国第73位，人均地区生产总值为170 306万元，排全国第14位。2025年，珠海在新兴产业指标方面排名第4位，比2024年上升1位；在国际竞争力指标方面排名第6位，比2024年上升3位。

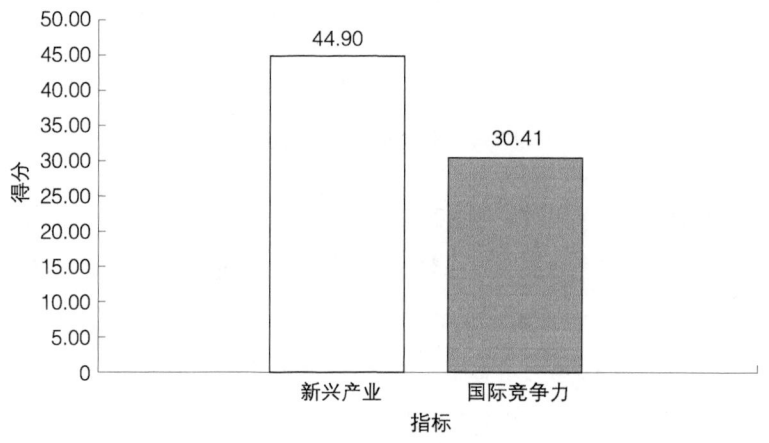

图4-4　2025年珠海高质量创新创业二级指标得分

围绕粤港澳大湾区国际科技创新中心建设，珠海市科技创新局持续推动市政府与中山大学、广州中医药大学、中国科学院等知名高校、科研机构合作，共建重大科技创新平台，为珠海提升创新策源能力、助力产业高质量发展提供重要支撑。

截至2023年底，珠海累计拥有省实验室2家、粤港澳联合实验室2家、省重点实验室10家、省新型研发机构17家、省级以上工程技术研究中心362家，为集聚创新资源、开展创新活动提供重要平台支撑；拥有众创空间34家、科技企业孵化器40家、科技企业加速器4家，其中国家级载体数量在总数中的占比超30%，为打通科技成果转化"最后一公里"蹚出新路。

截至2023年底，珠海拥有高新技术企业超2660家，同比增长15.29%；全市科技型中小企业入库数近2800家，同比增长27.61%。数据显示，2023年1—11月，高新技术企业规上工业增加值991.16亿元，同比增速3.7%，占全市规上工业增加值70%，高新技术企业已成为支撑全市经济发展的重要力量[①]。

4.2.4 苏州

2025年，苏州的新兴产业和国际竞争力两个指标的得分分别为26.67分和39.85分（图4-5），苏州的高质量创新创业水平全国排名第4位，与2024年相比上升了2位。苏州的高质量创新创业指标排名高于其科技创业能力综合排名。经济指标方面，2023年苏州的地区生产总值为24 653亿元，比上一年增长4.6%。苏州在国际竞争力方面的表现最好，排名第3位，这与苏州的国际专利申请数量的贡献密不可分。2025年，苏州在高质量创新创业二级指标的新兴产业和国际竞争力两个维度分别排名第8位和第3位，其中新兴产业排名比2024年上升2位，国际竞争力指标排名没有变化。

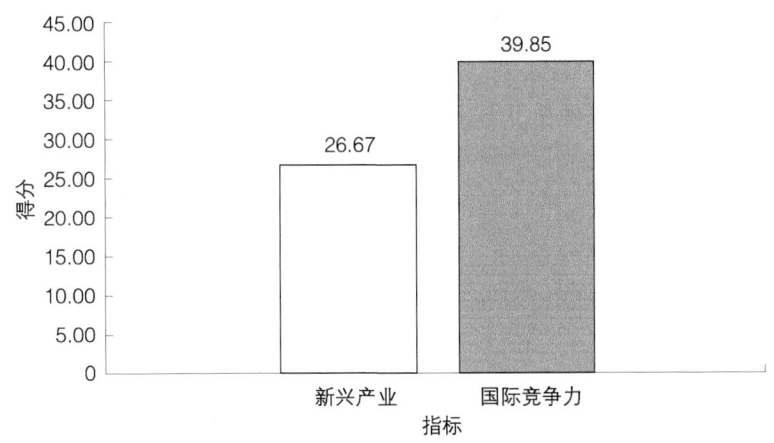

图4-5　2025年苏州高质量创新创业二级指标得分

苏州作为国家高新技术产业基地和长三角地区重要的城市之一，截至2023年底有效高新技术企业数达1.57万家，比上一年增长16.7%。苏州高新技术产业产值占规模以上工业总产值的比重达52.7%，比上一年提高0.2个百分点。新增国家级专精特新"小巨人"企业230家，累计达401家。国家科技型中小企业达到2.54万家。上榜国家独角兽企业17家，入选江苏独角兽企业17家，认定市级独角兽培育企业224家。年末各类人才总量390万人，其中高层次人才42万人；新立项顶尖人才团队、重大创新团队13个。年末有效发明专利量12.99万件，比上一年增长24.3%；万人发明专利拥有量100.25件，比上一年增加19.31件。2023年，苏州PCT专利申请2866件；获中国专利金奖1项、银奖2项；获评首批国家

---

① https：//pub-zhtb.hizh.cn/a/202401/12/AP65a089c1e4b0925937b3a3c7.html.

知识产权保护示范区建设城市；成功举办全国首届先进技术成果交易大会①。

苏州持续推动重大科创平台建设。苏州实验室、"一区两中心"等科创平台加快建设，成功获批全国重点实验室5家，省级重点实验室累计16家。"深时数字地球"大科学计划获国务院批复立项，纳米真空互联实验站二期完成验收，中科可控信息产业有限公司获批筹建国家新一代人工智能公共算力开放创新平台。2023年，苏州新增省级以上企业技术中心240家，累计1284家；新增省级以上工程技术研究中心214家，累计1540家；新增省级以上工程研究中心20家，累计161家；新增省级以上众创空间75家，累计424家；新增市级新型研发机构17家，累计106家；累计培育建设创新联合体120家。

苏州高质量创新创业指标之所以能够在全国排名第4位，主要的措施包括：筑巢引凤，吸引高新企业集聚；以产业聚人才，以人才兴产业；政策支持与市场化运作并行；投贷联动促进产业资本融合②。

4.2.5 南京

2025年，南京的新兴产业和国际竞争力两个指标的得分分别为47.13分和15.91分（图4-6），在全国的排名分别为第3位和第24位。南京的高质量创新创业水平全国排名第5位，与2024年相比降低1位。南京的高质量创新创业指标排名低于其科技创业能力综合排名。经济指标方面，2023年南京的地区生产总值为17 421亿元，比上一年增长4.6%，人均地区生产总值达183 015元。

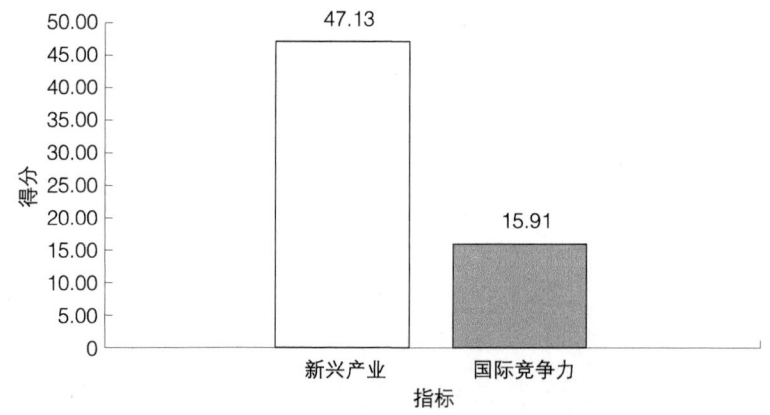

图4-6　2025年南京高质量创新创业二级指标得分

南京拥有省级以上重点实验室93家，其中国家级33家。拥有省级以上工程技术研究中心629家，2023年新增82家。累计建成并投入使用城市硅巷234万平方米，集聚高新技术

---

① 《2023年苏州市国民经济和社会发展统计公报》，https：//www.suzhou.gov.cn/szsrmzf/ndgmjjhshfztjsjfb/202403/24da355e7a19462a8116aa36896738c1.shtml。
② 《从千年古都到创新之城，解码苏州背后的科创推力》，https：//new.qq.com/rain/a/20211219A02RZJ00。

企业519家，认定科技型中小企业929家，入驻企业3841家。

2023年，南京全社会研发经费支出占地区生产总值比重超3.82%，高新技术产业产值占规模以上工业产值比重达57.1%。有效期内，高新技术企业总数超1万家，入库科技型中小企业23 569家、增长16.8%。市级新型研发机构376家，2023年市级新型研发机构及其关联带动企业实现营收562.5亿元。

2023年，南京专利授权量68 805件，其中发明专利授权量28 565件，同比增长1.0%。万人有效发明专利拥有量146.80件；拥有有效发明专利139 331件，同比增长22.45%。认定登记技术合同35 585份，成交额1001亿元，同比增长16.91%。国家EDA技术创新中心正式运营，第三代半导体技术创新中心产业化取得积极进展，国家高性能膜材料创新中心获批组建，在研培育的重大科技基础设施达到12个，"问天I"类脑超级计算机、"源图"开源软件供应链平台取得重大成果①。

4.2.6 其他地区

2025年高质量创新创业排名第6位到第10位的城市分别是杭州、成都、吉安、天津和上海。杭州新兴产业和国际竞争力两个指标的得分分别为43.85分和18.57分，在全国的排名分别为第5位和第19位。

高质量创新创业排名第6位到第10位的城市的两个二级指标——新兴产业和国际竞争力的得分如图4-7所示。

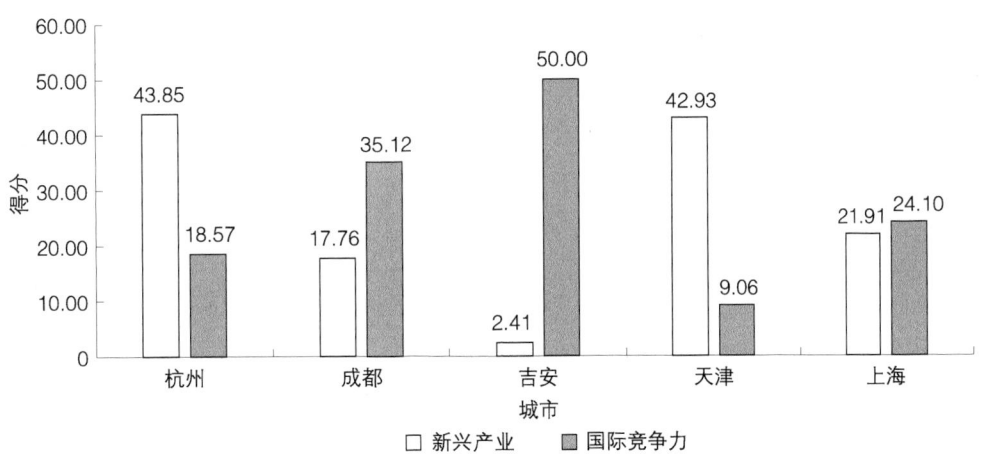

图4-7 2025年排名第6位到第10位的城市高质量创新创业二级指标得分

---

① 《南京市2023年国民经济和社会发展统计公报》，https://tjj.nanjing.gov.cn/njstjj/202404/t202404_4199641.html。

4.3 重点区域

4.3.1 京津冀城市群

京津冀地区纳入评价的四个城市——北京、天津、石家庄、保定,其高质量创新创业排名差异较大(表4-3)。其中,北京2025年的高质量创新创业排名全国第2位,其新兴产业排名全国第1位,国际竞争力排名全国第5位;天津、石家庄和保定的高质量创新创业排名分别是第9位、第74位和第50位,这三个城市二级指标的排名中只有天津名列第6位,进入前10位。

表4-3 2025年京津冀城市群高质量创新创业及其各维度的得分和排名

城市	高质量创新创业		新兴产业		国际竞争力	
	得分	排名	得分	排名	得分	排名
全国均值	10.65		9.96		11.34	
地区均值	22.25		30.26		14.23	
北京	51.57	2	70.03	1	33.10	5
天津	26.00	9	42.93	6	9.06	44
石家庄	4.31	74	5.48	52	3.14	85
保定	7.12	50	2.61	77	11.62	33

4.3.2 长三角城市群

长三角地区有26个城市纳入本次评价范围,其高质量创新创业及各维度的得分和排名如表4-4所示。可以看出,在高质量创新创业排名前10位的城市中,长三角地区的城市占据4席,苏州、南京、杭州和上海分别排名第4位、第5位、第6位和第10位;高质量创新创业排名前30位的长三角地区城市还包括合肥、无锡、常州、嘉兴、宁波和湖州。

表4-4 2025年长三角城市群高质量创新创业及其各维度的得分和排名

城市	高质量创新创业		新兴产业		国际竞争力	
	得分	排名	得分	排名	得分	排名
全国均值	10.65		9.96		11.34	
地区均值	12.74		12.33		13.05	

续表

城市	高质量创新创业		新兴产业		国际竞争力	
	得分	排名	得分	排名	得分	排名
苏州	33.26	4	26.67	8	39.85	3
南京	31.52	5	47.13	3	15.91	24
杭州	31.21	6	43.85	5	18.57	19
上海	23.00	10	21.91	13	24.10	13
合肥	22.77	11	26.59	9	18.94	17
无锡	20.54	13	16.93	17	24.16	12
常州	18.25	16	16.81	18	19.70	16
嘉兴	13.93	26	9.01	32	18.86	18
宁波	13.84	27	10.22	26	17.46	20
湖州	12.88	28	8.54	38	17.22	21
镇江	11.46	31	14.32	20	8.60	47
南通	11.25	33	11.76	22	10.74	37
扬州	10.13	34	7.83	39	12.43	29
芜湖	9.71	36	10.12	27	9.30	42
绍兴	9.42	38	4.84	56	13.99	27
温州	7.80	43	3.29	72	12.30	31
泰州	7.23	48	5.66	48	8.79	45
淮安	6.01	53	4.51	59	7.51	56
盐城	6.00	54	5.32	53	6.69	61
徐州	5.64	60	6.64	42	4.64	74
衢州	5.63	61	3.29	73	7.98	51
铜陵	5.03	68	3.77	67	6.29	62
连云港	4.38	73	3.38	69	5.37	66
滁州	3.67	79	3.90	64	3.43	84
宿迁	3.43	82	2.16	80	4.71	73
安庆	3.33	84	2.11	81	4.55	75

上海的高质量创新创业排名相较于其经济发展水平排名来说较低，仅排第10位，其新兴产业指标全国排名第13位，国际竞争力指标全国排名第13位。

4.3.3 珠三角城市群

2025年,珠三角城市群纳入评价的13个城市中,深圳的高质量创新创业全国排名第1位;珠海、广州和东莞分别排名第3位、第12位和第17位,排名比较靠后的肇庆、清远和茂名分别排名第80位、第85位和第99位(表4-5)。

表4-5 2025年珠三角城市群高质量创新创业及其各维度的得分和排名

城市	高质量创新创业		新兴产业		国际竞争力	
	得分	排名	得分	排名	得分	排名
全国均值	10.65		9.96		11.34	
地区均值	17.28		13.24		21.31	
深圳	63.74	1	57.90	2	69.58	1
珠海	37.66	3	44.90	4	30.41	6
广州	21.29	12	30.16	7	12.41	30
佛山	17.49	20	9.85	29	25.13	10
东莞	18.03	17	11.86	21	24.21	11
中山	17.62	19	5.65	49	29.59	7
惠州	16.40	21	4.74	57	28.06	8
江门	14.94	22	3.16	75	26.72	9
肇庆	3.60	80	1.42	89	5.78	64
湛江	3.93	76	0.68	93	7.18	59
河源	5.83	57	0.30	98	11.37	34
茂名	0.78	99	0.07	100	1.50	90
清远	3.27	85	1.44	88	5.09	69

4.3.4 长江中游城市群

2025年纳入评价的长江中游城市群12个城市中,吉安的高质量创新创业排名最前,排名第8位,比2024年排名上升2位,位列该区域内的省会城市武汉、长沙和南昌之前,这三个城市分别排名第18位、第24位和第37位(表4-6)。此外,咸宁和襄阳高质量创新创业的排名比较靠后,位于第92位和第97位。

表 4-6　2025 年长江中游城市群高质量创新创业及其各维度的得分和排名

城市	高质量创新创业		新兴产业		国际竞争力	
	得分	排名	得分	排名	得分	排名
全国均值	10.65		9.96		11.34	
地区均值	8.26		6.28		10.25	
武汉	17.66	18	24.82	10	10.49	39
长沙	14.56	24	18.97	14	10.14	40
南昌	9.54	37	11.05	24	8.04	50
宜昌	5.24	64	3.36	70	7.12	60
湘潭	5.13	65	5.55	50	4.71	72
吉安	26.21	8	2.41	78	50.00	2
咸宁	2.66	92	0.35	97	4.97	70
景德镇	4.60	71	1.23	90	7.97	52
株洲	3.71	78	3.86	65	3.55	81
荆门	4.85	69	1.52	86	8.17	49
益阳	2.98	89	0.69	92	5.26	68
襄阳	2.05	97	1.51	87	2.59	87

4.4　关键指标分析

4.4.1　人工智能

表4-7展示了100个城市的人工智能指标得分与排名变化，48个城市排名下降，45个城市排名上升，7个城市排名未发生变化。排名下降10位及以上的城市有11个，分别是景德镇、宿迁、太原、银川、襄阳、南通、衢州、铜陵、株洲、桂林和吉林；排名上升幅度达到10位及以上的城市包括佛山、泰州、海口、清远、自贡、沈阳、鞍山、泰安、咸阳、江门和克拉玛依。

表 4-7　人工智能指标得分与排名变化

城市	得分		排名变化	城市	得分		排名变化
	2025 年	2024 年			2025 年	2024 年	
北京	4.60	4.27	0	杭州	1.98	2.86	0
深圳	3.15	2.68	2	南京	1.96	3.23	-2

续表

城市	得分		排名变化	城市	得分		排名变化
	2025年	2024年			2025年	2024年	
上海	1.13	1.06	6	东莞	0.51	0.49	5
珠海	1.58	1.38	1	连云港	0.05	0.05	4
武汉	0.83	1.59	-7	淄博	0.07	0.07	-2
广州	1.47	1.35	1	福州	0.31	0.64	-6
苏州	0.79	0.86	0	中山	0.14	0.17	-1
合肥	0.98	1.27	0	大连	0.30	0.38	2
成都	0.86	1.12	1	湘潭	0.13	0.17	-2
厦门	0.50	0.80	-1	潍坊	0.08	0.09	-2
青岛	0.65	0.73	2	南通	0.18	0.40	-14
无锡	0.39	0.38	9	重庆	0.22	0.37	-2
济南	0.97	1.16	0	景德镇	0.04	0.06	-10
长沙	0.83	1.12	-2	宜昌	0.09	0.14	-9
西安	0.91	1.13	0	海口	0.23	0.16	15
宁波	0.20	0.26	-2	江门	0.10	0.04	21
嘉兴	0.20	0.19	6	哈尔滨	0.39	0.85	-7
天津	0.66	0.81	1	昆明	0.22	0.33	-2
常州	0.29	0.45	-2	淮安	0.15	0.13	8
沈阳	0.41	0.26	17	烟台	0.15	0.19	-3
湖州	0.13	0.14	4	南宁	0.10	0.16	-8
佛山	0.34	0.33	10	绵阳	0.20	0.41	-9
芜湖	0.13	0.19	-6	徐州	0.13	0.13	1
镇江	0.32	0.38	5	辽阳	—	0.01	-1
衢州	0.03	0.06	-16	长春	0.26	0.46	-5
绍兴	0.08	0.08	3	克拉玛依	0.18	0.02	51
惠州	0.07	0.07	-2	西宁	0.05	0.05	2
南昌	0.40	0.49	1	锦州	0.03	0.03	-1
太原	0.23	0.50	-11	兰州	0.19	0.22	2
温州	0.08	0.09	-1	贵阳	0.26	0.26	7
郑州	0.28	0.27	6	咸阳	0.04	0.01	19
威海	0.18	0.22	-1	河源	0.01	0.01	3
扬州	0.11	0.12	2	吉林	0.03	0.12	-31

续表

城市	得分 2025年	得分 2024年	排名变化	城市	得分 2025年	得分 2024年	排名变化
营口	0.01	0.01	3	咸宁	0.01	0.02	-7
肇庆	0.04	0.03	5	宿迁	0.03	0.05	-11
铜陵	0.02	0.05	-17	吉安	0.01	0.01	1
鞍山	0.06	0.03	17	荆门	0.00	0.00	1
包头	0.02	0.03	-3	清远	0.03	0.01	15
襄阳	0.01	0.03	-13	泉州	0.13	0.12	4
盐城	0.12	0.10	7	泰安	0.08	0.03	18
洛阳	0.05	0.06	-7	东营	0.09	0.15	-9
桂林	0.12	0.49	-29	乌鲁木齐	0.08	0.11	-4
滁州	0.01	0.03	-9	临沂	0.03	0.02	7
益阳	0.02	0.02	-1	茂名	0.01	0.01	-2
株洲	0.03	0.11	-20	银川	0.05	0.11	-13
泰州	0.07	0.04	10	玉溪	0.02	0.03	-5
石家庄	0.16	0.18	2	焦作	0.04	0.03	2
湛江	0.03	0.04	-2	自贡	0.09	0.05	15
鄂尔多斯	0.03	0.02	6	呼和浩特	0.15	0.24	-5
安庆	0.02	0.03	-5	保定	0.06	0.06	0

4.4.2 数字经济

表4-8展示了100个城市的数字经济指标得分与排名变化，40个城市排名下降，42个城市排名上升，18个城市排名未发生变化。排名下降10位及以上的城市有绍兴、荆门、宜昌和衢州，分别下降了11位、15位、15位和16位。排名上升的42个城市中，上升幅度超过10位（含10位）的城市有保定、吉安、呼和浩特和淮安，分别上升了10位、10位、10位和12位，淮安的数字经济发展进步显著。

表4-8 数字经济指标得分与排名变化

城市	得分 2025年	得分 2024年	排名变化	城市	得分 2025年	得分 2024年	排名变化
北京	32.75	48.77	0	杭州	17.91	26.27	0
深圳	23.00	34.95	0	南京	17.25	24.86	0

续表

城市	得分 2025年	得分 2024年	排名变化	城市	得分 2025年	得分 2024年	排名变化
上海	11.02	15.82	0	东莞	4.93	8.93	-5
珠海	15.71	24.10	0	连云港	0.93	1.30	-4
武汉	9.97	14.37	-2	淄博	1.32	1.63	6
广州	10.16	13.72	1	福州	3.57	4.85	0
苏州	11.85	15.94	0	中山	2.07	2.91	-1
合肥	10.78	13.96	1	大连	2.58	3.55	-1
成都	6.35	8.01	1	湘潭	2.06	2.83	-1
厦门	6.94	8.96	2	潍坊	1.59	1.90	4
青岛	5.33	8.37	-1	南通	4.70	7.56	-4
无锡	6.93	9.43	-1	重庆	2.84	3.73	2
济南	9.31	10.47	1	景德镇	0.49	1.11	-9
长沙	6.54	9.02	-1	宜昌	1.18	2.18	-15
西安	8.76	11.75	-1	海口	1.79	2.34	0
宁波	3.89	5.12	1	江门	1.11	1.42	0
嘉兴	3.66	5.66	-2	哈尔滨	3.43	4.34	1
天津	4.89	6.10	0	昆明	2.93	3.52	6
常州	6.48	7.64	3	淮安	1.67	1.80	12
沈阳	2.66	3.94	-2	烟台	1.98	2.00	9
湖州	3.50	5.78	-5	南宁	1.56	1.98	1
佛山	3.32	4.52	-1	绵阳	2.63	3.36	2
芜湖	4.74	6.09	0	徐州	2.26	4.09	-8
镇江	5.13	6.51	2	辽阳	0.22	0.32	0
衢州	1.20	2.23	-16	长春	4.99	5.40	6
绍兴	1.67	2.99	-11	克拉玛依	1.00	0.83	9
惠州	2.71	3.96	-2	西宁	1.20	1.87	-4
南昌	4.56	4.58	4	锦州	0.35	0.36	4
太原	3.15	3.83	6	兰州	2.19	2.88	2
温州	1.54	2.20	-5	贵阳	2.97	4.28	-2
郑州	2.85	4.05	-1	咸阳	0.72	1.03	-2
威海	2.23	2.74	5	河源	0.36	0.65	-1
扬州	3.10	4.24	0	吉林	0.84	0.93	2

续表

城市	得分 2025年	得分 2024年	排名变化	城市	得分 2025年	得分 2024年	排名变化
营口	0.30	0.45	-2	咸宁	0.28	0.59	-5
肇庆	0.69	0.81	3	宿迁	0.88	1.32	-7
铜陵	1.27	1.49	5	吉安	1.23	1.13	10
鞍山	1.04	1.12	2	荆门	0.98	1.87	-15
包头	1.25	1.77	0	清远	0.48	0.75	-2
襄阳	0.68	1.02	-3	泉州	1.19	1.44	1
盐城	1.87	3.06	-9	泰安	1.08	1.28	3
洛阳	1.06	1.71	-7	东营	1.55	2.12	-2
桂林	2.00	2.36	3	乌鲁木齐	1.35	1.71	6
滁州	1.67	2.68	-7	临沂	0.42	0.48	2
益阳	0.48	0.70	0	茂名	0.16	0.16	0
株洲	1.36	1.88	1	银川	1.61	2.56	-6
泰州	2.07	2.21	8	玉溪	0.32	0.42	0
石家庄	2.15	2.65	5	焦作	0.63	0.84	-1
湛江	0.33	0.36	2	自贡	0.56	0.69	3
鄂尔多斯	1.04	0.84	9	呼和浩特	1.88	1.95	10
安庆	0.75	1.06	-2	保定	1.31	1.30	10

4.4.3 绿色产业

表4-9展示了100个城市的绿色产业指标得分与排名变化，42个城市排名下降，47个城市排名上升，11个城市排名未发生变化。排名下降10位及以上的城市有6个，分别是北京、衢州、滁州、绍兴、宜昌和湘潭，下降位次分别为34位、17位、16位、15位、12位、12位。排名上升的47个城市中，上升幅度超过10位（含10位）的城市包括重庆、克拉玛依、鄂尔多斯、潍坊和呼和浩特，分别上升了40位、27位、14位、10位、10位，重庆和克拉玛依的绿色产业发展进步显著。

表4-9　绿色产业指标得分与排名变化

城市	得分 2025年	得分 2024年	排名变化	城市	得分 2025年	得分 2024年	排名变化
北京	1.96	7.82	-34	杭州	6.10	9.21	-1
深圳	6.32	8.58	1	南京	8.24	12.37	0

续表

城市	得分 2025年	得分 2024年	排名变化	城市	得分 2025年	得分 2024年	排名变化
上海	1.58	2.05	-1	东莞	1.91	2.60	1
珠海	9.33	15.67	0	连云港	1.36	1.53	4
武汉	4.77	6.74	2	淄博	1.88	2.25	6
广州	5.05	6.86	3	福州	1.85	2.67	-5
苏州	4.88	6.98	1	中山	1.59	2.40	-7
合肥	4.70	6.39	2	大连	1.71	2.65	-7
成都	2.93	3.76	5	湘潭	1.59	2.60	-12
厦门	2.64	4.04	-2	潍坊	1.78	1.98	10
青岛	4.53	7.36	-3	南通	3.24	5.15	-2
无锡	3.96	5.80	-1	重庆	3.60	1.93	40
济南	4.24	5.27	3	景德镇	0.54	0.89	-6
长沙	3.56	5.00	0	宜昌	1.09	1.87	-12
西安	4.47	6.18	0	海口	1.74	2.22	3
宁波	2.80	4.23	-2	江门	0.97	1.31	0
嘉兴	2.29	3.61	-3	哈尔滨	2.03	2.92	-3
天津	17.54	26.38	0	昆明	2.36	2.94	6
常州	4.48	5.75	3	淮安	1.20	1.53	2
沈阳	2.12	2.80	1	烟台	2.03	2.74	-1
湖州	2.38	3.79	-3	南宁	1.22	1.71	-1
佛山	2.38	3.77	-1	绵阳	1.50	1.84	1
芜湖	2.54	4.02	-3	徐州	2.07	3.40	-9
镇江	3.80	5.47	0	辽阳	0.30	0.47	-2
衢州	1.27	2.30	-17	长春	2.59	3.21	6
绍兴	1.61	2.77	-15	克拉玛依	2.16	1.84	27
惠州	1.06	1.36	1	西宁	1.19	1.66	-3
南昌	2.11	2.74	3	锦州	0.26	0.37	1
太原	3.01	3.87	3	兰州	2.23	3.04	1
温州	0.89	1.43	-6	贵阳	2.28	3.05	1
郑州	2.16	3.07	-3	咸阳	0.70	1.11	-5
威海	1.89	2.12	9	河源	0.22	0.40	-2
扬州	2.30	3.33	0	吉林	0.75	0.81	5

续表

城市	得分 2025年	得分 2024年	排名变化	城市	得分 2025年	得分 2024年	排名变化
营口	0.44	0.73	−2	咸宁	0.30	0.51	−4
肇庆	0.52	0.64	1	宿迁	0.84	1.17	−3
铜陵	1.49	1.58	8	吉安	0.85	0.82	7
鞍山	1.19	1.48	2	荆门	0.55	0.88	−4
包头	1.53	2.05	−3	清远	0.68	1.01	−4
襄阳	0.69	0.84	0	泉州	1.00	1.28	2
盐城	1.61	2.53	−7	泰安	0.86	1.06	3
洛阳	0.78	1.18	−5	东营	3.73	5.00	3
桂林	0.94	1.22	1	乌鲁木齐	1.44	1.75	1
滁州	1.38	2.32	−16	临沂	0.53	0.71	1
益阳	0.33	0.47	0	茂名	0.21	0.28	0
株洲	1.45	2.07	−7	银川	1.67	2.43	−5
泰州	1.86	2.11	8	玉溪	0.38	0.44	3
石家庄	1.41	1.78	−1	焦作	0.90	1.10	4
湛江	0.35	0.39	4	自贡	0.57	0.75	2
鄂尔多斯	1.70	1.74	14	呼和浩特	1.59	1.72	10
安庆	0.90	1.17	3	保定	0.74	0.78	5

4.4.4 产品出口

表4-10展示了100个城市的产品出口指标得分与排名变化，39个城市排名下降，47个城市排名上升，14个城市排名未发生变化。排名下降的城市中，锦州、滁州、芜湖、济南、沈阳、鄂尔多斯、清远和潍坊的排名下降了10位及以上。排名上升的城市中，上升幅度达到10位及以上的城市分别是保定、长春、铜陵、咸宁和营口。

表4-10 产品出口指标得分与排名变化

城市	得分 2025年	得分 2024年	排名变化	城市	得分 2025年	得分 2024年	排名变化
北京	0.04	0.04	0	南京	0.10	0.11	1
深圳	0.24	0.27	0	上海	0.11	0.11	1
杭州	0.09	0.09	6	珠海	0.20	0.23	−2

续表

城市	得分 2025 年	得分 2024 年	排名变化	城市	得分 2025 年	得分 2024 年	排名变化
武汉	0.06	0.07	1	淄博	0.10	0.10	5
广州	0.09	0.10	-6	福州	0.08	0.09	-4
苏州	0.34	0.33	2	中山	0.31	0.34	0
合肥	0.15	0.18	-2	大连	0.14	0.15	4
成都	0.40	0.41	0	湘潭	0.05	0.05	3
厦门	0.22	0.23	0	潍坊	0.13	0.19	-13
青岛	0.16	0.16	3	南通	0.12	0.12	1
无锡	0.24	0.25	0	重庆	0.17	0.16	6
济南	0.04	0.08	-19	景德镇	0.09	0.11	-6
长沙	0.07	0.07	5	宜昌	0.06	0.07	-2
西安	0.06	0.07	-1	海口	0.03	0.03	5
宁波	0.17	0.18	-2	江门	0.31	0.30	1
嘉兴	0.20	0.21	-2	哈尔滨	0.02	0.01	1
天津	0.08	0.08	3	昆明	0.01	0.02	-5
常州	0.17	0.16	9	淮安	0.09	0.08	7
沈阳	0.02	0.05	-17	烟台	0.10	0.10	5
湖州	0.17	0.19	-3	南宁	0.13	0.16	-8
佛山	0.21	0.20	2	绵阳	0.21	0.19	4
芜湖	0.09	0.16	-25	徐州	0.04	0.05	-1
镇江	0.07	0.08	-3	辽阳	0.05	0.06	-7
衢州	0.09	0.09	-1	长春	0.04	0.01	15
绍兴	0.15	0.15	5	克拉玛依	0.00	0.00	0
惠州	0.30	0.35	-3	西宁	0.01	0.01	2
南昌	0.09	0.10	1	锦州	0.09	0.14	-17
太原	0.01	0.01	0	兰州	0.01	0.01	-2
温州	0.14	0.14	8	贵阳	0.02	0.03	0
郑州	0.08	0.09	-4	咸阳	0.09	0.08	4
威海	0.19	0.19	-1	河源	0.14	0.16	-6
扬州	0.14	0.14	5	吉林	0.01	0.01	0
东莞	0.10	0.15	-9	营口	0.17	0.14	17
连云港	0.04	0.04	4	肇庆	0.07	0.06	9

续表

城市	得分 2025年	得分 2024年	排名变化	城市	得分 2025年	得分 2024年	排名变化
铜陵	0.07	0.06	11	宿迁	0.06	0.08	-9
鞍山	0.04	0.04	3	吉安	0.62	0.59	0
包头	0.03	0.03	2	荆门	0.05	0.06	3
襄阳	0.03	0.03	-2	清远	0.06	0.08	-11
盐城	0.08	0.09	-9	泉州	0.13	0.10	8
洛阳	0.05	0.05	7	泰安	0.04	0.04	1
桂林	0.09	0.09	0	东营	0.00	0.00	-1
滁州	0.03	0.06	-18	乌鲁木齐	0.00	0.00	0
益阳	0.06	0.06	8	临沂	0.05	0.04	5
株洲	0.03	0.03	2	茂名	0.02	0.03	-4
泰州	0.09	0.11	-6	银川	0.01	0.02	-1
石家庄	0.03	0.03	-2	玉溪	0.00	0.00	1
湛江	0.09	0.08	4	焦作	0.11	0.10	4
鄂尔多斯	0.14	0.18	-10	自贡	0.04	0.03	6
安庆	0.05	0.07	-8	呼和浩特	0.01	0.01	0
咸宁	0.06	0.05	10	保定	0.14	0.07	32

4.4.5 国际专利

表4-11展示了100个城市的国际专利指标得分与排名变化，44个城市的排名上升，10个城市排名未发生变化，46个城市的排名下降。排名下降的47个城市中，益阳、湛江、清远、绵阳、盐城、株洲、潍坊、淮安、东营、镇江、大连、南宁、自贡和保定分别下降了21位、20位、19位、16位、15位、15位、14位、14位、12位、11位、11位、10位、10位、10位。排名上升的44个城市中，景德镇、宜昌、贵阳、湘潭、西宁、铜陵、郑州、海口、咸阳、泰安、河源的排名分别上升了36位、24位、23位、20位、20位、18位、15位、14位、14位、13位、10位。

表4-11 国际专利指标得分与排名变化

城市	得分 2025年	得分 2024年	排名变化	城市	得分 2025年	得分 2024年	排名变化
北京	5.75	6.10	0	杭州	2.11	1.96	1
深圳	9.54	9.55	0	南京	1.44	1.57	-1

续表

城市	得分 2025年	得分 2024年	排名变化	城市	得分 2025年	得分 2024年	排名变化
上海	2.84	2.83	0	东莞	3.01	4.11	0
珠海	2.71	2.48	1	连云港	0.35	0.44	-5
武汉	1.00	0.82	2	淄博	0.09	0.08	-2
广州	1.02	1.08	-1	福州	0.26	0.23	2
苏州	2.27	2.18	1	中山	0.79	0.79	0
合肥	1.27	1.80	-3	大连	0.19	0.27	-11
成都	0.58	0.62	-2	湘潭	0.11	0.04	20
厦门	1.16	0.98	1	潍坊	0.16	0.26	-14
青岛	1.56	2.51	-3	南通	0.27	0.31	-2
无锡	0.95	0.94	-1	重庆	0.19	0.15	-3
济南	0.47	0.36	2	景德镇	0.10	0.01	36
长沙	0.86	0.62	6	宜昌	0.38	0.10	24
西安	0.01	0.03	-5	海口	0.20	0.11	14
宁波	0.76	0.53	6	江门	0.26	0.25	2
嘉兴	0.53	0.61	-2	哈尔滨	0.00	0.00	0
天津	0.47	0.43	1	昆明	0.21	0.20	2
常州	1.16	1.13	0	淮安	0.04	0.07	-14
沈阳	0.19	0.16	-3	烟台	0.20	0.28	-9
湖州	0.69	0.76	-2	南宁	0.04	0.06	-10
佛山	1.53	1.25	3	绵阳	0.06	0.12	-16
芜湖	0.42	0.36	-1	徐州	0.21	0.20	2
镇江	0.53	0.88	-11	辽阳	0.00	0.01	-3
衢州	0.20	0.13	6	长春	0.56	0.52	1
绍兴	0.42	0.46	-3	克拉玛依	0.00	0.00	1
惠州	0.68	0.71	-3	西宁	0.10	0.04	20
南昌	0.08	0.09	-4	锦州	0.02	0.02	0
太原	0.12	0.09	6	兰州	0.04	0.07	-9
温州	0.11	0.11	0	贵阳	0.68	0.16	23
郑州	0.20	0.10	15	咸阳	0.06	0.03	14
威海	0.11	0.15	-8	河源	0.05	0.03	10
扬州	0.23	0.22	2	吉林	1.50	1.34	1

续表

城市	得分		排名变化	城市	得分		排名变化
	2025年	2024年			2025年	2024年	
营口	0.02	0.01	4	咸宁	0.02	0.03	-2
肇庆	0.09	0.06	7	宿迁	0.03	0.04	-7
铜陵	0.05	0.02	18	吉安	0.00	0.00	-3
鞍山	0.03	0.03	6	荆门	0.75	0.68	1
包头	0.03	0.04	-4	清远	0.03	0.07	-19
襄阳	0.04	0.05	-2	泉州	0.13	0.10	7
盐城	0.07	0.13	-15	泰安	0.04	0.02	13
洛阳	0.06	0.05	7	东营	0.10	0.15	-12
桂林	0.05	0.06	-1	乌鲁木齐	0.00	0.00	5
滁州	0.20	0.14	5	临沂	0.01	0.02	-4
益阳	0.01	0.06	-21	茂名	0.02	0.02	0
株洲	0.19	0.31	-15	银川	0.04	0.06	-3
泰州	0.25	0.22	2	玉溪	0.03	0.04	-1
石家庄	0.12	0.16	-9	焦作	0.07	0.05	7
湛江	0.03	0.08	-20	自贡	0.01	0.03	-10
鄂尔多斯	0.00	0.00	1	呼和浩特	0.00	0.00	1
安庆	0.10	0.07	3	保定	0.09	0.12	-10

第 5 章
科技创业的创新网络化分析

5.1 总体概述

创新网络化对于一个地区的科技创业发展具有重要作用。在当今高度互联互通的世界中，随着科技的迅速发展，科技创业者越来越意识到单打独斗是无法完成科技创新和商业化过程的。地区创新网络化强调合作伙伴、信息共享、影响力以及网络集中程度等因素的重要性，其形成和发展可以促进知识流动、资源整合和合作交流，从而推动科技创业的繁荣和经济的可持续发展。创新网络化使不同科技企业、研究机构与创业者之间能够形成紧密的联系和合作关系。通过这样的联系和合作，创业者可以获得重要的创新动力，以及来自不同领域和背景的专业知识、资源和支持，增强创业者的影响力和竞争力。同时，共享知识、技术和资源能够加快创新速度以及提高创新质量。总之，当一个地区的创新网络化程度较高时，科技企业和研究机构可以更加便利地相互合作，共同开展研发项目，探索新的商业机会，并将科技成果转化为市场上的创新产品和服务，更好地促进科技创业的发展。

通过数据分析，我们有以下发现。

第一，2025 年，科技创业的创新网络化指标有较为明显的分层，两极分化较为严重。排名处于第一梯队的北京和青岛的综合得分都达到 45.00 分及以上，但是综合得分最低的克拉玛依只有 11.77 分。同样，不同区域的创新网络化程度差异也较大，京津冀、长江中游以及中原城市群的创新网络化水平显著高于全国平均水平，而长三角和珠三角城市群的创新网络化水平低于全国平均水平。

第二，2025 年，创新网络化发展呈现显著的"内外失衡"。经济强市，如北京、上海、深圳等，更多地依赖跨区域合作，跨城市合作创新排名较为靠前，但内部合作创新排名相对落后。中小城市，如西宁、茂名、自贡等，凭借政策捆绑本地资源，内部合作创新排名较为靠前，但是跨城市合作排名相对较为落后，生态开放性有待进一步加强。

第三，城市群"核心—边缘"分化加剧。首先，长三角核心城市对外辐射力与本地脱节并存。南京、杭州等省会城市跨城市合作指标排名较靠前，但内部合作强度不足。核心城市，如苏州、无锡、常州等，技术对外辐射能力较强，专注技术输出，但是边缘城市难以承接高价值转化。其次，中西部枢纽城市跨域领导力较为突出，但是本地波动较为明显，存在技术外流与产业升级脱节的隐患。

第四，2024—2025 年，各城市创新网络化水平波动较大，只有 8 个城市的排名未发生变化，其余城市的排名都出现了上升或下降。一方面，中小城市，如茂名、咸宁和玉溪等，实现跃迁式进位；另一方面，制造强市，如东莞、苏州、镇江，则因过度依赖外部协作、本地产学研断层呈现显著的排名下滑趋势。

5.1.1 综合得分与排名

从图 5-1 可以看出，在 2025 年中国城市科技创业的创新网络化综合得分排名中，北京排名第 1 位，领先较多。其他进入前 10 位的城市包括青岛、西宁、茂名、重庆、武汉、桂林、自贡、南宁和济南。排名后 10 位的城市包括克拉玛依、荆门、保定、泰州、惠州、辽阳、铜陵、清远、东营及安庆。总体来说，2025 年城市科技创业的创新网络化综合得分有明显的分层，两极分化较为严重，排名第一的北京的综合得分接近 50.00，综合得分最低的克拉玛依只有 11.77。总体来看，直辖市、省会城市由于具有政策支撑、产业枢纽优势，在创新网络化方面表现较好。从区位分布来看，北方城市的创新网络化程度整体要低于南方城市，并且北方城市总体分化较为严重，虽然有北京、青岛这样的头部城市表现强劲，但是绝大多数的北方城市排名都比较靠后。沿海城市在创新网络化方面表现出显著的优势。沿海城市由港口经济带动技术交流，创新合作网络往往较为发达；而内陆城市则受地理隔离以及单一产业结构的影响，其创新网络化发展呈现两极分化的趋势。

5.1.2 二级指标分析

对比二级指标排名和综合排名，内部合作创新排名落后于创新网络化综合排名的城市共有 43 个，高于的城市共有 52 个，持平的城市共有 5 个（表 5-1）。其中，相差最大的是广州，内部合作创新排名比创新网络化综合排名落后 45 位；此外，北京、上海、深圳的内部合作创新网络排名均较创新网络化综合排名低 44 位。跨城市合作创新排名落后于创新网络化综合排名的城市共有 40 个，高于的城市共有 56 个，持平的城市共有 4 个。其中，排名相差最大的是辽阳，其跨城市合作创新排名比创新网络化综合排名超前 74 位；其余排名相差较大的城市还包括西宁（相差 61 位）、桂林（相差 51 位）、自贡（相差 52 位）、咸宁（相差 64 位）、景德镇（相差 51 位）、益阳（相差 53 位）以及苏州（相差 51 位）。

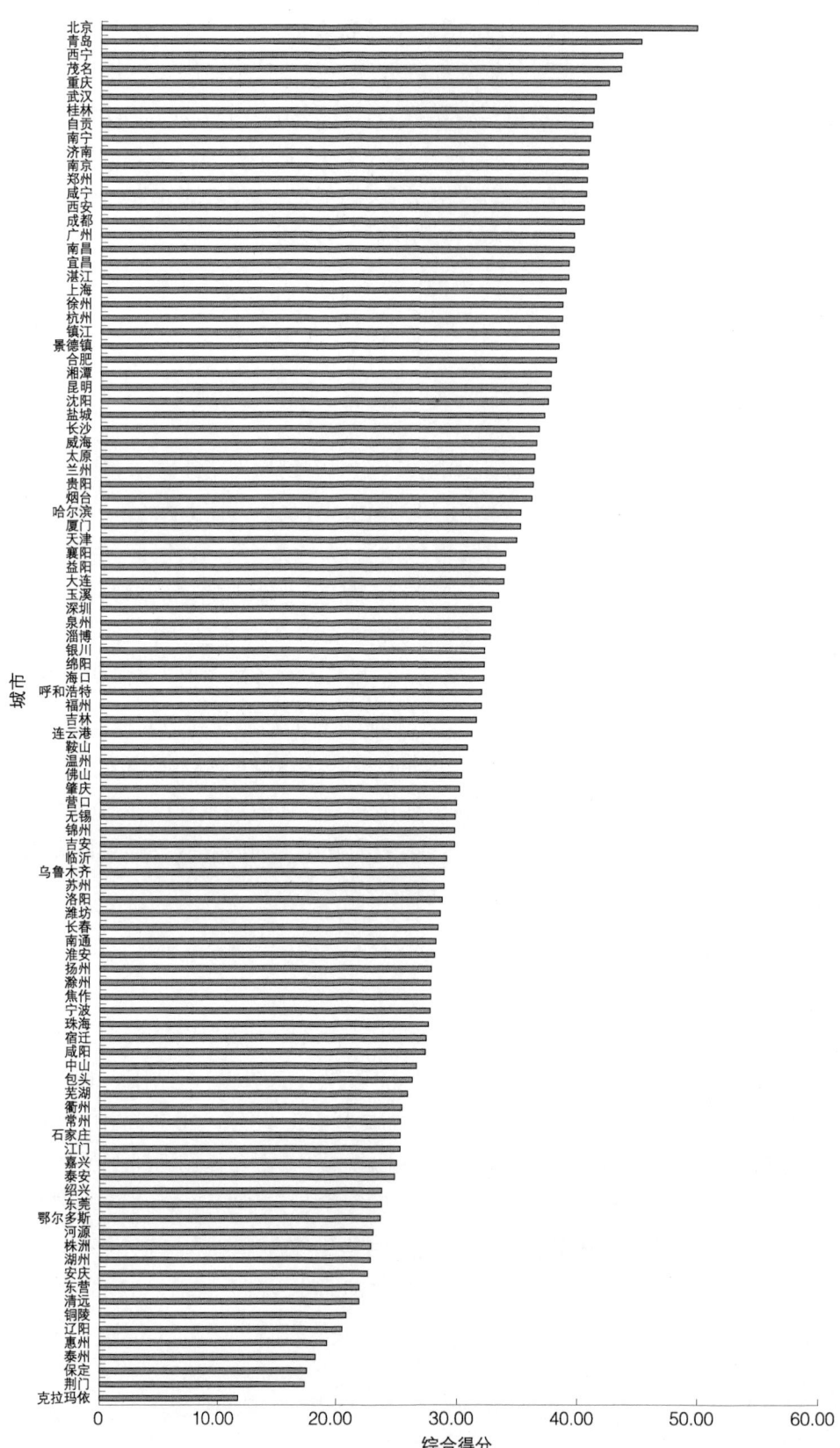

图 5-1 2025 年中国城市科技创业的创新网络化综合得分

表 5-1 2025 年城市科技创业的创新网络化及其各维度得分与排名

城市	创新网络化		内部合作创新		跨城市合作创新	
	得分	排名	得分	排名	得分	排名
北京	49.62	1	32.56	45	66.67	1
青岛	45.00	2	51.31	6	38.68	19
西宁	43.41	3	57.29	1	29.53	64
茂名	43.30	4	55.99	2	30.62	52
重庆	42.30	5	43.87	13	40.72	15
武汉	41.22	6	33.99	40	48.45	6
桂林	41.06	7	52.04	4	30.08	58
自贡	40.92	8	51.95	5	29.89	60
南宁	40.73	9	42.51	17	38.95	18
济南	40.63	10	44.43	10	36.83	25
南京	40.53	11	34.75	36	46.30	7
郑州	40.49	12	39.25	21	41.74	11
咸宁	40.41	13	52.92	3	27.90	77
西安	40.27	14	31.82	46	48.73	4
成都	40.25	15	37.70	24	42.80	9
广州	39.44	16	28.97	61	49.90	3
南昌	39.42	17	43.18	15	35.66	29
宜昌	39.00	18	47.43	9	30.56	53
湛江	38.99	19	48.20	8	29.77	62
上海	38.75	20	27.15	64	50.36	2
徐州	38.53	21	36.44	27	40.62	16
杭州	38.49	22	31.23	48	45.74	8
镇江	38.20	23	41.65	19	34.75	32
景德镇	38.19	24	48.31	7	28.07	75
合肥	37.98	25	34.69	37	41.27	14
湘潭	37.56	26	44.30	12	30.82	50
昆明	37.53	27	38.01	23	37.04	23
沈阳	37.33	28	41.59	20	33.07	38
盐城	37.04	29	44.39	11	29.70	63
长沙	36.59	30	30.97	50	42.22	10
威海	36.39	31	42.90	16	29.89	61

续表

城市	创新网络化		内部合作创新		跨城市合作创新	
	得分	排名	得分	排名	得分	排名
太原	36.26	32	35.71	30	36.81	26
兰州	36.16	33	34.98	34	37.34	22
贵阳	36.12	34	35.54	32	36.71	27
烟台	35.99	35	35.07	33	36.91	24
哈尔滨	35.09	36	34.65	38	35.52	30
厦门	35.07	37	34.11	39	36.02	28
天津	34.76	38	29.71	56	39.82	17
襄阳	33.84	39	41.87	18	25.81	88
益阳	33.80	40	43.87	14	23.72	93
大连	33.68	41	33.94	41	33.42	36
玉溪	33.25	42	37.62	25	28.87	69
深圳	32.65	43	16.84	87	48.47	5
泉州	32.59	44	37.61	26	27.56	79
淄博	32.56	45	33.34	42	31.78	46
银川	32.10	46	31.50	47	32.70	40
绵阳	32.06	47	35.67	31	28.45	73
海口	32.03	48	28.88	62	35.19	31
呼和浩特	31.88	49	35.81	29	27.94	76
福州	31.85	50	30.76	52	32.94	39
吉林	31.45	51	32.77	44	30.12	57
连云港	31.07	52	34.80	35	27.34	82
鞍山	30.71	53	36.34	28	25.08	91
温州	30.23	54	31.16	49	29.30	67
佛山	30.22	55	22.23	75	38.22	20
肇庆	30.09	56	32.78	43	27.39	80
营口	29.84	57	29.17	59	30.51	54
无锡	29.73	58	18.13	83	41.33	13
锦州	29.69	59	38.36	22	21.03	97
吉安	29.68	60	30.85	51	28.51	71
临沂	29.03	61	30.70	53	27.36	81
乌鲁木齐	28.84	62	25.28	70	32.40	41

续表

城市	创新网络化		内部合作创新		跨城市合作创新	
	得分	排名	得分	排名	得分	排名
苏州	28.83	63	16.30	89	41.37	12
洛阳	28.69	64	29.61	57	27.78	78
潍坊	28.54	65	24.85	71	32.23	43
长春	28.36	66	24.67	72	32.04	45
南通	28.21	67	21.67	76	34.74	33
淮安	28.08	68	30.66	54	25.51	89
扬州	27.84	69	23.32	74	32.36	42
滁州	27.80	70	24.65	73	30.96	49
焦作	27.80	71	25.56	68	30.04	59
宁波	27.75	72	26.68	65	28.83	70
珠海	27.60	73	20.47	78	34.73	35
宿迁	27.43	74	25.70	67	29.15	68
咸阳	27.36	75	26.63	66	28.09	74
中山	26.65	76	30.59	55	22.70	95
包头	26.33	77	21.46	77	31.19	47
芜湖	25.93	78	18.76	82	33.11	37
衢州	25.43	79	29.08	60	21.79	96
常州	25.34	80	15.94	90	34.73	34
石家庄	25.32	81	27.50	63	23.14	94
江门	25.31	82	25.45	69	25.17	90
嘉兴	25.01	83	17.89	85	32.14	44
泰安	24.85	84	20.25	79	29.45	65
绍兴	23.79	85	19.11	81	28.48	72
东莞	23.76	86	17.33	86	30.18	56
鄂尔多斯	23.66	87	16.55	88	30.76	51
河源	23.10	88	19.84	80	26.35	86
株洲	22.89	89	15.42	91	30.36	55
湖州	22.88	90	14.69	94	31.07	48
安庆	22.61	91	18.03	84	27.20	83
东营	21.95	92	29.20	58	14.69	99
清远	21.94	93	14.55	95	29.33	66

续表

城市	创新网络化		内部合作创新		跨城市合作创新	
	得分	排名	得分	排名	得分	排名
铜陵	20.88	94	14.87	93	26.88	84
辽阳	20.55	95	2.99	100	38.11	21
惠州	19.26	96	12.30	96	26.22	87
泰州	18.31	97	10.03	98	26.60	85
保定	17.57	98	14.91	92	20.23	98
荆门	17.35	99	10.53	97	24.16	92
克拉玛依	11.77	100	9.02	99	14.53	100

在内部合作创新方面，西宁的表现极为亮眼，得分高达57.29分，在所有的城市中排名第1位。此外，排名前5位的城市还包括茂名、咸宁、桂林和自贡。辽阳排在最后，得分仅为2.99分。克拉玛依、泰州、荆门及惠州在内部合作创新方面的排名也相对较为落后。尽管北京在创新网络化方面排名第1位，但在内部合作创新方面的排名仅为第45位。尤其是在产学研合作创新方面，北京在100个城市中排名第80位。这表明，尽管北京在跨城市合作创新方面取得了显著成就，但在产学研合作创新方面仍有进步的空间。类似的情况也出现在武汉、西安、广州和上海，其创新网络化综合排名分别为第6位、第14位、第16位和第20位，但内部合作创新排名分别为第40位、第46位、第61位和第64位。

在跨城市合作创新方面，北京的跨城市合作创新指标得分遥遥领先于其他城市，高达66.67分。此外，上海、广州、西安和深圳分别依次排名第2位到第5位。排在前5位的城市跨城市合作创新指标的排名都不低于其内部合作创新指标和创新网络化指标的排名。在所有的城市中，克拉玛依的跨城市合作创新程度最低，得分仅为14.53分。除此之外，东营、保定、锦州和衢州在该指标上的表现也较差。

各城市在二级指标上表现出不同的特点和优势。以北京和西宁为例，北京主要依靠跨城市合作创新，而西宁则主要侧重于城市内部合作创新。西宁、自贡、桂林、咸宁、盐城、襄阳、景德镇、益阳、鞍山和锦州等城市的内部合作创新指标排名远超其跨城市合作创新指标排名，而上海、广州、深圳、佛山、无锡、苏州则相反。总体来看，在所有统计的城市中，内部合作创新指标排名落后于跨城市合作创新指标排名的城市共有53个，而超前于跨城市合作创新指标排名的城市则为46个，持平的城市为1个。一般情况下，更依赖于内部合作创新的城市多为创新发展水平相对较为落后的城市，早期的创新投入多集中在该城市的优势产业，因此，创新活动更多的是在城市内部之间合作开展。更依赖于跨城市合作创新的城市通常创新质量较高，创新的多样化程度较高，并且很多创新都是围绕基础创新展开，创新所带来的溢出效应较大。但是，这些城市缺乏创新转化的资源，如廉价的土地、劳动力等，因此，需要通过开展跨城市的合作创新来进行成果转化。

在创新网络化方面排名前 10 位的城市中，只有南宁、重庆、青岛和济南两个二级指标的排名较为接近，发展较为均衡。其余城市的两个二级指标排名差距都超过了 30 位。但是，在创新网络化方面排名后 10 位的城市中，克拉玛依、荆门和保定的两个二级指标排名均排在全国后 10 位，内部创新网络和外部创新网络的发展水平均较为落后，这些城市需要更好地整合内部资源，加强城市内部组织间的合作，促进创新生态系统的协同发展。同时，还应积极寻求跨城市合作的机会，建立更广泛的合作伙伴关系，形成跨城市合作网络，加强信息交流和共享，以提高跨城市合作创新的效果。

综上所述，各城市在内部合作创新和跨城市合作创新方面存在明显差异，需要有针对性地加强不同方面的合作。通过更加综合、协调的合作模式，这些城市可以进一步提升创新能力和竞争力，实现可持续发展、繁荣发展。

5.1.3 排名变化

根据 2024 年和 2025 年的创新网络化指标排名的对比（表 5-2），北京和青岛在这两年一直稳居前两名的位置。北京、西宁、青岛、南宁、武汉 5 个城市在 2024 年和 2025 年都稳定地保持在前 10 位之列。重庆、茂名、桂林、自贡和济南在 2024 年虽未进入前 10 位，但在 2025 年成功进入前 10 位。成都、镇江、景德镇、益阳和昆明在 2024 年名列前 10 位，但在 2025 年排名下滑，跌出了前 10 位。后 10 位的城市相对较为稳定，克拉玛依、荆门、保定、泰州、辽阳、铜陵、清远和安庆 8 个城市，连续两年都处在后 10 位。惠州和东营在 2024 年，并未处于后 10 位，但在 2025 年下滑到后 10 位之中。相反，2025 年株洲和泰安的排名有所上升，跳出了后 10 位的行列。总体来说，大部分的城市排名较为稳定，但也有部分城市的排名在这两年间出现了明显的上升或下降。

表 5-2 城市科技创业的创新网络化指标排名与变化

城市	排名 2025 年	排名 2024 年	排名变化	城市	排名 2025 年	排名 2024 年	排名变化
北京	1	1	0	济南	10	18	8
青岛	2	2	0	南京	11	11	0
西宁	3	4	1	郑州	12	16	4
茂名	4	79	75	咸宁	13	66	53
重庆	5	19	14	西安	14	13	-1
武汉	6	7	1	成都	15	6	-9
桂林	7	15	8	广州	16	12	-4
自贡	8	23	15	南昌	17	28	11
南宁	9	9	0	宜昌	18	26	8

续表

城市	排名 2025年	2024年	排名变化	城市	排名 2025年	2024年	排名变化
湛江	19	30	11	福州	50	36	-14
上海	20	14	-6	吉林	51	69	18
徐州	21	21	0	连云港	52	61	9
杭州	22	17	-5	鞍山	53	55	2
镇江	23	10	-13	温州	54	75	21
景德镇	24	3	-21	佛山	55	38	-17
合肥	25	24	-1	肇庆	56	59	3
湘潭	26	20	-6	营口	57	58	1
昆明	27	8	-19	无锡	58	56	-2
沈阳	28	32	4	锦州	59	63	4
盐城	29	29	0	吉安	60	89	29
长沙	30	27	-3	临沂	61	52	-9
威海	31	22	-9	乌鲁木齐	62	57	-5
太原	32	31	-1	苏州	63	53	-10
兰州	33	25	-8	洛阳	64	83	19
贵阳	34	33	-1	潍坊	65	82	17
烟台	35	42	7	长春	66	71	5
哈尔滨	36	34	-2	南通	67	60	-7
厦门	37	43	6	淮安	68	45	-23
天津	38	35	-3	扬州	69	85	16
襄阳	39	39	0	滁州	70	90	20
益阳	40	5	-35	焦作	71	84	13
大连	41	40	-1	宁波	72	74	2
玉溪	42	80	38	珠海	73	54	-19
深圳	43	37	-6	宿迁	74	86	12
泉州	44	51	7	咸阳	75	41	-34
淄博	45	48	3	中山	76	78	2
银川	46	47	1	包头	77	46	-31
绵阳	47	67	20	芜湖	78	62	-16
海口	48	65	17	衢州	79	44	-35
呼和浩特	49	73	24	常州	80	72	-8

续表

城市	排名 2025年	排名 2024年	排名变化	城市	排名 2025年	排名 2024年	排名变化
石家庄	81	87	6	安庆	91	95	4
江门	82	49	-33	东营	92	70	-22
嘉兴	83	64	-19	清远	93	91	-2
泰安	84	92	8	铜陵	94	97	3
绍兴	85	81	-4	辽阳	95	99	4
东莞	86	50	-36	惠州	96	68	-28
鄂尔多斯	87	77	-10	泰州	97	98	1
河源	88	76	-12	保定	98	94	-4
株洲	89	93	4	荆门	99	96	-3
湖州	90	88	-2	克拉玛依	100	100	0

总体来说，对比2024年和2025年的情况，创新网络化综合排名上升幅度较大的10个城市包括茂名（75位）、咸宁（53位）、玉溪（38位）、吉安（29位）、呼和浩特（24位）、温州（21位）、绵阳（20位）、滁州（20位）、洛阳（19位）及吉林（18位）。排名下降幅度最大的10个城市分别是东莞（36位）、衢州（35位）、益阳（35位）、咸阳（34位）、江门（33位）、包头（31位）、惠州（28位）、淮安（23位）、东营（22位）和景德镇（21位）。

5.2 领先地区

5.2.1 北京

北京2025年的科技创业的创新网络化排名第1位，与2024年保持一致。经济指标方面，2023年，北京地区生产总值为43 761亿元，全国排名第2位；人均地区生产总值为200 278元，全国排名第4位。北京创新网络化指标排名高于地区生产总值和人均地区生产总值排名。

从分指标来看，北京在科技创业的创新网络化方面有显著的优势，连续两年排在所有城市的首位，这主要源自其跨城市合作创新实力（图5-2）。具体来看，北京连续两年在跨城市合作强度方面排名第100位。除了因为北京对外合作专利数量有限，也因为北京本身专利数量较多，因此对外合作专利的占比较低。然而，从创新领导力和创新信息优势两个方面来看，北京的表现卓越，连续两年均排名第1位。

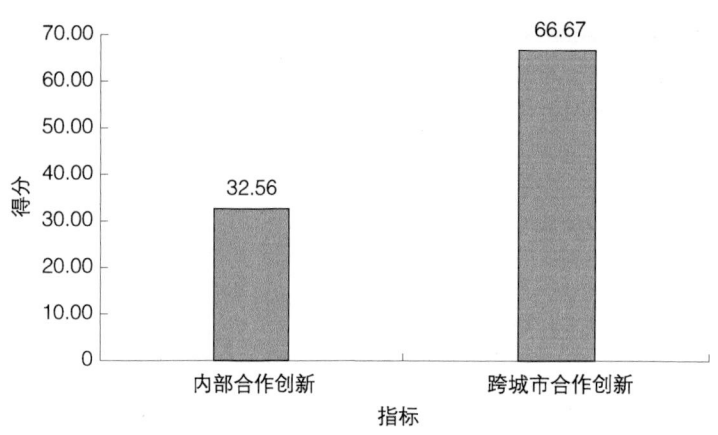

图 5-2 2025 年北京创新网络化二级指标得分

相比较而言，北京在内部合作创新方面的表现较差，尤其在产学研合作创新方面存在明显的不足。数据显示，2025 年，北京的内部合作创新指标值为 32.56 分，全国排名第 45 位，而在 2024 年该指标值为 29.14 分，排名第 41 位。此外，2025 年，北京的内部合作强度指标值为 0.22 分，排名第 4 位，较 2024 年上升 2 位；产学研合作创新指标值为 0.17 分，排名第 80 位，较 2024 年上升 1 位（表 5-3）。

表 5-3 北京创新网络化基础指标

指标	得分		排名		排名变化
	2025 年	2024 年	2025 年	2024 年	
内部合作强度	0.22	0.20	4	6	2
产学研合作创新	0.17	0.18	80	81	1
跨城市合作强度	0	0	100	100	0
创新领导力	334	330	1	1	0
创新信息优势	0.93	0.94	1	1	0

北京在创新网络化维度持续领先，尤其在跨城市合作创新中的创新领导力和创新信息优势方面表现突出。然而，相比之下，本地产学研合作创新水平相对较弱。这一现象与多重因素相关。第一，国家战略定位驱动资源向跨区域合作倾斜，增加了北京市的创新领导力，但是削弱了本地的协同激励。北京作为国际科技创新中心，政策资源高度倾向于服务国家战略需求，如由领军企业牵头整合全国高校院所资源，组建创新联合体攻关"卡脖子"技术。而因为北京市的创新领导力以及资源优势，此类项目往往会对接跨区域高端资源，导致本地产学研合作水平较低。第二，从企业端来看，北京市的头部企业，如小米、百度等，往往会自建研究院，重视企业内部的研发，形成"技术闭环"。而高校和产业需

求存在一定程度上的错位。例如，虽然北京具有众多国际化一流高校，但是其课程体系滞后于产业迭代，因此，高校的科研往往难以满足企业的前沿发展需求。这也就解释了为什么北京内部的合作强度较高（2025年排名第4位），但是产学研的转化效率却很低。第三，北京市在创新生态建设方面也存在高端人才流动性大、在产学研合作过程中知识产权分配机制不完善等制度因素。因此，北京市未来可以通过优化产学研协同政策和平台建设，进一步释放本地创新网络的潜力。

5.2.2 青岛

2025年，青岛科技创业的创新网络化指标得分为45.00分，在全国排名第2位，与2024年排名一致。从经济指标来看，2023年，青岛的地区生产总值为15 760亿元，在全国排名第13位；人均地区生产总值为152 174元，在全国排名第22位；青岛的创新网络化排名高于地区生产总值和人均地区生产总值排名。

从分指标来看，青岛的内部合作创新优于其跨城市合作创新（图5-3）。2025年，青岛的内部合作创新指标排名第6位，较2024年下降3位；跨城市合作创新指标排名第19位，较2024年上升2位。就内部合作强度而言，2025年青岛内部合作强度的指标值为0.47分，排名第2位，较2024年下降1位；产学研合作创新指标值为0.04分，排名第96位，较2024年下降2位（表5-4）。显然，青岛虽然十分重视内部合作创新，但是产学研合作创新水平相对较低。

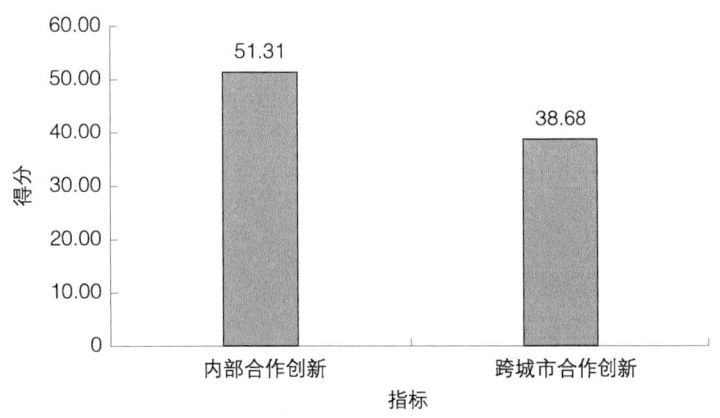

图5-3 2025年青岛创新网络化二级指标得分

就跨城市合作创新而言，2025年，青岛跨城市合作强度排名第91位，较2024年上升1位；创新领导力的指标值为138分，排名第13位，较2024年下降1位；创新信息优势的指标值为0.64分，排名第50位，与2024年排名持平。总体来看，青岛在跨城市合作创新方面有一定的领导力，但是在跨城市合作强度以及创新信息优势方面的表现都较为落后。

表5-4 青岛创新网络化基础指标

指标	得分		排名		排名变化
	2025年	2024年	2025年	2024年	
内部合作强度	0.47	0.50	2	1	-1
产学研合作创新	0.04	0.04	96	94	-2
跨城市合作强度	0	0	91	92	1
创新领导力	161	138	13	12	-1
创新信息优势	0.65	0.64	50	50	0

青岛的创新网络化排名高于其经济指标排名，并且内部合作创新优势较为明显。长期以来，青岛政策聚焦本地产业链协同，注重打造高端创新平台和产业体系，聚焦新一代信息技术、人工智能等先导产业，通过链长制推动本地企业－供应商关联，直接提升了内部合作强度。但与此同时，政策重心偏向本地集群，导致跨城市合作投入明显不足。另外，政府强力推进未来产业，如深海开发、空天信息等，但资金和人才更加向头部企业倾斜，高校扮演着人才输送方的角色，弱化了产学研的深度绑定，产学研深度融合不足。此外，青岛作为胶东经济圈的核心，其区域枢纽定位赋予创新领导力优势，但跨城市技术协作广度与信息整合效率有待加强。总而言之，青岛的政策与产业闭环促进本地合作强度提升，但是产学研割裂和跨城市开放不足成为关键短板。青岛下一步应该深化区域创新联动与优化产学研合作机制，通过区域协同政策、产学研机制改革、强链补链平衡内外网络，进一步释放创新网络潜力，将制造优势转化为创新生态优势。

5.2.3 西宁

2025年，西宁科技创业的创新网络化指标排名第3位，仅落后于北京和青岛，较2024年上升1位。从经济指标来看，2023年西宁的地区生产总值为1801亿元，在全国排名第183位；人均地区生产总值为72 611元，在全国排名第135位。很显然，西宁科技创业的创新网络化指标排名明显高于地区生产总值和人均地区生产总值排名。

从分指标来看，与北京不同，西宁的创新网络化优势主要体现于内部合作创新方面（图5-4）。2025年，西宁的内部合作创新指标值为57.29分，在全国排名第1位。其中，内部合作强度的指标值为0.48分，全国排名第1位，较2024年上升1位；但产学研合作创新指标值仅为0.12分，排名第90位，较2024年下降1位（表5-5）。因此，从内部合作创新网络来看，西宁虽然内部合作强度较高，但缺乏产学研合作。

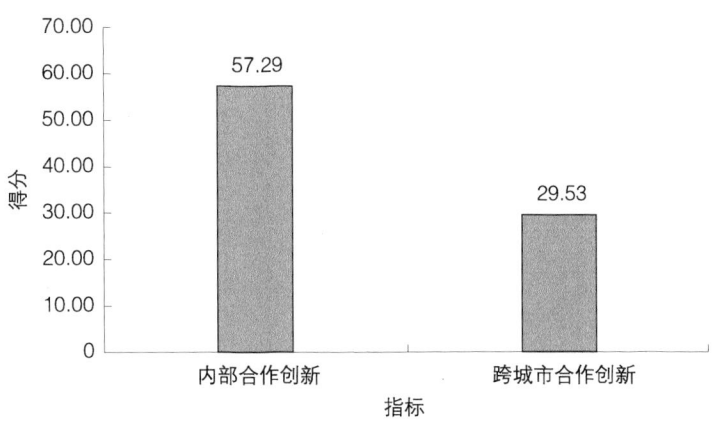

图 5-4　2025 年西宁创新网络化二级指标得分

表 5-5　西宁创新网络化基础指标

指标	得分		排名		排名变化
	2025 年	2024 年	2025 年	2024 年	
内部合作强度	0.48	0.47	1	2	1
产学研合作创新	0.12	0.14	90	89	−1
跨城市合作强度	0.04	0.05	26	25	−1
创新领导力	70	56	49	55	6
创新信息优势	0.59	0.48	70	82	12

西宁在跨城市合作创新方面表现相对落后，在 100 个城市中排名第 64 位，较 2024 年下降到 39 位。其中，在跨城市合作强度基础指标方面，西宁在 2025 年排名第 26 位，较 2024 年下降 1 位，表现尚可。但是，西宁在创新领导力和创新信息优势方面都相对较弱。2025 年，西宁的创新领导力指标仅排名第 49 位，虽然比 2024 年提升 6 位，但排名依然较靠后。同样，在创新信息优势方面，西宁 2025 年的全国排名为第 70 位，尽管比 2024 年上升了 12 位，但是整体上依然较为落后。这说明尽管西宁这些年创新发展的水平不断提高，不仅本地创新水平提升，同时还有一定的创新外溢，但是因为城市过去的创新积累有限，因而缺乏在全国范围内有影响力的大企业主导跨城市创新合作。

西宁在创新网络化方面一直表现较为优异，排名显著高于其地区生产总值和人均地区生产总值排名，这一现象与政府引导、资源禀赋和社会协同等众多因素有关。2022 年，西宁市人民政府办公室印发了《西宁市"十四五"科技创新规划》，提出至 2025 年，将西宁建成青藏高原乃至西北地区重要的创新中心①。2024 年，西宁进一步提出梯度培育计划，通过政策

---

① 《西宁市"十四五"科技创新规划正式印发》，https：//www.kczg.org.cn/rules/detail?id=6075090。

倾斜激励本地企业合作，打造中小企业特色产业集群，加强其内部合作的强度[1]。此外，依托"东数西算"工程，西宁被定位为国家级绿色算力节点。2023年起，西宁密集出台算力产业政策，吸引华为、阿里等头部企业落地，加强了内部的合作；但是，这些合作多集中于基建领域，加之本地高校稀少，产学研合作的深度仍然不足。虽然西宁的内部合作网络发展较为迅速，但是西宁本地的生态发展基础也制约了其创新的外溢效果，形成"高内聚，低外溢"的创新网络。西宁的产业以基础算力服务为主，缺乏技术外溢龙头企业，导致跨城市合作领导力较弱。同时，西宁本地企业规模有限，难以主导跨区域创新网络，使其创新信息优势仅排名全国第70位。西宁的创新跃迁表明，边缘城市可以通过差异化要素重构竞争力，但是突破能级"天花板"还需要打破地理与认知的双重封闭。未来，西宁可以以政策推动产学研联合项目，利用"丝博会"等平台强化与西安、成都等地的技术协作，依托算力规模，吸引人工智能、生物制药等高附加值企业，提升网络枢纽功能。

5.2.4 茂名

2025年，茂名科技创业的创新网络化指标排名第4位，较2024年上升75位。从经济指标来看，2023年茂名的地区生产总值为3987亿元，在全国排名第81位；人均地区生产总值为63 844元，在全国排名第163位。很显然，茂名科技创业的创新网络化指标排名明显高于地区生产总值和人均地区生产总值排名。

从分指标来看，茂名在内部合作创新和跨城市合作创新方面都有显著的提升，相比之下，茂名在内部合作创新方面有着更大的优势（图5-5）。2025年，茂名内部合作创新指标值为55.99分，在全国排名第2位，较2024年上升36位。其中，内部合作强度的指标值为0.11分，全国排名第30位，较2024年下降4位；但是，产学研合作创新指标值为0.78分，排名第3位，较2024年上升40位，取得了较大的进展（表5-6）。因此，从内部合作创新网络来看，茂名在内部合作强度方面表现并不突出，但在产学研合作方面表现较为优异，并且进步迅速。

2025年，茂名在跨城市合作创新方面表现相对落后，在100个城市中排名第52位，但是较2024年上升45位。从分指标来看，茂名在跨城市合作强度方面表现相对较为出色，在2025年排名第10位，比2024年下降2位。此外，茂名在创新领导力和创新信息方面的优势虽然在2025年有所提高，但是仍然相对较弱。2025年，茂名的创新领导力指标排名第87位，比2024年提升3位。在创新信息优势方面，茂名2025年排名为第79位，比2024年上升18位。总体来看，茂名的跨城市合作创新网络发展水平不断提高，跨城市合作创新强度较高，创新领导力和创新信息优势都有一定程度上的提升，但是因为城市过去的创新积累有

---

[1] 《关于〈西宁市工业中小企业梯度培育发展和建设中小企业特色产业集群的若干措施〉的政策解读》，https：//gxj.xining.gov.cn/zwgk/zcjd/202310/t20231023_193781.html。

限，缺乏在全国范围内有影响力的大企业主导跨城市合作创新，所以跨城市合作创新网络仍有待加强。

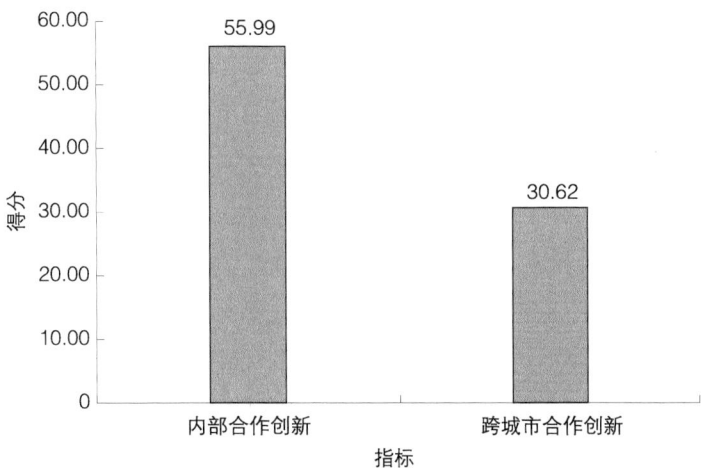

图 5-5　2025 年茂名创新网络化二级指标得分

表 5-6　茂名创新网络化基础指标

指标	得分		排名		排名变化
	2025 年	2024 年	2025 年	2024 年	
内部合作强度	0.11	0.10	30	26	-4
产学研合作创新	0.78	0.39	3	43	40
跨城市合作强度	0.12	0.15	10	8	-2
创新领导力	32	19	87	90	3
创新信息优势	0.55	0.22	79	97	18

2022 年，茂名市人民政府印发《茂名市科技创新"十四五"规划》，提出全面推进茂名科技创新活动，强化自主创新，强化企业创新主体，完善实验室创新体系建设，推进产学研协同创新的深度融合[1]。近年来，茂名市政府大力推进茂名与省内外高校、科研院所合作，形成以企业为主体、市场为导向、产学研深度融合的创新体系，建成一批产学研交流创新平台。通过深挖产业发展需求，针对性引进科研力量，充分发挥链主企业，如茂名石化、东华能源等引领性作用，大大推动茂名产学研创新网络的发展。此外，茂名通过"链主企业＋应用型高校＋政策杠杆"构建高能创新合作网络。未来，茂名需要破解跨区域创新能级薄弱、

---

[1] 《〈茂名市科技创新"十四五"规划〉出台 持续科技创新 驱动茂名高质量发展》，http://www.maoming.gov.cn/zwgk/zcjd/mtjd/content/post_1059068.html。

产业结构单极依赖及高端要素短缺三大瓶颈，从本地高效协同向跨区域价值外溢升级，推动全域创新竞争力升级。

5.2.5 重庆

2025年，重庆科技创业的创新网络化指标排名第5位，较2024年上升14位。从经济指标看，2023年重庆的地区生产总值为30 146亿元，在全国排名第5位；人均地区生产总值为94 135元，在全国排名第82位。从总体来看，重庆科技创业的创新网络化指标排名与其地区生产总值基本持平，但是高于其人均地区生产总值排名。

从分指标来看，重庆的创新网络化在内部合作创新和跨城市合作创新方面的发展相对较为均衡，但在内部合作创新方面稍有优势（图5-6）。2025年，重庆的内部合作创新指标值为43.87分，在全国排名第13位，较2024年上升6位。其中，内部合作强度的指标值为0.09分，全国排名第41位，较2024年下降1位；但是，重庆的产学研合作创新指标值为0.60分，排名第13位，较2024年上升8位（表5-7）。

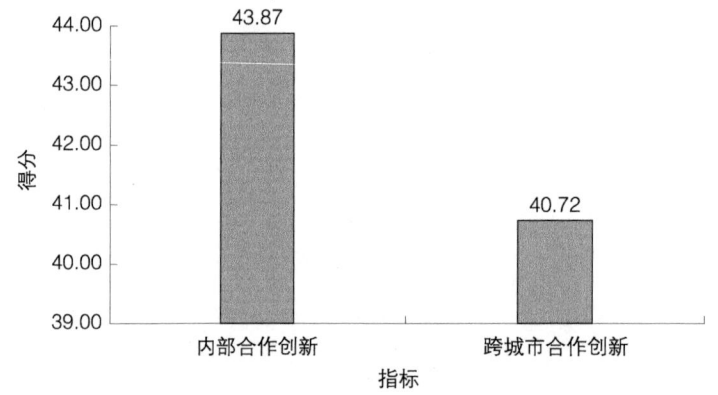

图5-6 2025年重庆创新网络化二级指标得分

表5-7 重庆创新网络化基础指标

指标	得分		排名		排名变化
	2025年	2024年	2025年	2024年	
内部合作强度	0.09	0.09	41	40	-1
产学研合作创新	0.60	0.53	13	21	8
跨城市合作强度	0	0	88	88	0
创新领导力	168	145	12	17	5
创新信息优势	0.69	0.65	40	46	6

在跨城市合作创新方面，2025 年重庆市排名第 15 位，较 2024 年上升 3 位。从分指标来看，重庆在跨城市合作强度方面表现并不突出，2025 年排名第 88 位，与 2024 年持平。2025 年，重庆的创新领导力指标排名第 12 位，较 2024 年上升 5 位。在创新信息优势方面，重庆 2025 年排名为第 40 位，较 2024 年上升 6 位。重庆在创新领导力方面有一定的优势，但是在跨城市合作强度和创新信息优势方面仍有待提高。

重庆作为西部重要制造业基地，依托长安汽车等龙头企业构建产业创新联盟，带动上下游协同创新。2022 年，重庆颁布《重庆市科技创新促进条例》，针对科技型中小企业创新能力不强、国有企业创新动力不足、企业创新主体地位不突出等问题，增加"企业科技创新"专章，强调鼓励领军企业牵头建立联合开发、优势互补、成果共享、风险分担的产学研协同创新机制。明确国有企业的示范引领作用，推进开放协同创新[1]。2024 年，重庆高校聚焦"33618"现代制造业集群体系，结合自身学科专业特色优势，直接签约 150 余家企业、30 余所科研院所，共同组建 55 个现代产业学院[2]。作为长江经济带和西部陆海新通道枢纽，重庆在跨区域创新合作中发挥重要作用，创新领导力排名较为靠前。为进一步完善创新网络，重庆需要加强与其他创新枢纽城市的深度合作，建设区域性技术交易平台，构建跨区域创新共同体。此外，重庆应该进一步提高产学研合作质量，借鉴先进地区经验完善成果转化机制。

5.2.6 武汉

2025 年，武汉科技创业的创新网络化指标排名第 6 位，较 2024 年上升 1 位。从经济指标来看，2023 年武汉的地区生产总值为 20 012 亿元，在全国排名第 9 位；人均地区生产总值为 145 471 元，在全国排名第 27 位；总体来看，武汉科技创业的创新网络化指标排名高于其地区生产总值和人均地区生产总值排名。

从分指标来看，武汉在跨城市合作创新方面的优势要远远大于内部合作创新（图 5-7）。2025 年，武汉的内部合作创新指标值为 33.99 分，在全国排名第 40 位，较 2024 年上升 2 位。其中，内部合作强度的指标值为 0.12 分，全国排名第 25 位，较 2024 年上升 3 位；但产学研合作创新指标值为 0.38 分，排名第 49 位，较 2024 年下降 3 位（表 5-8）。

---

[1] 《新版〈重庆市科技创新促进条例〉今起施行 将对我市科技创新制度建设起到统领性、基础性作用》，https://www.cq.gov.cn/zwgk/zfxxgkml/hygq/202203/t20220303_10459362.html。
[2] 《专业建在产业链上 重庆组建 55 个现代产业学院 增设契合产业发展的急需本科专业 65 个，获批国家级一流专业 100 余个》，https://www.cq.gov.cn/ywdt/jrcq/202401/t20240119_12838880.html。

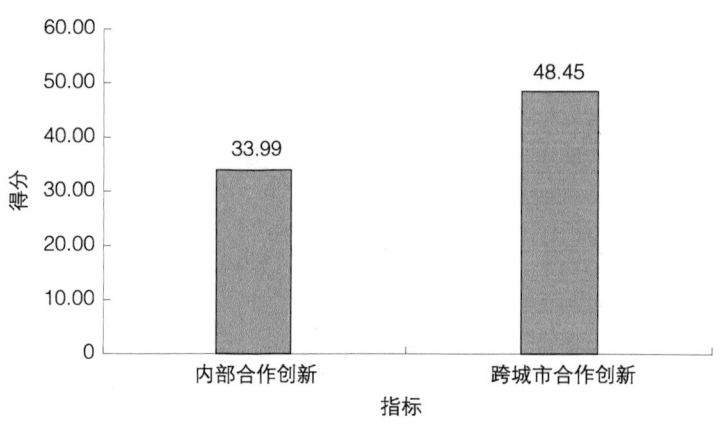

图 5-7　2025 年武汉创新网络化二级指标得分

表 5-8　武汉创新网络化基础指标

指标	得分		排名		排名变化
	2025 年	2024 年	2025 年	2024 年	
内部合作强度	0.12	0.10	25	28	3
产学研合作创新	0.38	0.38	49	46	-3
跨城市合作强度	0	0	93	93	0
创新领导力	219	220	3	3	0
创新信息优势	0.76	0.74	15	15	0

在跨城市合作创新方面，武汉排名较为靠前，2025 年排名第 6 位，虽然较 2024 年下降 2 位，但仍处于全国第一梯队。从分指标来看，武汉在跨城市合作强度方面表现较差，2024 年和 2025 年均排在第 93 位。但是，武汉在创新领导力和创新信息优势方面表现相对强势。特别是在创新领导力方面，武汉在 2024 年和 2025 年均排名第 3 位。在创新信息优势方面，武汉在 2024 年和 2025 年均排名第 15 位，虽然较跨城市合作创新方面的排名落后，但是仍然稳居前列。从总体来看，武汉的跨城市合作创新网络发展水平有所下降，跨城市合作强度较低，但创新领导力和创新信息优势方面都表现较好。

武汉的创新网络呈现"强枢纽、弱连接"特征。一方面，政策和区位优势使其成为区域创新核心。2023 年，武汉市人民政府办公厅发布《2023 年武汉市科技创新工作要点》，明确构建开放协同创新网络，推动光谷科技创新大走廊建设，联动鄂州、黄石等城市形成"武鄂黄黄咸"产业带，强化技术转移和联合攻关机制①。长期以来，武汉重视跨区域成果转化平台的建立，创新领导力和创新信息优势水平获得显著提升。

---

① 《市人民政府办公厅关于印发 2023 年武汉市科技创新工作要点的通知》，https：//www.wuhan.gov.cn/zwgk/xxgk/zf-wj/bgtwj/202302/t20230202_2143753.shtml。

另一方面，武汉的创新网络建设中存在产学研脱节，与企业协作不足，制约了创新网络效能的释放。虽然武汉具有丰富的高等教育资源，但是高校科研评价偏重论文，与企业需求对接不足，导致产学研合作强度较低。武汉虽占据创新枢纽地位，但是其企业间缺乏深度合作，跨城市合作强度方面更是连续两年排名末尾。此外，武汉本地中小企业参与度较低，链主企业技术未充分开放，导致其内部合作强度难以提升。因此，武汉需要建立完善市场化成果转化体系，破解高校与产业需求错位难题，强化中小企业的参与度，提升内部合作紧密度，充分打通省际壁垒，将信息优势转化为合作强度。

5.2.7 桂林

2025年，桂林科技创业的创新网络化指标排名第7位，较2024年上升8位。从经济指标来看，2023年桂林的地区生产总值为2523亿元，在全国排名第135位；人均地区生产总值为50 943元，在全国排名第220位。从总体来看，桂林科技创业的创新网络化指标排名高于其地区生产总值和人均地区生产总值排名。

从分指标来看，桂林在内部合作创新方面的优势要远远大于跨城市合作创新（图5-8）。2025年，桂林内部合作创新指标值为52.04分，在全国排名第4位，较2024年上升6位。其中，内部合作强度的指标值为0.08分，全国排名第55位，较2024年上升14位；但产学研合作创新指标值为0.77分，排名第4位，较2024年上升2位（表5-9）。由此可见，桂林的内部合作创新优势主要体现于其产学研合作创新方面。

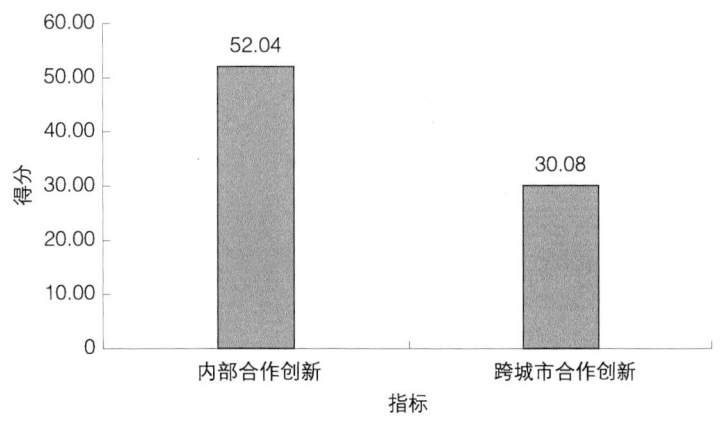

图5-8　2025年桂林创新网络化二级指标得分

2025年，在跨城市合作创新方面，桂林排名第58位，较2024年下降29位。从分指标来看，2025年，在跨城市合作强度方面，桂林排名第37位，较2024年下降3位；在创新领导力方面，桂林排名第68位，与2024年持平；在创新信息优势方面，桂林排名第45位，较2024年下降36位。总之，桂林虽然跨城市合作强度在全国排名尚可，但是在创新领导力和创新信息优势方面表现得相对落后，影响了其跨城市合作创新网络水平。

表 5-9　桂林创新网络化基础指标

指标	得分		排名		排名变化
	2025 年	2024 年	2025 年	2024 年	
内部合作强度	0.08	0.06	55	69	14
产学研合作创新	0.77	0.70	4	6	2
跨城市合作强度	0.03	0.03	37	34	−3
创新领导力	50	49	68	68	0
创新信息优势	0.68	0.78	45	9	−36

桂林的创新网络具有"强内聚、弱外溢"的特征。桂林在产学研合作创新方面表现得尤其突出。2024 年，桂林由市科技局牵头成立科技成果转化服务工作专班，整合科技局、工业和信息化局等多部门资源，构建"创新链—产业链—资金链—人才链"四链融合机制，推动产学研深度合作①。同时，桂林还瞄准人工智能、元宇宙等未来产业，依托龙头企业组建创新联合体，聚焦企业最迫切的创新需求，带动上下游中小企业协同研发，支持高校、科研院所组建市级创新联合体、培育自治区创新联合体②。此外，桂林电子科技大学、桂林理工大学等高校定向服务本地产业需求，推动产学研深度融合。但是，桂林跨区域枢纽功能缺失、产业结构单极化等不足制约了其全域竞争力的发展。未来，桂林可以通过构建跨区域创新共同体、推动产业多元化、强化高端要素导入，以及升级数据基础设施等，将本地高效协同转化为跨区域创新领导力。

5.2.8　自贡

2025 年，自贡的创新网络化指标排名第 8 位，较 2024 年上升 15 位。从经济指标来看，2023 年自贡的地区生产总值为 1750 亿元，在全国排名第 186 位；人均地区生产总值为 71 726 元，在全国排名第 137 位。从总体来看，自贡的创新网络化指标排名高于其地区生产总值和人均地区生产总值排名。

从分指标来看，自贡的内部合作创新网络发展优于跨城市合作创新网络（图 5-9）。2025 年，自贡内部合作创新指标值为 51.95 分，全国排名第 5 位，较 2024 年上升 6 位。内部合作强度的指标值为 0.03 分，全国排名第 95 位，较 2024 年下降 51 位；但产学研合作创新

---

① 《我市推动科技成果转化服务工作专班成立——加速"四链"融合赋能产业高质量发展》，https：//epaper.guilinlife.com/glrbpc/glrb/20240519/Articel01004NR.htm。

② 《桂林：推动科技自立自强，加快形成新质生产力》，https：//baijiahao.baidu.com/s？id＝1814393358516184213&wfr＝spider&for＝pc。

指标值为 0.86 分，排名第 1 位，较 2024 年上升 8 位（表 5-10）。由此可见，自贡内部创新网络的建立主要依赖于其产学研合作网络。

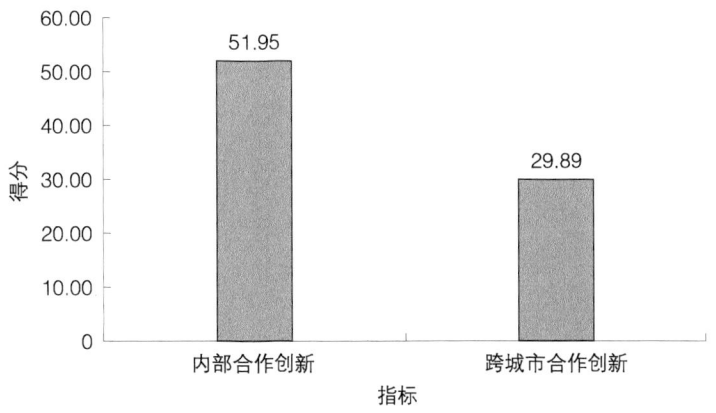

图 5-9　2025 年自贡创新网络化二级指标得分

表 5-10　自贡创新网络化基础指标

指标	得分		排名		排名变化
	2025 年	2024 年	2025 年	2024 年	
内部合作强度	0.03	0.08	95	44	-51
产学研合作创新	0.86	0.64	1	9	8
跨城市合作强度	0.12	0.13	9	10	1
创新领导力	29	25	88	88	0
创新信息优势	0.54	0.59	83	64	-19

在跨城市合作创新方面，2025 年，自贡排名第 60 位，较 2024 年下降 17 位。从分指标来看，2025 年，在跨城市合作强度方面，自贡排名第 9 位，较 2024 年上升 1 位。其中，在创新领导力方面，自贡在 2025 年和 2024 年均排名第 88 位，表现较为落后；在创新信息优势方面，自贡 2025 年排名第 83 位，较 2024 年下降 19 位。总之，自贡虽然在跨城市合作强度方面的全国排名较为领先，但是创新领导力和创新信息优势排名相对落后，并且没有增长的趋势。

自贡创新网络跃迁主要是借助政策精准扶持、产业垂直整合，以及与高校深度绑定。自贡长期以来注重科技转化，以"1+N+X"模式，打通科技转化"最后一公里"，推动川南渝西科技成果转化中试基地建设，加强与四川大学等 14 所高校的产学研合作，促进科技成果转化。2022 年以来，自贡先后建立新材料、新型炭材料等中试平台，进一步强化了产学研合作创新强度①。同时，与高校建立产业研究院，根据产业需求引进"两院院士"等高层次人才，提升高校科技创新影响力②。此外，自贡积极融入成渝地区双城经济圈建设，加速创新成果的外溢，跨城市合作强度不断提升。但是也应看到，自贡的产业结构较为单一，因此导致内部合作欠缺，且跨区域创新影响力相对较弱。未来，可进一步开放区域，加强成渝协同，同时扩展产业赛道，推行"成渝科学家双聘计划"，弹性引入重庆、成都人才，强化高端要素的导入，提升城市创新影响力。

5.2.9 南宁

2025年，南宁的创新网络化指标排名第9位，较2024年排名没有发生变化，较为稳定。从经济指标来看，2023年南宁的地区生产总值为5469亿元，在全国排名第56位；人均地区生产总值为61 338元，在全国排名第173位。从总体来看，南宁的创新网络化指标排名高于其地区生产总值和人均地区生产总值排名。

从分指标来看，南宁在内部合作创新和跨城市合作创新方面表现较为均衡，相比之下，内部合作创新网络的发展稍强于跨城市合作创新网络（图5-10）。2025年，南宁的内部合作创新指标值为42.51分，全国排名第17位，与2024年持平。其中，内部合作强度的指标值为0.12分，全国排名第23位，较2024年上升1位；但产学研合作创新指标值为0.52分，排名第21位，较2024年下降1位（表5-11）。由此可见，南宁在内部合作强度及产学研合作创新方面的表现都与其内部合作创新网络基本一致，且发展较为稳定。

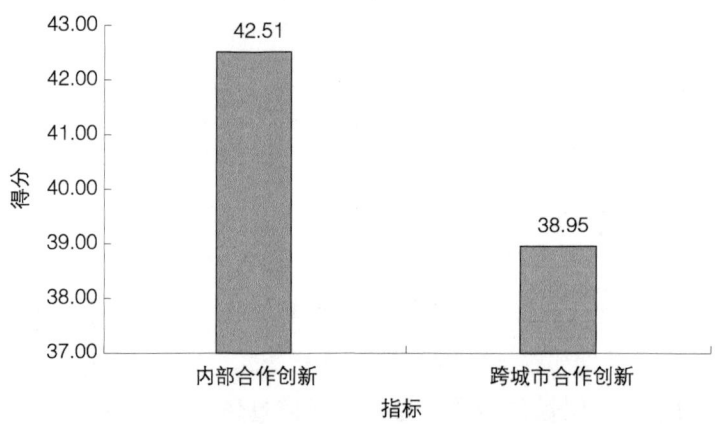

图5-10　2025年南宁创新网络化二级指标得分

---

① 《自贡市打好科技创新"四张牌"助推高新技术产业发展取得新成效》，https：//www.most.gov.cn/dfkj/sc/zxdt/202303/t20230314_185046.html。
② 《自贡市高新区创新赋能新能源产业高质量发展》，https：//www.most.gov.cn/dfkj/sc/zxdt/202305/t20230526_186302.html。

表 5-11 南宁创新网络化基础指标

指标	得分		排名		排名变化
	2025 年	2024 年	2025 年	2024 年	
内部合作强度	0.12	0.11	23	24	1
产学研合作创新	0.52	0.54	21	20	-1
跨城市合作强度	0.01	0.02	56	54	-2
创新领导力	104	92	28	34	6
创新信息优势	0.80	0.81	6	4	-2

在跨城市合作创新方面，2025 年，南宁排名第 18 位，较 2024 年下降 1 位。从分指标来看，2025 年，在跨城市合作强度方面，南宁排名第 56 位，较 2024 年下降 2 位；在创新领导力方面，南宁排名第 28 位，较 2024 年上升 6 位；在创新信息优势方面，南宁排名第 6 位，较 2024 年下降 2 位。由此可见，南宁在创新信息优势方面表现较为突出。

南宁以"跨境创新＋产业升级"为特色路径，推行"揭榜挂帅"等项目组织模式[①]。2024 年，南京深化"链长制"，聚焦重点产业，组建创新联合体，推动产业链上下游协同研发，强化内部合作强度[②]。同时，依托中国—东盟合作枢纽地位，建成中国—东盟可信数据专区，采用混合产业用地模式整合研发与产业化功能，显著提升创新信息优势。面向东盟布局人工智能产业，吸引高新技术企业集聚，支撑跨境技术合作[③]。但是，南宁也存在产学研合作深度不足、跨城市合作强度薄弱及高端要素储备有限等问题。总而言之，南宁的创新网络发展呈现"政策驱动强、跨境特色明、企业生态优"的亮点，但需破解"产学研转化弱、高端合作少"的瓶颈。未来，南京需通过机制改革（激活成果转化）、区域开放（深化粤港澳联动）和要素升级（引进顶尖团队），将东盟区位优势转化为全域创新竞争力。

5.2.10 济南

2025 年，济南的创新网络化指标排名第 10 位，较 2024 年排名上升 8 位。从经济指标来看，2023 年济南的地区生产总值为 12 757 亿元，在全国排名第 19 位；人均地区生产总值为 135 347 元，在全国排名第 33 位；总体来看，济南的创新网络化指标排名高于其地区生产总值和人均地区生产总值排名。

从分指标来看，济南的内部合作创新优于跨城市合作创新（图 5-11）。2025 年，济南的内部合作创新指标值为 44.43 分，全国排名第 10 位，较 2024 年上升 3 位。其中，内部合作

---

① 《〈南宁市科技创新促进规定〉颁布实施，精准立法"把脉开方"靶向破解科创难点》，http：//nnrb.nnnews.net：8080/nnrb/20250428/html/page_03_content_000.htm。
② 《南宁市深入推进创新驱动发展 加快培育新质生产力》，https：//gxj.nanning.gov.cn/gxdt/t5873504.html。
③ 《中国—东盟可信数据专区落子南宁 打造面向东盟的 AI 接口》，https：//jxpub.nntv.cn/a/202506/20/AP685558b45e0e3d475d2906cc.html。

强度的指标值为 0.14 分，全国排名第 15 位，较 2024 年上升 6 位；但产学研合作创新指标值为 0.52 分，排名第 23 位，较 2024 年下降 6 位（表 5-12）。济南的内部合作强度以及产学研合作创新排名都与其内部合作创新网络排名基本一致，但从时间上看，有一定的波动。

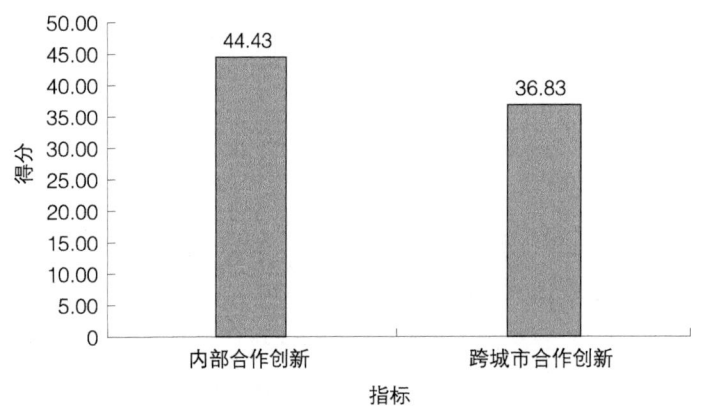

图 5-11　2025 年济南创新网络化二级指标得分

表 5-12　济南创新网络化基础指标

指标	得分		排名		排名变化
	2025 年	2024 年	2025 年	2024 年	
内部合作强度	0.14	0.12	15	21	6
产学研合作创新	0.52	0.56	23	17	-6
跨城市合作强度	0.01	0	87	87	0
创新领导力	129	121	18	18	0
创新信息优势	0.69	0.61	39	59	20

在跨城市合作创新方面，2025 年，济南排名第 25 位，较 2024 年上升 8 位。从分指标来看，在跨城市合作强度方面，济南在 2025 年和 2024 年均排名第 87 位；在创新领导力方面，济南在 2025 年和 2024 年均排名第 18 位；在创新信息优势方面，济南在 2025 年排名第 39 位，较 2024 年上升 20 位。由此可见，济南在跨城市合作创新网络各指标方面发展较为稳定，跨城市合作强度排名较为落后，创新领导力排名较为靠前，创新信息优势方面表现尚可，且进步显著。

济南创新网络能级的显著提升，内部合作强度指标跃居全国第 15 位，反映了本地产业链协同效率优化。2023 年，济南实施"工赋泉城"行动计划，提出力争到 2025 年，全面建成国内领先的工业互联网创新发展示范高地；要发挥省会经济圈中心城市作用，引领带动圈内工业互联网科技协同创新,直接提升内部合作强度①。济南的创新信息优势指标稳居黄河流域首位,依托"工赋泉城"行动构建的5.2万座5G基站与5000P算力中枢,实现了数据要素高效流通。济南在创新领导力和产学研合作创新方面表现也较为优异。在创新领导力方面,济南充分发挥省会城市优势,积极融入山东半岛城市群,提升技术交易。济南虽为省会城市,但跨城市合作明显不足,缺乏区域技术转移枢纽功能,跨省研发联盟参与度较低。下一步,济南可以通过深化产学研机制、强化区域协同、培育多元创新主体等举措进一步强化其创新合作网络的建设。

5.3 重点区域

5.3.1 京津冀城市群

京津冀地区有4个城市纳入评价,分别为北京、天津、石家庄和保定。四个城市的创新网络化及其各维度的得分和排名如表5-13所示。从整体来看,京津冀创新网络化指标平均水平略高于全国平均水平;具体来看,内部合作创新指标平均水平低于全国平均水平,而跨城市合作创新指标平均水平高于全国平均水平。

表5-13 2025年京津冀城市群创新网络化及其各维度的得分和排名

城市	创新网络化	内部合作创新	跨城市合作创新
全国均值	31.69	30.69	32.68
地区均值	31.82	26.17	37.46
北京	49.62 (1)	32.56 (45)	66.67 (1)
天津	34.76 (38)	29.71 (56)	39.82 (17)
石家庄	25.32 (81)	27.50 (63)	23.14 (94)
保定	17.57 (98)	14.91 (92)	20.23 (98)

注:表中括号内的数据为2025年该城市在样本城市中的相应指标排名,后同。

从各城市得分来看,北京的创新网络化得分最高,其次为天津,保定最低。其中,北京和天津的创新网络化得分高于全国均值,石家庄和保定的创新网络化得分低于全国均值。四个城市中,只有北京的内部合作创新得分高于全国均值,其他三个城市的内部合作创新得分均低于全国均值,但是应该注意,排名最前的北京也仅在全国排名第45位。在跨城市合作

---

① 《济南市人民政府关于印发济南市加快工业互联网创新发展实施"工赋泉城"行动计划(2023—2025年)的通知》,https://www.echinagov.com/policy/342851.htm。

创新方面，北京和天津的得分均高于全国均值，石家庄和保定的得分则低于全国均值。其中，北京排名第1位，天津排名第17位，石家庄和保定分别排在第94位和第98位。总体来看，京津冀地区的石家庄和保定在各方面的发展都相对落后，京津冀地区城市都需要重点加强内部合作创新网络的建设，加强城市内部的合作。

5.3.2 长三角城市群

长三角城市群有26个城市纳入评价，分别为南京、上海、徐州、杭州、镇江、合肥、盐城、连云港、温州、无锡、苏州、南通、淮安、扬州、滁州、宁波、宿迁、芜湖、衢州、常州、嘉兴、绍兴、湖州、安庆、铜陵和泰州。这些城市的创新网络化及其各维度的得分和排名如表5-14所示。从整体来看，长三角城市群的城市其创新网络化水平低于全国平均水平；具体来看，内部合作创新指标的平均水平低于全国平均水平，但跨城市合作创新指标的平均水平则高于全国平均水平。

表5-14 2025年长三角城市群创新网络化及其各维度的得分和排名

城市	创新网络化	内部合作创新	跨城市合作创新
全国均值	31.69	30.69	32.68
地区均值	29.49	25.45	33.52
南京	40.53（11）	34.75（36）	46.30（7）
上海	38.75（20）	27.15（64）	50.36（2）
徐州	38.53（21）	36.44（27）	40.62（16）
杭州	38.49（22）	31.23（48）	45.74（8）
镇江	38.20（23）	41.65（19）	34.75（32）
合肥	37.98（25）	34.69（37）	41.27（14）
盐城	37.04（29）	44.39（11）	29.70（63）
连云港	31.07（52）	34.80（35）	27.34（82）
温州	30.23（54）	31.16（49）	29.30（67）
无锡	29.73（58）	18.13（83）	41.33（13）
苏州	28.83（63）	16.30（89）	41.37（12）
南通	28.21（67）	21.67（76）	34.74（33）
淮安	28.08（68）	30.66（54）	25.51（89）
扬州	27.84（69）	23.32（74）	32.36（42）
滁州	27.80（70）	24.65（73）	30.96（49）
宁波	27.75（72）	26.68（65）	28.83（70）
宿迁	27.43（74）	25.70（67）	29.15（68）

续表

城市	创新网络化	内部合作创新	跨城市合作创新
芜湖	25.93（78）	18.76（82）	33.11（37）
衢州	25.43（79）	29.08（60）	21.79（96）
常州	25.34（80）	15.94（90）	34.73（34）
嘉兴	25.01（83）	17.89（85）	32.14（44）
绍兴	23.79（85）	19.11（81）	28.48（72）
湖州	22.88（90）	14.69（94）	31.07（48）
安庆	22.61（91）	18.03（84）	27.20（83）
铜陵	20.88（94）	14.87（93）	26.88（84）
泰州	18.31（97）	10.03（98）	26.60（85）

从各城市排名来看，在长三角城市群，南京的创新网络化排名最为靠前，但是依然没有进入前10位，其和上海分别排在第11位和第20位，进入全国前20位。大部分的城市排名都相对较为靠后，其中排名最靠后的是泰州，在全国排名第97位。在内部合作创新方面，盐城是长三角城市群表现最佳的城市，排名第11位。在跨城市合作创新方面，南京和上海都进入了全国前10位，分别排在第7位和第2位。总体来看，长三角城市群各城市的创新网络化水平与该地区的经济发展水平并不相符。随着创新复杂程度的不断增加，创新网络化对于科技创业的作用越发重要。因此，长三角城市群的各城市应提高创新合作网络，特别是内部合作创新网络；同时，还应该充分发挥区域优势，进一步加强城市间合作创新。

5.3.3 珠三角城市群

珠三角城市群有13个城市纳入本次评价，分别为茂名、广州、湛江、深圳、佛山、肇庆、珠海、中山、江门、东莞、河源、清远和惠州。这些城市的创新网络化及其各维度得分和排名如表5-15所示。从整体来看，珠三角城市群的创新网络化指标平均水平低于全国平均水平，并且其内部合作创新和跨城市合作创新的指标平均水平均低于全国平均水平。

表5-15 2025年珠三角城市群创新网络化及其各维度的得分和排名

城市	创新网络化	内部合作创新	跨城市合作创新
全国均值	31.69	30.69	32.68
地区均值	29.41	26.58	32.23
茂名	43.30（4）	55.99（2）	30.62（52）
广州	39.44（16）	28.97（61）	49.90（3）
湛江	38.99（19）	48.20（8）	29.77（62）

续表

城市	创新网络化	内部合作创新	跨城市合作创新
深圳	32.65（43）	16.84（87）	48.47（5）
佛山	30.22（55）	22.23（75）	38.22（20）
肇庆	30.09（56）	32.78（43）	27.39（80）
珠海	27.60（73）	20.47（78）	34.73（35）
中山	26.65（76）	30.59（55）	22.70（95）
江门	25.31（82）	25.45（69）	25.17（90）
东莞	23.76（86）	17.33（86）	30.18（56）
河源	23.10（88）	19.84（80）	26.35（86）
清远	21.94（93）	14.55（95）	29.33（66）
惠州	19.26（96）	12.30（96）	26.22（87）

从各城市排名来看，创新网络化排名最靠前的城市为茂名，在全国范围内排名第4位；广州排名全国第16位，湛江排名全国第19位；其余城市的排名则较为靠后。内部合作创新方面，除茂名（第2位）、湛江（第8位）之外，其余各城市排名均较为落后。其中，惠州和清远排名全国后5位，分别是第96位和第95位。在跨城市合作创新方面，广州和深圳表现优异，分别排名全国第3位和第5位；佛山（第20位）和珠海（第35位）表现也相对较好；其余9个城市则表现相对较差，全国排名落入后50位。

5.3.4 长江中游城市群

长江中游城市群有13个城市纳入评价，分别为武汉、咸宁、南昌、宜昌、景德镇、湘潭、长沙、襄阳、益阳、吉安、株洲、荆门。这些城市的创新网络化及其各维度得分和排名如表5-16所示。从整体来看，长江中游城市群的城市创新网络化平均水平高于全国平均水平；具体来看，内部合作创新指标的平均水平高于全国平均水平，而跨城市合作创新指标的平均水平则低于全国平均水平。

表5-16　2025年长江中游城市群创新网络化及其各维度的得分和排名

城市	创新网络化	内部合作创新	跨城市合作创新
全国均值	31.69	30.69	32.68
地区均值	34.16	36.97	31.35
武汉	41.22（6）	33.99（40）	48.45（6）
咸宁	40.41（13）	52.92（3）	27.90（77）
南昌	39.42（17）	43.18（15）	35.66（29）

续表

城市	创新网络化	内部合作创新	跨城市合作创新
宜昌	39.00（18）	47.43（9）	30.56（53）
景德镇	38.19（24）	48.31（7）	28.07（75）
湘潭	37.56（26）	44.30（12）	30.82（50）
长沙	36.59（30）	30.97（50）	42.22（10）
襄阳	33.84（39）	41.87（18）	25.81（88）
益阳	33.80（40）	43.87（14）	23.72（93）
吉安	29.68（60）	30.85（51）	28.51（71）
株洲	22.89（89）	15.42（91）	30.36（55）
荆门	17.35（99）	10.53（97）	24.16（92）

从各城市排名来看，长江中游城市群的城市两极分化较为严重。创新网络化指标排名最靠前的城市为武汉，在全国范围内排在第 6 位；咸宁、南昌和宜昌也均进入全国前 20 位，分别排在第 13 位、第 17 位和第 18 位；吉安、株洲和荆门的排名则相对较为落后，分别排在第 60 位、第 89 位和第 99 位。在内部合作创新方面，咸宁表现最佳，排在全国第 3 位；此外，景德镇和宜昌也进入前 10 位，分别排在第 7 位和第 9 位；而株洲和荆门的表现依然较差，分别排在第 91 位和第 97 位。在跨城市合作创新方面，武汉表现最佳，排名第 6 位；长沙紧随其后，排在第 10 位；其余城市排名相对落后，其中益阳和荆门处于全国后 10 位，分别排在第 93 位和第 92 位。

5.3.5 中原城市群

中原城市群有 4 个城市纳入评价，分别为郑州、太原、洛阳和焦作。这些城市的创新网络化及其各维度的得分和排名如表 5-17 所示。从整体来看，中原城市群的创新网络化平均水平高于全国平均水平，无论是内部合作创新还是跨城市合作创新均高于全国平均水平。

表 5-17 2025 年中原城市群创新网络化及其各维度的得分和排名

城市	创新网络化	内部合作创新	跨城市合作创新
全国均值	31.69	30.69	32.68
地区均值	33.79	33.71	33.87
郑州	40.49（12）	39.25（21）	41.74（11）
太原	36.26（32）	35.71（30）	36.81（26）
洛阳	28.69（64）	29.61（57）	27.78（78）
焦作	27.80（71）	25.56（68）	30.04（59）

从各城市排名来看，中原城市群中创新网络化排名最靠前的城市为郑州，在全国范围内

排在第12位，其余城市的排名相对较靠后，但没有城市进入全国后10位。在内部合作创新方面，各城市表现较为均衡，排名最靠前的城市是郑州，但仅在全国排名第21位。在跨城市合作创新方面，郑州排名第11位；太原紧随其后，排在第26位；焦作和洛阳分别排在第59位和第78位。

5.4 关键指标分析

5.4.1 内部合作强度

表5-18展示了2024—2025年100个城市的内部合作强度指标得分与排名变化。其中，西宁、青岛、东营、北京和银川是排名前5位的城市，除银川2025年的排名上升5位外，其余城市的排名变化不超过2位。这意味着这些城市的内部合作强度较大，且较为稳定。营口、益阳、东莞、河源和咸阳是排名最后的5个城市，这些城市的排名波动幅度都在5位以内，内部合作强度也相对较为稳定。

表5-18 内部合作强度指标得分与排名变化

城市	得分		排名		排名变化	城市	得分		排名		排名变化
	2025年	2024年	2025年	2024年			2025年	2024年	2025年	2024年	
西宁	0.48	0.47	1	2	1	济南	0.14	0.12	15	21	6
青岛	0.47	0.50	2	1	-1	郑州	0.14	0.10	16	27	11
东营	0.28	0.38	3	3	0	鄂尔多斯	0.14	0.16	17	11	-6
北京	0.22	0.20	4	6	2	烟台	0.14	0.11	18	23	5
银川	0.21	0.17	5	10	5	天津	0.14	0.13	19	18	-1
佛山	0.19	0.22	6	4	-2	焦作	0.13	0.14	20	16	-4
福州	0.19	0.20	7	7	0	杭州	0.13	0.11	21	25	4
珠海	0.19	0.20	8	5	-3	临沂	0.13	0.09	22	38	16
潍坊	0.17	0.15	9	13	4	南宁	0.12	0.11	23	24	1
石家庄	0.16	0.18	10	8	-2	长沙	0.12	0.10	24	29	5
宁波	0.15	0.16	11	12	1	武汉	0.12	0.10	25	28	3
太原	0.15	0.17	12	9	-3	威海	0.12	0.12	26	19	-7
广州	0.15	0.14	13	15	2	泰安	0.11	0.10	27	31	4
南京	0.15	0.15	14	14	0	昆明	0.11	0.08	28	45	17

续表

城市	得分 2025年	得分 2024年	排名 2025年	排名 2024年	排名变化	城市	得分 2025年	得分 2024年	排名 2025年	排名 2024年	排名变化
兰州	0.11	0.14	29	17	-12	湛江	0.07	0.08	60	41	-19
茂名	0.11	0.10	30	26	-4	南通	0.07	0.05	61	77	16
乌鲁木齐	0.11	0.12	31	22	-9	衢州	0.07	0.08	62	48	-14
合肥	0.11	0.10	32	33	1	大连	0.06	0.05	63	76	13
西安	0.10	0.08	33	46	13	包头	0.06	0.07	64	56	-8
常州	0.10	0.08	34	43	9	淄博	0.06	0.06	65	62	-3
南昌	0.10	0.07	35	58	23	安庆	0.06	0.02	66	93	27
芜湖	0.10	0.07	36	54	18	扬州	0.06	0.05	67	74	7
绍兴	0.10	0.10	37	30	-7	苏州	0.06	0.05	68	78	10
清远	0.10	0.12	38	20	-18	长春	0.06	0.05	69	70	1
贵阳	0.10	0.07	39	53	14	湖州	0.06	0.05	70	72	2
嘉兴	0.10	0.10	40	34	-6	锦州	0.06	0.09	71	39	-32
重庆	0.09	0.09	41	40	-1	铜陵	0.05	0.05	72	75	3
上海	0.09	0.10	42	32	-10	襄阳	0.05	0.08	73	49	-24
盐城	0.09	0.08	43	47	4	惠州	0.05	0.04	74	84	10
徐州	0.09	0.06	44	64	20	保定	0.05	0.05	75	73	-2
呼和浩特	0.09	0.09	45	36	-9	镇江	0.05	0.06	76	66	-10
沈阳	0.09	0.07	46	51	5	株洲	0.05	0.05	77	79	2
江门	0.09	0.07	47	59	12	海口	0.05	0.07	78	60	-18
泉州	0.08	0.09	48	35	-13	温州	0.05	0.07	79	63	-16
荆门	0.08	0.01	49	97	48	吉安	0.05	0.04	80	85	5
景德镇	0.08	0.07	50	52	2	洛阳	0.05	0.04	81	80	-1
哈尔滨	0.08	0.06	51	68	17	淮安	0.05	0.04	82	82	0
成都	0.08	0.07	52	50	-2	宿迁	0.04	0.03	83	91	8
咸宁	0.08	0.03	53	87	34	吉林	0.04	0.05	84	71	-13
宜昌	0.08	0.07	54	57	3	玉溪	0.04	0.01	85	96	11
桂林	0.08	0.06	55	69	14	鞍山	0.04	0.03	86	90	4
厦门	0.07	0.06	56	61	5	中山	0.04	0.04	87	83	-4
深圳	0.07	0.06	57	67	10	绵阳	0.04	0.08	88	42	-46
连云港	0.07	0.09	58	37	-21	克拉玛依	0.04	0.07	89	55	-34
无锡	0.07	0.06	59	65	6	辽阳	0.04	0.03	90	89	-1

续表

城市	得分		排名		排名变化	城市	得分		排名		排名变化
	2025年	2024年	2025年	2024年			2025年	2024年	2025年	2024年	
肇庆	0.03	0.03	91	88	-3	咸阳	0.03	0.02	96	92	-4
湘潭	0.03	0.04	92	86	-6	河源	0.03	0.01	97	99	2
泰州	0.03	0.04	93	81	-12	东莞	0.02	0.02	98	94	-4
滁州	0.03	0.02	94	95	1	益阳	0.01	0.00	99	100	1
自贡	0.03	0.08	95	44	-51	营口	0.01	0.01	100	98	-2

5.4.2 产学研合作创新

表 5-19 展示了 2024—2025 年 100 个城市的产学研合作创新指标得分与排名变化。自贡、咸宁、茂名、桂林和益阳依次排在前 5 位，除桂林排名上升 2 位、益阳下降 3 位外，其他城市的排名变化超过 7 位，自贡、咸宁和茂名的排名分别上升 8 位、31 位和 40 位。辽阳、东营、珠海、佛山和青岛排名后 5 位，这些城市的排名较为稳定，2024—2025 年下降 1~2 位。

表 5-19 产学研合作创新指标得分与排名变化

城市	得分		排名		排名变化	城市	得分		排名		排名变化
	2025年	2024年	2025年	2024年			2025年	2024年	2025年	2024年	
自贡	0.86	0.64	1	9	8	绵阳	0.56	0.28	19	64	45
咸宁	0.78	0.45	2	33	31	威海	0.54	0.60	20	15	-5
茂名	0.78	0.39	3	43	40	南宁	0.52	0.54	21	20	-1
桂林	0.77	0.70	4	6	2	肇庆	0.52	0.49	22	28	6
益阳	0.75	1.00	5	2	-3	济南	0.52	0.56	23	17	-6
湘潭	0.72	0.77	6	3	-3	成都	0.51	0.55	24	19	-5
湛江	0.72	0.52	7	25	18	泉州	0.51	0.40	25	42	17
景德镇	0.69	1.00	8	1	-7	营口	0.50	0.41	26	8	-18
宜昌	0.69	0.70	9	5	-4	吉林	0.50	0.67	27	40	13
襄阳	0.64	0.70	10	7	-3	连云港	0.48	0.43	28	34	6
镇江	0.63	0.71	11	4	-7	徐州	0.48	0.50	29	26	-3
盐城	0.61	0.64	12	11	-1	大连	0.48	0.55	30	18	-12
重庆	0.60	0.53	13	21	8	淄博	0.47	0.41	31	38	7
玉溪	0.58	0.33	14	54	40	呼和浩特	0.47	0.34	32	53	21
南昌	0.58	0.60	15	14	-1	厦门	0.47	0.37	33	47	14
锦州	0.57	0.47	16	31	15	中山	0.47	0.37	34	49	15
沈阳	0.57	0.49	17	30	13	昆明	0.46	0.64	35	10	-25
鞍山	0.56	0.58	18	16	-2	温州	0.46	0.31	36	56	20

续表

城市	得分		排名		排名变化	城市	得分		排名		排名变化
	2025年	2024年	2025年	2024年			2025年	2024年	2025年	2024年	
哈尔滨	0.46	0.52	37	24	-13	安庆	0.22	0.20	69	74	5
吉安	0.46	0.23	38	72	34	焦作	0.21	0.23	70	71	1
淮安	0.46	0.53	39	22	-17	石家庄	0.20	0.18	71	82	11
贵阳	0.45	0.43	40	35	-5	无锡	0.20	0.20	72	75	3
洛阳	0.44	0.38	41	44	3	福州	0.20	0.20	73	78	5
郑州	0.43	0.49	42	29	-13	宁波	0.19	0.14	74	90	16
咸阳	0.42	0.62	43	12	-31	苏州	0.19	0.20	75	77	2
海口	0.42	0.24	44	70	26	株洲	0.18	0.14	76	88	12
合肥	0.42	0.38	45	45	0	保定	0.17	0.37	77	48	-29
兰州	0.41	0.41	46	37	-9	深圳	0.17	0.18	78	83	5
衢州	0.39	0.61	47	13	-34	铜陵	0.17	0.08	79	93	14
滁州	0.39	0.29	48	62	14	北京	0.17	0.18	80	81	1
武汉	0.38	0.38	49	46	-3	银川	0.17	0.20	81	76	-5
西安	0.38	0.42	50	36	-14	绍兴	0.17	0.16	82	86	4
宿迁	0.38	0.25	51	69	18	湖州	0.16	0.19	83	79	-4
烟台	0.36	0.30	52	59	7	芜湖	0.16	0.33	84	55	-29
太原	0.35	0.28	53	63	10	泰安	0.15	0.19	85	80	-5
南京	0.35	0.30	54	58	4	嘉兴	0.15	0.18	86	84	-2
长春	0.33	0.27	55	66	11	泰州	0.14	0.13	87	91	4
长沙	0.33	0.29	56	60	4	惠州	0.13	0.40	88	41	-47
杭州	0.31	0.35	57	51	-6	潍坊	0.13	0.10	89	92	3
临沂	0.31	0.37	58	50	-8	西宁	0.12	0.14	90	89	-1
上海	0.31	0.29	59	61	2	常州	0.11	0.17	91	85	-6
河源	0.31	0.50	60	27	-33	克拉玛依	0.10	0.00	92	100	8
扬州	0.31	0.22	61	73	12	清远	0.09	0.03	93	96	3
江门	0.29	0.53	62	23	-39	鄂尔多斯	0.04	0.15	94	87	-7
天津	0.27	0.27	63	65	2	荆门	0.04	0.25	95	68	-27
包头	0.27	0.46	64	32	-32	青岛	0.04	0.04	96	94	-2
东莞	0.27	0.41	65	39	-26	佛山	0.04	0.04	97	95	-2
南通	0.26	0.34	66	52	-14	珠海	0.03	0.01	98	97	-1
乌鲁木齐	0.25	0.31	67	57	-10	东营	0.01	0.01	99	98	-1
广州	0.24	0.26	68	67	-1	辽阳	0.00	0.00	100	99	-1

5.4.3 创新领导力

表 5-20 展示了 2024—2025 年 100 个城市的创新领导力指标得分与排名变化。北京、上海、武汉、西安和南京排在前 5 位,且除了南京和西安的排名发生置换,其余城市的排名保持不变。排名最后的 5 个城市分别是辽阳、景德镇、咸宁、河源和克拉玛依,其中景德镇排名下降 1 位,咸宁排名下降 2 位,克拉玛依排名上升 3 位,辽阳和河源的排名则保持不变。从整体来看,九成以上的城市在这一指标上的表现较为稳定,排名上下浮动不超过 10 位,在一定程度上说明城市的创新领导力很难在短时间内发生较大的改变。

表 5-20 创新领导力指标得分与排名变化

城市	得分 2025 年	得分 2024 年	排名 2025 年	排名 2024 年	排名变化	城市	得分 2025 年	得分 2024 年	排名 2025 年	排名 2024 年	排名变化
北京	334	330	1	1	0	石家庄	110	89	25	37	12
上海	236	237	2	2	0	太原	108	89	26	29	3
武汉	219	220	3	3	0	南昌	107	89	27	28	1
西安	215	207	4	5	1	南宁	104	92	28	34	6
南京	210	208	5	4	-1	兰州	103	93	29	33	4
广州	196	184	6	7	1	烟台	102	89	30	25	-5
深圳	191	192	7	8	1	佛山	99	99	31	26	-5
成都	185	190	8	6	-2	长春	98	74	32	30	-2
杭州	184	179	9	9	0	东莞	96	89	33	23	-10
天津	183	169	10	11	1	南通	96	90	34	27	-7
长沙	174	175	11	10	-1	厦门	96	88	35	35	0
重庆	168	145	12	17	5	乌鲁木齐	93	81	36	43	7
青岛	161	138	13	12	-1	常州	89	95	37	39	2
郑州	153	139	14	15	1	贵阳	85	79	38	36	-2
苏州	151	143	15	14	-1	珠海	83	84	39	40	1
无锡	144	122	16	13	-3	福州	82	81	40	38	-2
合肥	142	149	17	16	-1	保定	81	78	41	41	0
济南	129	121	18	18	0	银川	80	66	42	44	2
徐州	126	116	19	20	1	嘉兴	78	86	43	32	-11
沈阳	119	121	20	19	-1	镇江	77	78	44	56	12
哈尔滨	117	104	21	22	1	海口	75	62	45	42	-3
大连	115	111	22	24	2	宜昌	75	42	46	51	5
宁波	112	89	23	21	-2	芜湖	71	56	47	45	-2
昆明	111	106	24	31	7	潍坊	70	56	48	50	2

续表

城市	得分 2025年	得分 2024年	排名 2025年	排名 2024年	排名变化	城市	得分 2025年	得分 2024年	排名 2025年	排名 2024年	排名变化
西宁	70	56	49	55	6	襄阳	46	34	75	81	6
绵阳	68	65	50	57	7	焦作	45	33	76	72	-4
绍兴	68	61	51	63	12	江门	44	39	77	77	0
洛阳	67	55	52	49	-3	清远	43	37	78	65	-13
呼和浩特	66	54	53	61	8	中山	43	49	79	83	4
扬州	65	53	54	58	4	东营	41	37	80	79	-1
湖州	64	61	55	48	-7	肇庆	41	41	81	80	-1
淄博	64	67	56	47	-9	淮安	40	35	82	82	0
温州	63	61	57	52	-5	鞍山	38	37	83	75	-8
咸阳	61	56	58	53	-5	宿迁	38	46	84	85	1
临沂	57	44	59	62	3	吉安	36	33	85	76	-9
泉州	56	48	60	54	-6	安庆	34	32	86	86	0
泰州	56	56	61	67	6	茂名	32	19	87	90	3
惠州	55	53	62	69	7	自贡	29	25	88	88	0
盐城	55	58	63	71	8	荆门	28	25	89	93	4
威海	53	44	64	78	14	衢州	28	26	90	89	-1
吉林	52	39	65	66	1	营口	23	16	91	87	-4
连云港	51	48	66	60	-6	玉溪	22	19	92	95	3
鄂尔多斯	50	50	67	74	7	铜陵	21	25	93	92	-1
桂林	50	49	68	68	0	锦州	18	17	94	94	0
泰安	50	47	69	84	15	益阳	18	19	95	91	-4
湘潭	49	43	70	73	3	克拉玛依	17	13	96	99	3
湛江	48	49	71	59	-12	河源	16	12	97	97	0
包头	47	48	72	64	-8	咸宁	16	16	98	96	-2
滁州	47	41	73	70	-3	景德镇	14	16	99	98	-1
株洲	47	45	74	46	-28	辽阳	12	9	100	100	0

5.4.4 创新信息优势

表5-21展示了2024—2025年100个城市的创新信息优势指标得分与排名变化。北京、广州、深圳、佛山和贵阳排在前5位，其中佛山排名上升1位，贵阳排名上升2位，其余城市的排名保持不变。排名最后的5个城市依次是克拉玛依、辽阳、锦州、东营和河源，其中河源的排名下降4位，东营和克拉玛依的排名下降1位，辽阳的排名上升1位，锦州的排名保持不变。

表 5-21 创新信息优势指标得分与排名变化

城市	得分 2025年	得分 2024年	排名 2025年	排名 2024年	排名变化	城市	得分 2025年	得分 2024年	排名 2025年	排名 2024年	排名变化
北京	0.93	0.94	1	1	0	福州	0.71	0.71	32	57	25
广州	0.86	0.85	2	2	0	南昌	0.71	0.62	33	25	-8
深圳	0.84	0.82	3	3	0	成都	0.70	0.68	34	34	0
佛山	0.81	0.81	4	5	1	淄博	0.70	0.63	35	52	17
贵阳	0.80	0.79	5	7	2	湖州	0.70	0.66	36	42	6
南宁	0.80	0.81	6	4	-2	嘉兴	0.69	0.71	37	32	-5
徐州	0.79	0.79	7	6	-1	株洲	0.69	0.69	38	23	-15
杭州	0.78	0.78	8	8	0	济南	0.69	0.61	39	59	20
合肥	0.78	0.74	9	17	8	重庆	0.69	0.65	40	46	6
西安	0.77	0.72	10	21	11	盐城	0.69	0.64	41	51	10
无锡	0.77	0.76	11	10	-1	包头	0.68	0.56	42	72	30
上海	0.76	0.75	12	11	-1	哈尔滨	0.68	0.62	43	56	13
镇江	0.76	0.75	13	13	0	湘潭	0.68	0.67	44	41	-3
珠海	0.76	0.74	14	14	0	桂林	0.68	0.78	45	9	-36
武汉	0.76	0.74	15	15	0	宿迁	0.67	0.70	46	30	-16
苏州	0.76	0.75	16	12	-4	银川	0.66	0.62	47	55	8
烟台	0.75	0.71	17	26	9	吉安	0.66	0.67	48	40	-8
郑州	0.75	0.72	18	20	2	威海	0.66	0.65	49	47	-2
厦门	0.75	0.72	19	22	3	青岛	0.65	0.64	50	50	0
兰州	0.75	0.71	20	24	4	泰安	0.65	0.51	51	78	27
海口	0.75	0.74	21	16	-5	鄂尔多斯	0.65	0.46	52	85	33
常州	0.74	0.68	22	36	14	温州	0.65	0.61	53	60	7
昆明	0.74	0.73	23	29	6	长春	0.64	0.68	54	35	-19
芜湖	0.74	0.70	24	18	-6	焦作	0.63	0.41	55	91	36
太原	0.74	0.70	25	31	6	乌鲁木齐	0.63	0.53	56	75	19
扬州	0.73	0.69	26	33	7	大连	0.62	0.52	57	76	19
南京	0.72	0.71	27	28	1	安庆	0.62	0.66	58	43	-15
南通	0.72	0.67	28	38	10	天津	0.62	0.57	59	70	11
滁州	0.72	0.66	29	45	16	宜昌	0.62	0.61	60	61	1
潍坊	0.72	0.61	30	58	28	湛江	0.62	0.67	61	39	-22
长沙	0.71	0.73	31	19	-12	泉州	0.62	0.60	62	62	0

续表

城市	得分 2025年	得分 2024年	排名 2025年	排名 2024年	排名变化	城市	得分 2025年	得分 2024年	排名 2025年	排名 2024年	排名变化
绍兴	0.62	0.64	63	49	-14	铜陵	0.54	0.60	82	63	-19
清远	0.61	0.67	64	37	-27	自贡	0.54	0.59	83	64	-19
沈阳	0.61	0.59	65	65	0	宁波	0.52	0.52	84	67	-17
连云港	0.60	0.50	66	80	14	中山	0.52	0.58	85	77	-8
东莞	0.60	0.71	67	27	-40	荆门	0.49	0.56	86	73	-13
绵阳	0.60	0.63	68	53	-15	鞍山	0.48	0.43	87	89	2
泰州	0.59	0.56	69	74	5	衢州	0.48	0.45	88	87	-1
西宁	0.59	0.48	70	82	12	景德镇	0.46	0.58	89	69	-20
临沂	0.59	0.65	71	48	-23	营口	0.44	0.23	90	95	5
淮安	0.59	0.66	72	44	-28	咸宁	0.43	0.46	91	86	-5
惠州	0.58	0.62	73	54	-19	益阳	0.43	0.58	92	66	-26
吉林	0.58	0.49	74	81	7	玉溪	0.43	0.43	93	88	-5
洛阳	0.58	0.47	75	84	9	石家庄	0.36	0.27	94	93	-1
呼和浩特	0.57	0.47	76	83	7	保定	0.35	0.26	95	94	-1
肇庆	0.56	0.56	77	71	-6	河源	0.33	0.35	96	92	-4
襄阳	0.56	0.42	78	90	12	东营	0.28	0.23	97	96	-1
茂名	0.55	0.22	79	97	18	锦州	0.18	0.14	98	98	0
江门	0.55	0.51	80	79	-1	辽阳	0.15	0.00	99	100	1
咸阳	0.55	0.58	81	68	-13	克拉玛依	0.02	0.00	100	99	-1

第6章
科技创业的科技水平分析

6.1 总体概述

科技水平在一个城市的科技创业中扮演着至关重要的角色，提升科技水平能够提高企业和地区的创新能力，推动科技创业活动的发展。科技水平的提高还意味着城市具备更先进的技术和技术应用能力，能够更好地将科技成果转化为实际生产力。这有助于科技创业企业更好地应用先进技术，提高生产效率和产品质量。具有较高科技水平的城市还能吸引更多高素质人才，包括科研人员、工程师和技术专家等，为科技创业企业提供强大的人才支持。此外，科技水平的高低直接关系到城市在国际竞争中的地位。具备较高科技水平的城市能更好地融入全球科技创新体系，提高自身国际竞争力，吸引更多国际科技资源和投资。2025年，主要城市的科技水平整体呈现以下特点。

第一，不同城市的科技水平得分差异较大，标准差为9.04分。排名第1位的杭州的得分为53.18分；而排名末位的乌鲁木齐的得分为9.50分，仅为杭州的近1/6。

第二，从指标看，南京在基础支撑方面表现最佳，紧随其后的是北京和合肥。连云港在科技投入方面表现最好，其次是嘉兴、杭州、保定和吉林。北京在科技产出方面排名最前，其次是深圳、杭州、南京和珠海。河源的基础支撑、克拉玛依的科技投入和乌鲁木齐的科技产出分别排在末位。

第三，比较2025年和2024年的情况，100个城市中有98个城市的排名发生了变化，且有36个城市的排名变化在10位及以上。其中，保定、东莞、鄂尔多斯、呼和浩特和安庆的排名上升最多，而景德镇、襄阳、咸阳、潍坊和滁州的排名下降最多。城市排名的密集变化表明各城市的科技水平打造是一个动态过程。

6.1.1 综合得分与排名

2025年，杭州的科技水平排名第1位，南京和北京分别排名第2位和第3位，武汉和深圳分别排名第 4 位和第 5 位（图 6-1）。进入前 10 位（第一梯队）的城市还有长沙、广州、西安、珠海和苏州。第二梯队的城市有合肥、连云港、嘉兴、南昌和厦门等城市。值得注意的是，上海的科技水平排名仅为第 17 位。排名后 10 位的城市包括湛江、咸宁、茂名、咸阳、东营、玉溪、清远、自贡、银川、盐城和乌鲁木齐，不难发现，科技水平较为落后的城市并不局限在内陆城市。

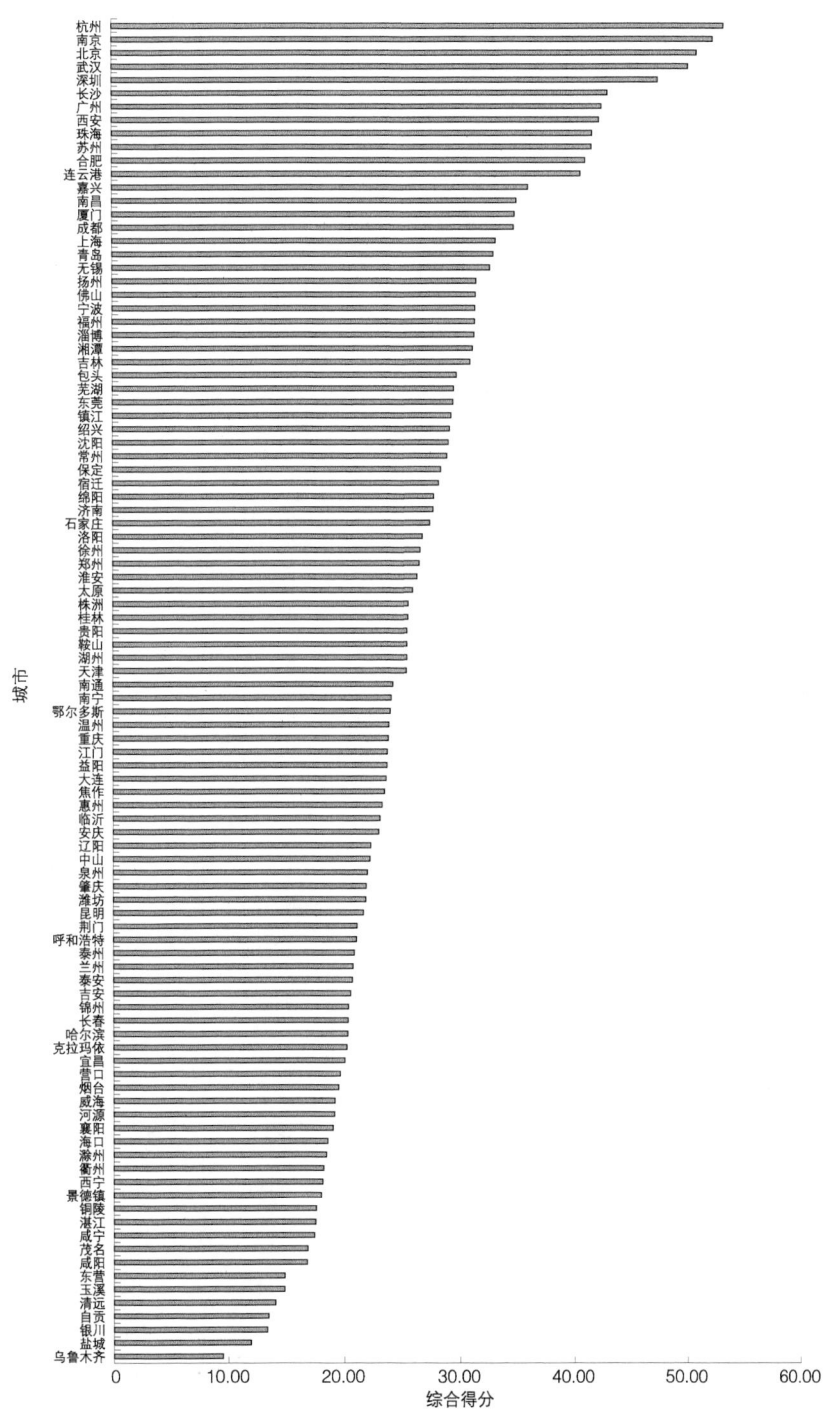

图 6-1　2025 年中国城市科技创业的科技水平综合得分

6.1.2 二级指标分析

从城市科技水平的细分指标表现来看，首先，在基础支撑方面，南京全国排名第1位，得分为71.39分，领先优势明显；北京紧随其后，排名第2位，得分为62.99分，与南京差距较大；排名前5位的城市还包括合肥、武汉和杭州。基础支撑排名高于科技水平排名的城市有45个，低于科技水平排名的城市有52个，其中保定、宿迁和连云港的基础支撑排名比它们的科技水平排名分别低了51位、55位和70位（表6-1），说明支撑科技发展的基础要素是这些城市的明显短板。

表6-1 2025年城市科技创业的科技水平及其各维度得分与排名

城市	科技水平		基础支撑		科技投入		科技产出	
	得分	排名	得分	排名	得分	排名	得分	排名
杭州	53.18	1	48.12	5	55.61	3	55.81	3
南京	52.28	2	71.39	1	31.56	42	53.88	4
北京	50.88	3	62.99	2	22.42	64	67.23	1
武汉	50.14	4	51.59	4	51.47	7	47.38	8
深圳	47.41	5	25.10	28	50.71	9	66.43	2
长沙	43.06	6	39.71	10	47.98	11	41.49	14
广州	42.50	7	42.62	8	37.51	29	47.38	9
西安	42.30	8	44.91	7	33.26	38	48.72	7
珠海	41.71	9	26.31	24	46.69	12	52.14	5
苏州	41.65	10	25.24	27	52.67	6	47.04	10
合肥	41.10	11	59.20	3	19.44	69	44.65	13
连云港	40.67	12	6.84	82	83.53	1	31.64	44
嘉兴	36.03	13	15.04	50	64.58	2	28.46	56
南昌	35.04	14	39.88	9	35.41	32	29.82	48
厦门	34.86	15	26.15	25	41.48	18	36.96	23
成都	34.78	16	31.68	17	27.19	52	45.47	12
上海	33.22	17	30.68	18	19.35	70	49.63	6
青岛	33.00	18	26.41	23	35.70	30	36.90	24
无锡	32.73	19	19.60	39	40.82	19	37.79	21
扬州	31.54	20	14.55	53	45.59	14	34.47	30
佛山	31.49	21	12.77	60	45.58	15	36.10	26
宁波	31.43	22	21.53	36	38.65	27	34.10	31

续表

城市	科技水平		基础支撑		科技投入		科技产出	
	得分	排名	得分	排名	得分	排名	得分	排名
福州	31.42	23	21.16	37	40.63	20	32.46	39
淄博	31.35	24	12.84	59	49.09	10	32.12	42
湘潭	31.23	25	29.22	19	30.67	44	33.80	32
吉林	30.99	26	11.05	64	54.65	5	27.27	64
包头	29.79	27	9.87	68	51.24	8	28.25	57
芜湖	29.53	28	32.32	15	26.91	53	29.37	52
东莞	29.48	29	9.00	72	41.49	17	37.96	20
镇江	29.29	30	27.89	21	27.33	51	32.65	36
绍兴	29.16	31	15.86	46	42.50	16	29.13	54
沈阳	29.05	32	25.94	26	23.51	60	37.69	22
常州	28.90	33	22.97	34	29.02	47	34.72	29
保定	28.38	34	6.70	85	54.87	4	23.57	86
宿迁	28.20	35	5.50	90	40.49	21	38.62	19
绵阳	27.76	36	17.57	42	46.55	13	19.15	95
济南	27.70	37	33.08	13	21.00	66	29.01	55
石家庄	27.39	38	17.31	44	23.65	59	41.22	15
洛阳	26.76	39	15.65	48	38.15	28	26.47	73
徐州	26.56	40	13.79	56	39.86	23	26.02	76
郑州	26.47	41	37.89	12	15.49	79	26.04	75
淮安	26.28	42	11.30	63	39.89	22	27.66	60
太原	25.89	43	46.49	6	7.26	96	23.92	84
株洲	25.52	44	18.59	40	35.67	31	22.28	88
桂林	25.49	45	32.15	16	8.69	93	35.63	27
贵阳	25.42	46	24.80	31	18.87	71	32.60	37
鞍山	25.41	47	4.96	92	31.13	43	40.14	16
湖州	25.40	48	15.23	49	28.16	49	32.81	34
天津	25.35	49	24.97	29	20.80	67	30.30	46
南通	24.26	50	14.13	55	31.74	41	26.93	68
南宁	24.14	51	23.13	33	10.25	90	39.02	18
鄂尔多斯	24.02	52	4.68	93	39.84	24	27.55	61
温州	23.91	53	10.63	65	31.93	40	29.17	53

续表

城市	科技水平		基础支撑		科技投入		科技产出	
	得分	排名	得分	排名	得分	排名	得分	排名
重庆	23.88	54	14.62	51	24.28	57	32.73	35
江门	23.78	55	7.72	77	34.09	36	29.54	51
益阳	23.77	56	8.21	74	28.30	48	34.78	28
大连	23.69	57	24.19	32	16.70	76	30.17	47
焦作	23.52	58	13.24	57	32.26	39	25.06	78
惠州	23.34	59	6.35	87	34.08	37	29.60	50
临沂	23.17	60	4.08	94	38.73	26	26.72	71
安庆	23.06	61	6.72	84	35.39	33	27.06	67
辽阳	22.37	62	2.70	97	39.82	25	24.59	80
中山	22.29	63	11.44	62	23.09	61	32.34	40
泉州	22.10	64	10.52	66	22.44	63	33.33	33
肇庆	21.96	65	7.13	80	34.34	35	24.40	81
潍坊	21.94	66	9.09	71	35.37	34	21.35	91
昆明	21.72	67	28.80	20	14.22	81	22.15	89
荆门	21.17	68	6.99	81	29.74	45	26.78	69
呼和浩特	21.11	69	22.83	35	13.75	84	26.74	70
泰州	20.91	70	7.89	76	15.07	80	39.78	17
兰州	20.79	71	39.31	11	4.04	98	19.03	96
泰安	20.76	72	6.58	86	27.55	50	28.14	59
吉安	20.58	73	8.40	73	26.76	54	26.59	72
锦州	20.38	74	9.75	69	29.45	46	21.95	90
长春	20.37	75	27.02	22	7.86	95	26.23	74
哈尔滨	20.34	76	32.53	14	10.19	91	18.31	97
克拉玛依	20.27	77	14.59	52	0.24	100	45.98	11
宜昌	20.05	78	13.06	58	19.74	68	27.35	63
营口	19.67	79	2.54	98	23.87	58	32.59	38
烟台	19.51	80	15.76	47	16.80	75	25.97	77
威海	19.21	81	15.99	45	17.32	73	24.30	82
河源	19.18	82	1.48	100	25.64	55	30.42	45
襄阳	19.02	83	5.36	91	15.55	78	36.16	25
海口	18.59	84	24.96	30	10.51	89	20.31	93

续表

城市	科技水平		基础支撑		科技投入		科技产出	
	得分	排名	得分	排名	得分	排名	得分	排名
滁州	18.46	85	8.20	75	22.46	62	24.73	79
衢州	18.24	86	9.99	67	21.10	65	23.62	85
西宁	18.16	87	12.05	61	12.76	86	29.67	49
景德镇	18.01	88	14.35	54	12.31	87	27.37	62
铜陵	17.56	89	17.44	43	7.98	94	27.27	65
湛江	17.52	90	6.24	88	18.12	72	28.19	58
咸宁	17.39	91	6.83	83	13.04	85	32.32	41
茂名	16.84	92	3.01	96	24.68	56	22.84	87
咸阳	16.79	93	9.25	70	9.31	92	31.82	43
东营	14.89	94	7.62	78	17.13	74	19.91	94
玉溪	14.85	95	3.41	95	13.88	83	27.25	66
清远	14.06	96	2.08	99	15.82	77	24.26	83
自贡	13.46	97	7.42	79	11.72	88	21.23	92
银川	13.37	98	18.00	41	5.39	97	16.71	98
盐城	11.93	99	5.69	89	14.03	82	16.06	99
乌鲁木齐	9.50	100	20.17	38	2.21	99	6.12	100
权重	100		33.30		33.30		33.30	

其次，在科技投入方面，表现最好的5个城市是连云港、嘉兴、杭州、保定和吉林，得分分别为83.53分、64.58分、55.61分、54.87分和54.65分。科技投入排名高于和低于科技水平排名的城市数量分别是58个和41个。值得注意的是，北京、合肥、上海和太原的科技投入排名分别比其科技水平排名低61位、58位、53位和53位，其余城市的科技投入排名与科技水平排名的差距均不超过50位。潍坊、临沂、茂名和辽阳的科技投入排名则比其科技水平排名高出30位以上。

最后，在科技产出方面，北京、深圳、杭州、南京和珠海是排名最前的5个城市，但其得分分别仅为67.23分、66.43分、55.81分、53.88分和52.14分，这意味着其在发明专利、工业产值和技术收入这三个维度上存在一些短板，而非在三个维度上都排名靠前。科技产出排名高于科技水平排名的城市有46个，低于科技水平排名的城市有48个，其中绵阳、保定、株洲、嘉兴和太原的科技产出排名比它们的科技水平排名分别低了59位、52位、44位、43位和41位，表现出明显的短板。营口、咸阳、咸宁、泰州、襄阳和克拉玛依的科技产出排名均比其科技水平排名高出40位以上，说明这些城市在科技产出方面比在基础支撑和科技投入方面有着更好的表现。

从排名靠后的城市来看，乌鲁木齐的科技水平、河源的基础支撑、克拉玛依的科技投入和乌鲁木齐的科技产出排在全国主要城市末位。从各指标得分来看，基础支撑和科技投入的相对差距较大，标准差分别为14.13分和15.01分；科技产出的相对差距最小，标准差为10.02分。

6.1.3 排名变化

从排名变化情况看，如表6-2所示，与2024年相比，2025年科技水平排名上升的城市有56个，其中保定、东莞、鄂尔多斯、安庆和呼和浩特的排名上升最多，分别上升50位、49位、30位、28位和28位。2025年排名下降的城市有42个，其中潍坊、滁州、咸阳、襄阳和景德镇的排名下降最多，分别下降36位、36位、36位、47位和57位。除此之外，乌鲁木齐、盐城和自贡等城市的科技水平近年来一直排名落后，这些城市需要在基础支撑、科技投入和科技产出方面发力，以实现突破。

表6-2 城市科技创业的科技水平指标排名与变化

城市	排名 2025年	排名 2024年	排名变化	城市	排名 2025年	排名 2024年	排名变化
杭州	1	1	0	扬州	20	25	5
南京	2	3	1	佛山	21	24	3
北京	3	5	2	宁波	22	23	1
武汉	4	2	-2	福州	23	14	-9
深圳	5	4	-1	淄博	24	29	5
长沙	6	9	3	湘潭	25	20	-5
广州	7	8	1	吉林	26	35	9
西安	8	10	2	包头	27	38	11
珠海	9	11	2	芜湖	28	22	-6
苏州	10	16	6	东莞	29	78	49
合肥	11	6	-5	镇江	30	41	11
连云港	12	7	-5	绍兴	31	33	2
嘉兴	13	17	4	沈阳	32	12	-20
南昌	14	13	-1	常州	33	37	4
厦门	15	21	6	保定	34	84	50
成都	16	18	2	宿迁	35	44	9
上海	17	28	11	绵阳	36	46	10
青岛	18	19	1	济南	37	15	-22
无锡	19	27	8	石家庄	38	39	1

续表

城市	排名 2025年	排名 2024年	排名变化	城市	排名 2025年	排名 2024年	排名变化
洛阳	39	34	-5	泰州	70	88	18
徐州	40	47	7	兰州	71	74	3
郑州	41	48	7	泰安	72	54	-18
淮安	42	65	23	吉安	73	98	25
太原	43	60	17	锦州	74	80	6
株洲	44	43	-1	长春	75	81	6
桂林	45	58	13	哈尔滨	76	62	-14
贵阳	46	42	-4	克拉玛依	77	79	2
鞍山	47	45	-2	宜昌	78	64	-14
湖州	48	32	-16	营口	79	90	11
天津	49	59	10	烟台	80	72	-8
南通	50	53	3	威海	81	69	-12
南宁	51	55	4	河源	82	66	-16
鄂尔多斯	52	82	30	襄阳	83	36	-47
温州	53	26	-27	海口	84	91	7
重庆	54	52	-2	滁州	85	49	-36
江门	55	56	1	衢州	86	77	-9
益阳	56	75	19	西宁	87	92	5
大连	57	51	-6	景德镇	88	31	-57
焦作	58	50	-8	铜陵	89	87	-2
惠州	59	40	-19	湛江	90	94	4
临沂	60	67	7	咸宁	91	85	-6
安庆	61	89	28	茂名	92	73	-19
辽阳	62	61	-1	咸阳	93	57	-36
中山	63	76	13	东营	94	99	5
泉州	64	70	6	玉溪	95	93	-2
肇庆	65	68	3	清远	96	86	-10
潍坊	66	30	-36	自贡	97	95	-2
昆明	67	71	4	银川	98	83	-15
荆门	68	63	-5	盐城	99	96	-3
呼和浩特	69	97	28	乌鲁木齐	100	100	0

6.2 领先地区

6.2.1 杭州

2025年杭州科技水平排名全国第1位，与2024年持平。与经济指标排名相比，杭州的科技水平排名更高。分指标来看，杭州的基础支撑排名第5位，科技投入排名第3位，科技产出排名第3位，均与2024年持平。其中，杭州在科技产出方面的得分最高，为55.81分（图6-2）。

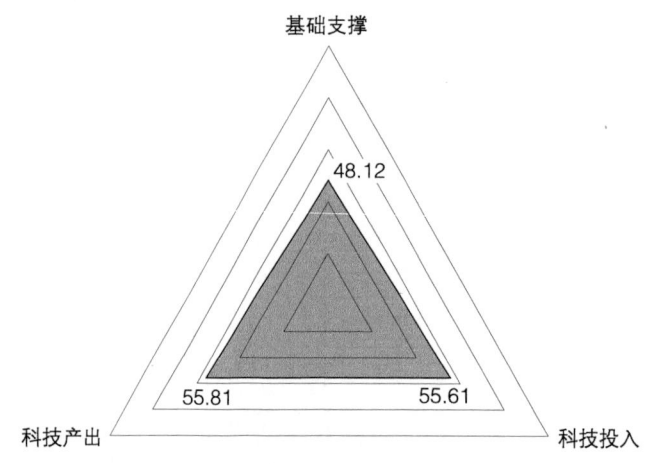

图6-2 2025年杭州科技水平蛛网图

2025年，杭州在基础支撑、科技投入和科技产出三个方面的排名较为均衡。稳定的科技投入是杭州维持科技水平首位的原因之一，2023年杭州的R&D经费投入达786.38亿元，投入强度约为3.92%。依托浙江大学、之江实验室和阿里巴巴达摩院等研究机构，杭州的科技产出也得到保障。

国家实验室和大科学装置是维持杭州科技进步的重要条件。杭州已形成"1+2+18+N"的综合性科学中心框架，即1个国家实验室、2个大科学装置、18个全国重点实验室和N个高能级创新平台。2023年，杭州市人民政府印发《强化企业科技创新主体地位加快科技企业高质量发展的若干措施》，鼓励企业加大研发投入，支持企业加大关键核心技术攻关，支持企业加速科技成果转化，营造更有利于科技企业发展的创新生态。这些举措帮助杭州的科技企业和研发机构更快地将科技成果转化为产业进步，助力杭州的科技投入和科技产出维持在较高水平。

6.2.2 南京

2025年，南京科技水平排名全国第2位，较2024年上升1位。与经济指标相比，南京的科技水平排名相对更高。分指标来看，南京的基础支撑排名第1位，与2024年持平；科技投入排名第42位，较2024年上升1位；科技产出排名第4位，较2024年上升2位。其中，南京在基础支撑方面的得分最高，为71.39分（图6-3）。

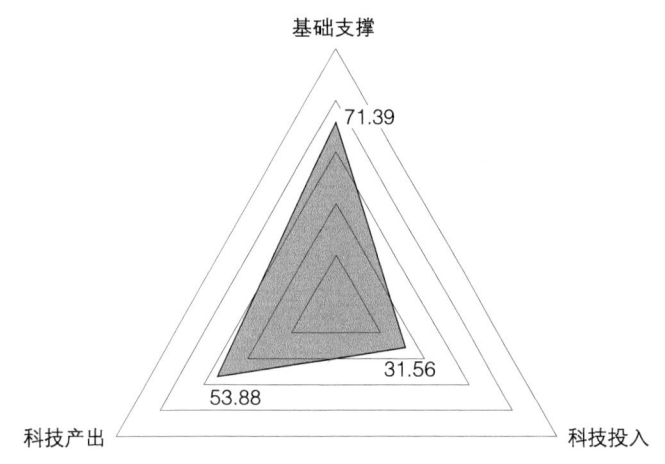

图6-3　2025年南京科技水平蛛网图

南京的科研能力一直保持强劲水平，累计组建182家新型研发机构，拥有58家科研院所，包括23家全国重点实验室（占全省73%），涵盖中国科学院紫金山天文台、南京土壤研究所、南京地理与湖泊研究所等，聚焦空间天文、环境科学、半导体等领域。

2023年以来，南京响应国家号召实行税惠精准滴灌政策，通过税收减免帮助中小型创新企业更好发展。2023年底，《南京市科学技术进步条例》实现了1995年印发以来的首次重大修订，紧扣"科技创新"这一主题，针对财政科技投入、产业科技创新、科技成果转化等方面进行修订。2023年6月，江苏省人民政府印发《南京市建设科创金融改革试验区实施方案》，对完善科创金融服务体系、创新科创金融产品服务和用足用好多层次资本市场等方面作出规划，助力科创企业获得良好资金来源。人才培养与引进方面，南京自2023年1月起逐渐落实引领性国家创新型城市建设政策，在创新联合体建立、综合性国家科学中心建设和人才培育方面作出规划。

6.2.3 北京

2025年，北京科技水平排名全国第3位，较2024年上升2位。其中，北京在科技产出方面的表现最好，排名第1位，较2024年上升2位；得分也最高，为67.23分（图6-4）。

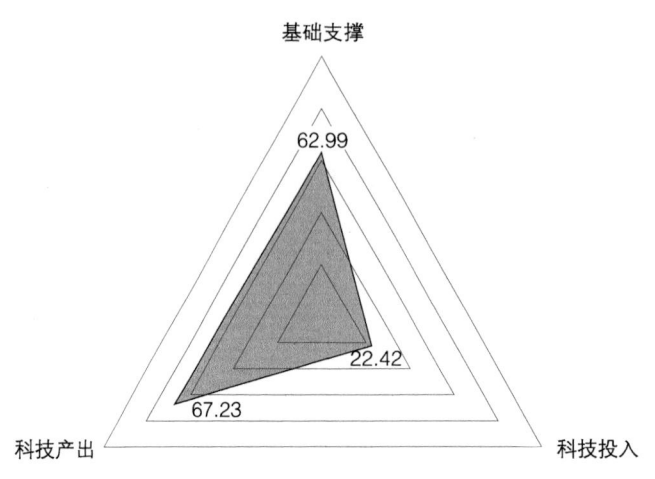

图6-4 2025年北京科技水平蛛网图

北京资源高度聚集，科研机构和顶尖人才团队众多，拥有92所高校、1000多家科研院所，国家级重点实验室占全国30%（132家市级重点实验室、85家工程技术中心），集聚全国50%两院院士、25%"万人计划"专家，人工智能顶尖人才占全国43%，高被引科学家数量全球城市排名第1位。

2023年，北京市发展改革委印发《关于进一步推动首都高质量发展取得新突破的行动方案（2023—2025年）》，主要将科技成果转化、现代化产业体系作为工作重点。2023年5月，北京市经济和信息化局印发《北京市关于加快打造信息技术应用创新产业高地的若干政策措施》，主要聚焦于技术生态升级、行业标杆奖励、企业上市支持和人才梯队建设，将集成电路、基础软件企业组建成创新联合体，纳入"筑基"工程，并依托北交所的经济优势帮助企业加速上市。

根据《北京市促进未来产业创新发展实施方案》，北京未来将继续促进产业集聚发展，打造未来产业创新和孵化新高地，培育一批未来产业方向的独角兽企业、专精特新"小巨人"企业。

6.2.4 武汉

2025年，武汉科技水平排名全国第4位，较2024年下降2位。与经济指标相比，武汉的科技水平排名更高。其基础支撑、科技投入和科技产出三个方面的排名分别为第4位、第7位和第8位，得分分别为51.59分、51.47分和47.38分（图6-5）。武汉在这三个方面的排名和得分较为均衡，没有明显短板。但是与2024年相比，武汉的科技投入排名下降2位，科技产出排名上升1位。

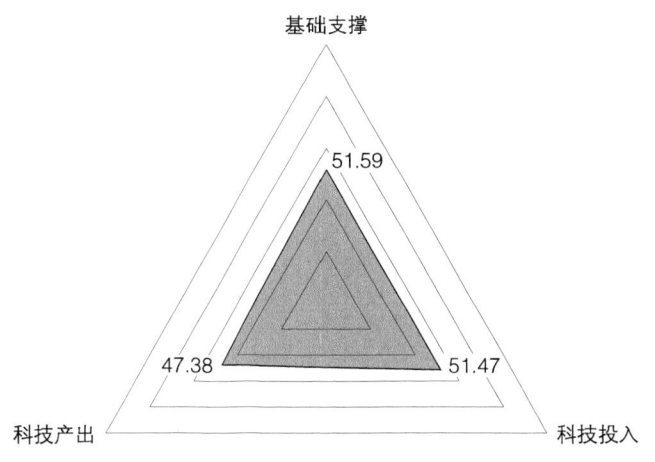

图 6-5 2025 年武汉科技水平蛛网图

6.2.5 深圳

2025 年，深圳的科技水平在全国主要城市中排名第 5 位，较 2024 年下降 1 位。分指标来看，其在基础支撑方面的排名最靠后，排名第 28 位，较 2024 年下降 3 位；得分也最低，为 25.10 分（图 6-6）。在科技投入和科技产出方面，武汉的排名分别为第 9 位和第 2 位，较 2024 年分别下降 3 位和 1 位。

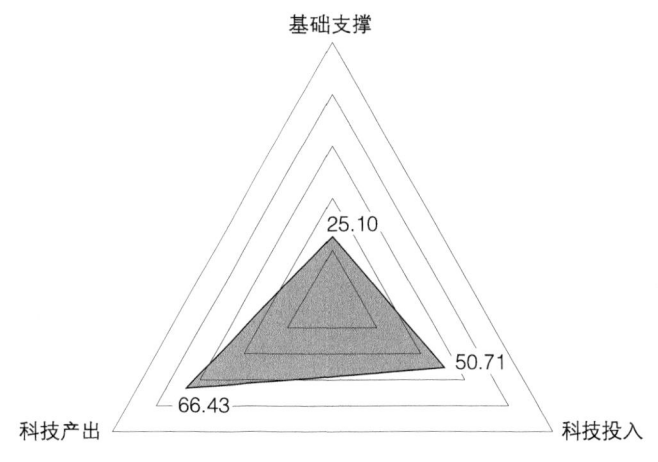

图 6-6 2025 年深圳科技水平蛛网图

6.2.6 长沙

2025 年，长沙的科技水平在全国主要城市中排名第 6 位。分指标来看，其在三方面的得分比较均衡，其中科技投入方面得分最高，为 47.98 分（图 6-7），排名第 11 位，较 2024 年下降 2 位；基础支撑排名第 10 位，与 2024 年持平；科技产出排名第 14 位，较 2024 年上升 5 位。

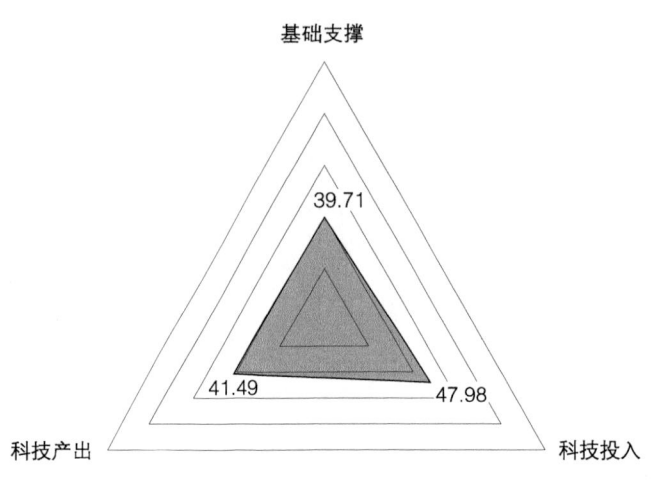

图 6-7　2025 年长沙科技水平蛛网图

6.2.7　广州

广州的科技水平在全国主要城市中排名第 7 位。在基础支撑、科技投入和科技产出三方面，科技产出得分最高，排名第 9 位，较 2024 年上升 1 位，得分为 47.38 分（图 6-9）。基础支撑方面也表现良好，排名第 8 位，较 2024 年下降 1 位。但是其在科技投入方面存在短板，得分仅为 37.51 分，排名第 29 位，较 2024 年下降 15 位。

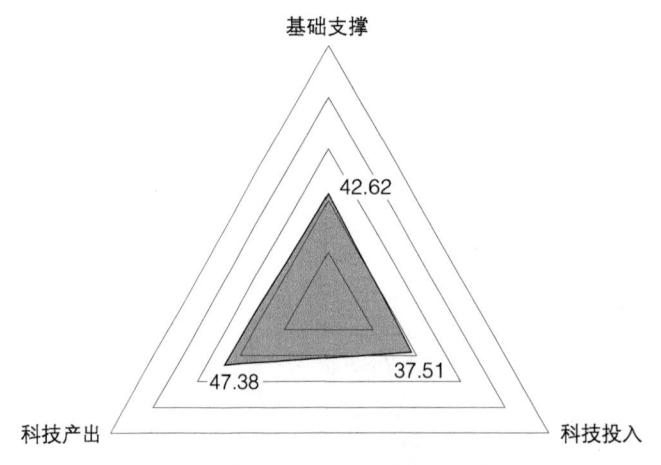

图 6-8　2025 年广州科技水平蛛网图

6.2.8　西安

2025 年，西安的科技水平在全国主要城市中排名第 8 位。西安在基础支撑、科技投入和科技产出三方面的表现情况与广州类似：科技产出得分最高，为 48.72 分（图 6-9），排名第 7 位，较 2024 年上升 1 位；基础支撑方面也表现良好，排名第 7 位，较 2024 年下降 1 位；

科技投入得分仅33.26分，排名第38位，较2024年下降6位。西安和广州两个城市的科技水平发展存在类似的问题。

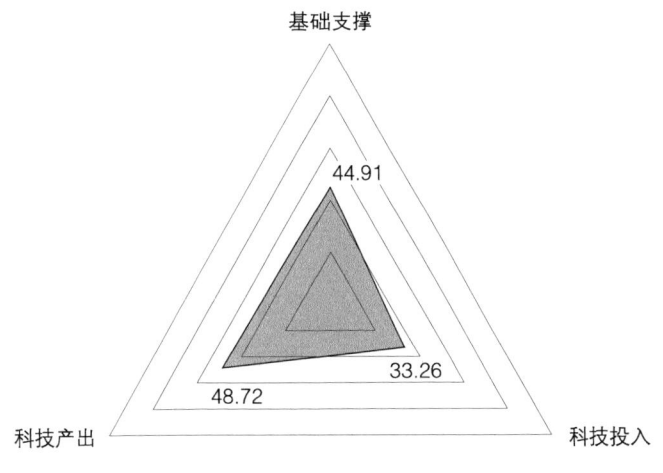

图6-9　2025年西安科技水平蛛网图

6.3　重点区域

6.3.1　京津冀城市群

本小节仅对京津冀城市地区纳入评价的北京、石家庄、天津和保定进行分析（表6-3）。其中，北京2025年的科技水平排名第3位，其基础支撑和科技产出在全国的排名分别为第2位和第1位，但科技投入的排名仅为全国第64位；保定、石家庄和天津的科技水平排名分别为全国第34位、第38位和第49位。在基础支撑方面，保定和石家庄的指标值均低于全国均值和地区均值在科技投入方面，北京、天津和石家庄的指标值均低于全国均值和地区均值；在科技产出方面，保定和天津的指标值均低于全国均值和地区均值。

表6-3　2025年京津冀城市群科技水平及其各维度的得分和排名

城市	科技水平	基础支撑	科技投入	科技产出
全国均值	26.45	19.01	28.58	31.77
地区均值	34.00	27.99	30.43	40.58
北京	50.88（3）	62.99（2）	22.42（64）	67.23（1）
保定	28.38（34）	6.70（85）	54.87（4）	23.57（86）
石家庄	27.39（38）	17.31（44）	23.65（59）	41.22（15）
天津	25.35（49）	24.97（29）	20.80（67）	30.30（46）

6.3.2 长三角城市群

长三角城市群有26个城市纳入本次评价（表6-4）。从整体来看，长三角城市群的科技水平、基础支撑和科技投入的平均水平均高于全国平均水平，科技产出的平均水平略低于全国平均水平。其中，杭州、南京和苏州的科技水平均排名全国前10位。排名较落后的长三角城市有滁州、衢州、铜陵和盐城，分别排名全国第85位、第86位、第89位和第99位。此外，与2024年相比，26个长三角城市中有17个城市的全国排名有所上升。

表6-4 2025年长三角城市群科技水平及其各维度的得分和排名

城市	科技水平	基础支撑	科技投入	科技产出
全国均值	26.45	19.01	28.58	31.77
地区均值	26.48	19.28	28.73	31.44
杭州	53.18（1）	48.12（5）	55.61（3）	55.81（3）
南京	52.28（2）	71.39（1）	31.56（42）	53.88（4）
苏州	41.65（10）	25.24（27）	52.67（6）	47.04（10）
合肥	41.10（11）	59.20（3）	19.44（69）	44.65（13）
连云港	40.67（12）	6.84（82）	83.53（1）	31.64（44）
嘉兴	36.03（13）	15.04（50）	64.58（2）	28.46（56）
上海	33.22（17）	30.68（18）	19.35（70）	49.63（6）
无锡	32.73（19）	19.60（39）	40.82（19）	37.79（21）
扬州	31.54（20）	14.55（53）	45.59（14）	34.47（30）
宁波	31.43（22）	21.53（36）	38.65（27）	34.10（31）
芜湖	29.53（28）	32.32（15）	26.91（53）	29.37（52）
镇江	29.29（30）	27.89（21）	27.33（51）	32.65（36）
绍兴	29.16（31）	15.86（46）	42.50（16）	29.13（54）
常州	28.90（33）	22.97（34）	29.02（47）	34.72（29）
宿迁	28.20（35）	5.50（90）	40.49（21）	38.62（19）
徐州	26.56（40）	13.79（56）	39.86（23）	26.02（76）
淮安	26.28（42）	11.30（63）	39.89（22）	22.66（60）
湖州	25.40（48）	15.23（49）	28.16（49）	32.81（34）
南通	24.26（50）	14.13（55）	31.74（41）	26.93（68）
温州	23.91（53）	10.63（65）	31.93（40）	29.17（53）

续表

城市	科技水平	基础支撑	科技投入	科技产出
安庆	23.06（61）	6.72（84）	35.39（33）	27.06（67）
泰州	20.91（70）	7.89（76）	15.07（80）	39.78（17）
滁州	18.46（85）	8.20（75）	22.46（62）	24.73（79）
衢州	18.24（86）	9.99（67）	21.10（65）	23.62（85）
铜陵	17.56（89）	17.44（43）	7.98（94）	27.27（65）
盐城	11.93（99）	5.69（89）	14.03（82）	16.06（99）

从二级指标来看，在基础支撑方面，南京、合肥、杭州、芜湖和上海等10个城市的得分高于全国均值；在科技投入方面，连云港、嘉兴、杭州、苏州等16个城市的得分高于全国均值；在科技产出方面，杭州、南京、上海等13个城市的得分高于全国均值。综合来看，长三角城市群的城市在科技投入方面普遍做得比较好，在基础支撑方面有待提升。

6.3.3 珠三角城市群

珠三角城市群有13个城市纳入本次评价（表6-5）。整体来看，珠三角城市群的科技水平地区均值高于全国均值；3个细分指标中，珠三角城市群的科技投入和科技产出地区均值均高于全国均值，但其基础支撑的地区均值显著低于全国均值。从各城市来看，2025年，深圳、广州、珠海、佛山和东莞的科技水平排名全国前30位，但深圳、珠海、佛山和东莞的基础支撑是其主要短板，广州的科技投入则是其主要短板，未来这些城市需要重点关注。从科技水平排名变化看，东莞是所有珠三角城市中排名位次上升最多的城市（49位），主要原因是其科技投入指标的排名从2024年的第78位上升到2025年的第17位。

表6-5 2025年珠三角城市群科技水平及其各维度的得分和排名

城市	科技水平	基础支撑	科技投入	科技产出
全国均值	26.45	19.01	28.58	31.77
地区均值	27.04	12.40	33.22	35.51
深圳	47.41（5）	25.10（28）	50.71（9）	66.43（2）
广州	42.50（7）	42.62（8）	37.51（29）	47.38（9）
珠海	41.71（9）	26.31（24）	46.69（12）	52.14（5）
佛山	31.49（21）	12.77（60）	45.58（15）	36.10（26）
东莞	29.48（29）	9.00（72）	41.49（17）	37.96（20）
江门	23.78（55）	7.72（77）	34.09（36）	29.54（51）
惠州	23.34（59）	6.35（87）	34.08（37）	29.60（50）

续表

城市	科技水平	基础支撑	科技投入	科技产出
中山	22.29（63）	11.44（62）	23.09（61）	32.34（40）
肇庆	21.96（65）	7.13（80）	34.34（35）	24.40（81）
河源	19.18（82）	1.48（100）	25.64（55）	30.42（45）
湛江	17.52（90）	6.24（88）	18.12（72）	28.19（58）
茂名	16.84（92）	3.01（96）	24.68（56）	22.84（87）
清远	14.06（96）	2.08（99）	15.82（77）	24.26（83）

6.3.4 长江中游城市群

长江中游城市群有12个城市纳入本次评价（表6-6）。整体来看，长江中游城市群的科技水平、基础支撑、科技投入和科技产出的地区均值均高于全国均值。武汉和长沙的科技水平均排名全国前10位；排名较落后的长江中游城市有襄阳、景德镇和咸宁，分别排名全国第83位、第88位和第91位。长沙、益阳和吉安的名次较2024年有所上升；其他城市较2024年排名有所下降，其中景德镇和襄阳下降较多，分别下降57位和47位。

表6-6　2025年长江中游城市群科技水平及其各维度的得分和排名

城市	科技水平	基础支撑	科技投入	科技产出
全国均值	26.45	19.01	28.58	31.77
地区均值	27.08	20.18	28.89	32.18
武汉	50.14（4）	51.59（4）	51.47（7）	47.38（8）
长沙	43.06（6）	39.71（10）	47.98（11）	41.49（14）
南昌	35.04（14）	39.88（9）	35.41（32）	29.82（48）
湘潭	31.23（25）	29.22（19）	30.67（44）	33.80（32）
株洲	25.52（44）	18.59（40）	35.67（31）	22.28（88）
益阳	23.77（56）	8.21（74）	28.30（48）	34.78（28）
荆门	21.17（68）	6.99（81）	29.74（45）	26.78（69）
吉安	20.58（73）	8.40（73）	26.76（54）	26.59（72）
宜昌	20.05（78）	13.06（58）	19.74（68）	27.35（63）
襄阳	19.02（83）	5.36（91）	15.55（78）	36.16（25）
景德镇	18.01（88）	14.35（54）	12.31（87）	27.37（62）
咸宁	18.01（91）	14.35（84）	12.31（85）	27.37（41）

6.4 关键指标分析

6.4.1 政府支持

表6-7展示了100个城市的政府支持指标得分与排名变化。其中，合肥、芜湖和苏州是2025年排名前3位的城市，并且合肥和芜湖的排名与2024年的排名相同，苏州的排名较2024年上升1位，意味着这些城市的政府持续对科技发展投入较高比例的财政资源。杭州和深圳的排名相对2024年分别上升2位和下降2位，2025年分别排名全国第4位和第5位。排名上升位次超过10位的城市有太原、济南、长春、淮安、珠海、克拉玛依、沈阳和鄂尔多斯，分别上升35位、19位、18位、15位、14位、12位、11位和11位，排名下降幅度超过10位的城市有江门、东营、玉溪、佛山、惠州、烟台、昆明、福州和贵阳，分别下降14位、14位、14位、15位、16位、16位、16位、19位和21位。对于希望提高科技水平排名的城市，政府和企业可以从加大政府支持力度、增加研发投入和研发人员数量方面入手。

表6-7 政府支持指标得分与排名变化

城市	得分		排名		排名变化
	2025年	2024年	2025年	2024年	
合肥	17.43	17.80	1	1	0
芜湖	12.63	12.53	2	2	0
苏州	10.30	8.93	3	4	1
杭州	9.21	8.17	4	6	2
深圳	9.08	9.18	5	3	-2
珠海	8.58	5.55	6	20	14
武汉	8.23	8.00	7	7	0
宁波	8.15	6.90	8	10	2
铜陵	7.41	6.90	9	9	0
株洲	7.21	7.51	10	8	-2
嘉兴	6.61	5.58	11	19	8
广州	6.56	6.56	12	11	-1
北京	6.55	6.54	13	12	-1
常州	6.51	4.96	14	24	10
洛阳	6.36	5.76	15	18	3

续表

城市	得分		排名		排名变化
	2025年	2024年	2025年	2024年	
中山	6.33	6.22	16	14	-2
绍兴	6.25	5.20	17	22	5
南京	6.13	6.13	18	15	-3
湘潭	5.97	5.98	19	16	-3
佛山	5.84	8.18	20	5	-15
成都	5.83	6.24	21	13	-8
郑州	5.81	5.87	22	17	-5
厦门	5.68	5.53	23	21	-2
上海	5.48	4.11	24	29	5
太原	5.26	2.17	25	60	35
长沙	5.17	5.08	26	23	-3
湖州	5.11	4.36	27	27	0
无锡	5.03	4.60	28	26	-2
南通	4.84	4.61	29	25	-4
衢州	4.07	3.57	30	33	3
南昌	4.02	4.21	31	28	-3
东莞	3.82	3.82	32	32	0
吉安	3.74	3.01	33	41	8
温州	3.73	3.34	34	37	3
西安	3.72	3.36	35	36	1
宜昌	3.44	4.10	36	30	-6
济南	3.41	2.30	37	56	19
滁州	3.34	3.11	38	39	1
荆门	3.34	3.25	39	38	-1
景德镇	3.23	2.81	40	45	5
沈阳	3.22	2.37	41	52	11
绵阳	3.02	2.41	42	50	8
焦作	2.97	2.54	43	47	4
益阳	2.95	2.87	44	44	0
宿迁	2.95	3.11	45	40	-5
泉州	2.93	2.67	46	46	0

续表

城市	得分		排名		排名变化
	2025年	2024年	2025年	2024年	
惠州	2.92	3.94	47	31	-16
江门	2.80	3.54	48	34	-14
淮安	2.59	2.01	49	64	15
安庆	2.57	2.52	50	48	-2
烟台	2.55	3.47	51	35	-16
青岛	2.49	2.92	52	43	-9
扬州	2.40	2.09	53	62	9
盐城	2.39	2.36	54	54	0
徐州	2.35	2.13	55	61	6
天津	2.35	2.28	56	57	1
咸宁	2.29	2.39	57	51	-6
泰州	2.21	2.31	58	55	-3
银川	2.18	2.22	59	58	-1
镇江	2.08	2.37	60	53	-7
威海	2.06	1.86	61	68	7
石家庄	2.00	1.72	62	70	8
贵阳	2.00	2.95	63	42	-21
克拉玛依	1.99	1.49	64	76	12
连云港	1.95	1.87	65	67	2
重庆	1.93	2.02	66	63	-3
南宁	1.93	2.21	67	59	-8
福州	1.84	2.50	68	49	-19
鄂尔多斯	1.83	1.23	69	80	11
潍坊	1.79	1.96	70	65	-5
襄阳	1.64	1.64	71	71	0
兰州	1.54	1.46	72	77	5
肇庆	1.53	1.89	73	66	-7
海口	1.52	1.26	74	79	5
淄博	1.49	1.39	75	78	3
长春	1.47	0.44	76	94	18
保定	1.46	1.57	77	74	-3

续表

城市	得分		排名		排名变化
	2025年	2024年	2025年	2024年	
呼和浩特	1.39	1.05	78	84	6
大连	1.34	1.50	79	75	-4
包头	1.28	0.99	80	86	6
泰安	1.25	1.12	81	83	2
桂林	1.17	1.19	82	81	-1
临沂	1.09	1.03	83	85	2
哈尔滨	1.07	0.98	84	87	3
昆明	1.06	1.72	85	69	-16
玉溪	0.98	1.60	86	72	-14
东营	0.83	1.57	87	73	-14
自贡	0.73	1.17	88	82	-6
西宁	0.64	0.40	89	95	6
乌鲁木齐	0.62	0.72	90	89	-1
河源	0.59	0.55	91	92	1
清远	0.59	0.60	92	90	-2
咸阳	0.59	0.59	93	91	-2
锦州	0.55	0.94	94	88	-6
茂名	0.37	0.48	95	93	-2
鞍山	0.33	0.21	96	98	2
湛江	0.30	0.22	97	97	0
吉林	0.25	0.09	98	100	2
营口	0.22	0.39	99	96	-3
辽阳	0.11	0.10	100	99	-1

6.4.2 研发投入

在研发投入方面，排名全国前5位的城市有连云港、深圳、杭州、珠海和绍兴，其中珠海和绍兴的排名提升明显，较2024年分别上升8位和6位（表6-8）。排名上升超过40位的城市有东莞、保定、吉安和湛江，分别上升68位、57位、51位和43位；安庆、东营、淮安、益阳和呼和浩特的全国排名也上升20位以上。除了呼和浩特、乌鲁木齐和克拉玛依等内陆城市，长春和哈尔滨等省会城市的排名也较靠后。此外，北京和上海的研发投入得分也较低，在全国主要城市中仅分别排名第64位和第58位。温州、潍坊、沈阳和景德镇的排名下降明显，分别下降 31 位、47 位、55 位和 63 位。

表 6-8 研发投入指标得分与排名变化

城市	得分		排名		排名变化
	2025 年	2024 年	2025 年	2024 年	
连云港	9.38	9.21	1	1	0
深圳	4.34	4.70	2	2	0
杭州	4.07	4.19	3	3	0
珠海	3.94	3.22	4	12	8
绍兴	3.89	3.22	5	11	6
苏州	3.88	2.52	6	25	19
扬州	3.78	3.63	7	5	-2
武汉	3.73	3.77	8	4	-4
长沙	3.68	3.37	9	7	-2
临沂	3.54	2.50	10	28	18
鄂尔多斯	3.46	2.64	11	18	7
福州	3.44	3.43	12	6	-6
淮安	3.20	2.03	13	41	28
保定	3.14	1.22	14	71	57
鞍山	3.07	3.28	15	9	-6
肇庆	3.06	2.51	16	27	11
广州	2.97	3.34	17	8	-9
厦门	2.96	2.62	18	20	2
南京	2.95	2.96	19	15	-4
西安	2.94	3.27	20	10	-10
佛山	2.93	2.77	21	16	-5
东莞	2.88	0.73	22	90	68
江门	2.84	2.54	23	23	0
嘉兴	2.82	2.63	24	19	-5
洛阳	2.76	2.45	25	30	5
石家庄	2.68	2.53	26	24	-2
青岛	2.65	2.76	27	17	-10
锦州	2.64	2.41	28	33	5
宁波	2.53	2.52	29	26	-3
淄博	2.53	2.40	30	34	4

续表

城市	得分		排名		排名变化
	2025年	2024年	2025年	2024年	
无锡	2.45	1.99	31	43	12
镇江	2.43	1.89	32	48	16
成都	2.30	2.44	33	31	-2
焦作	2.30	2.61	34	21	-13
徐州	2.28	2.00	35	42	7
益阳	2.22	1.53	36	61	25
泰安	2.21	2.24	37	37	0
常州	2.20	2.10	38	40	2
绵阳	2.19	2.17	39	39	0
宿迁	2.18	1.65	40	58	18
湘潭	2.17	2.25	41	36	-5
湛江	2.15	0.79	42	85	43
济南	2.10	2.43	43	32	-11
温州	2.06	3.16	44	13	-31
包头	2.04	1.94	45	47	2
中山	2.03	1.45	46	64	18
惠州	2.02	2.30	47	35	-12
吉安	1.99	0.13	48	99	51
湖州	1.92	2.60	49	22	-27
安庆	1.88	0.83	50	83	33
南昌	1.87	1.77	51	51	0
天津	1.82	1.49	52	63	11
合肥	1.81	1.77	53	52	-1
烟台	1.75	1.96	54	44	-10
重庆	1.74	1.71	55	56	1
泉州	1.72	1.45	56	65	9
大连	1.66	1.74	57	54	-3
上海	1.65	1.57	58	59	1
衢州	1.61	1.84	59	49	-10
茂名	1.57	1.52	60	62	2
营口	1.53	1.94	61	46	-15

续表

城市	得分		排名		排名变化
	2025年	2024年	2025年	2024年	
滁州	1.49	1.95	62	45	-17
郑州	1.49	1.17	63	74	11
北京	1.46	1.57	64	60	-4
吉林	1.45	1.43	65	66	1
荆门	1.43	1.70	66	57	-9
宜昌	1.41	1.73	67	55	-12
东营	1.40	0.21	68	97	29
沈阳	1.39	3.11	69	14	-55
株洲	1.36	1.17	70	75	5
芜湖	1.35	1.28	71	70	-1
南通	1.33	1.81	72	50	-22
盐城	1.32	1.20	73	72	-1
贵阳	1.32	1.37	74	67	-7
咸宁	1.23	0.90	75	81	6
泰州	1.18	0.93	76	79	3
呼和浩特	1.15	0.10	77	100	23
南宁	1.14	1.35	78	68	-10
威海	1.10	1.12	79	77	-2
昆明	1.10	0.74	80	89	9
襄阳	1.10	1.75	81	53	-28
自贡	1.07	0.75	82	87	5
西宁	1.06	0.50	83	91	8
海口	1.02	0.84	84	82	-2
潍坊	1.02	2.21	85	38	-47
铜陵	0.84	0.75	86	88	2
桂林	0.84	0.77	87	86	-1
玉溪	0.82	0.92	88	80	-8
河源	0.77	1.15	89	76	-13
清远	0.75	1.31	90	69	-21
太原	0.68	0.28	91	93	2
景德镇	0.67	2.49	92	29	-63

续表

城市	得分		排名		排名变化
	2025年	2024年	2025年	2024年	
长春	0.66	0.24	93	96	3
哈尔滨	0.66	0.82	94	84	-10
咸阳	0.65	1.18	95	73	-22
银川	0.65	1.01	96	78	-18
辽阳	0.46	0.40	97	92	-5
兰州	0.41	0.26	98	95	-3
克拉玛依	0.16	0.26	99	94	-5
乌鲁木齐	0.11	0.21	100	98	-2

6.4.3 研发人员

研发投入反映了企业在科技研发领域的经费投入水平，而研发人员的数量则反映了企业的科技人才储备和科研实力。在研发人员这一指标上，排名前5位的城市有嘉兴、吉林、包头、保定和辽阳（表6-9）。北京和上海在这一指标上的表现仍不突出，只排在第59位和第70位。保定、东莞、安庆、吉安和鄂尔多斯的研发人员指标排名提升非常明显，较2024年分别上升56位、51位、51位、49位和39位。合肥、襄阳、济南和景德镇的排名则下降较多，分别下降34位、54位、57位和57位。

表6-9 研发人员指标得分与排名变化

城市	得分		排名		排名变化
	2025年	2024年	2025年	2024年	
嘉兴	24.22	24.05	1	1	0
吉林	22.99	19.02	2	5	3
包头	19.87	16.96	3	12	9
保定	18.79	8.35	4	60	56
辽阳	18.49	18.10	5	8	3
淄博	17.59	18.14	6	7	1
绵阳	17.26	15.78	7	16	9
杭州	16.73	19.74	8	4	-4
连云港	16.39	22.33	9	3	-6
苏州	15.84	13.28	10	30	20

续表

城市	得分		排名		排名变化
	2025年	2024年	2025年	2024年	
武汉	15.65	18.58	11	6	-5
潍坊	14.95	23.42	12	2	-10
佛山	14.90	14.77	13	22	9
宿迁	14.40	11.08	14	39	25
株洲	14.23	15.55	15	18	3
长沙	14.11	17.37	16	11	-5
无锡	13.86	14.12	17	24	7
徐州	13.85	12.46	18	34	16
深圳	13.72	16.03	19	15	-4
东莞	13.09	6.12	20	71	51
厦门	12.87	13.83	21	25	4
珠海	12.85	13.05	22	32	10
南昌	12.78	16.37	23	13	-10
安庆	12.74	5.72	24	75	51
扬州	12.72	13.07	25	31	6
宁波	12.62	15.76	26	17	-9
南通	12.41	10.95	27	40	13
洛阳	11.79	14.6	28	23	-5
惠州	11.77	13.35	29	28	-1
淮安	11.51	8.44	30	58	28
福州	11.23	17.47	31	10	-21
荆门	11.22	11.68	32	37	5
绍兴	10.98	10.13	33	45	12
河源	10.96	13.58	34	27	-7
广州	10.95	13.76	35	26	-9
青岛	10.93	12.31	36	35	-1
鄂尔多斯	10.82	5.54	37	76	39
温州	10.63	18.01	38	9	-29
焦作	10.18	10.44	39	44	5
临沂	10.09	9.60	40	50	10
芜湖	10.07	15.04	41	21	-20

续表

城市	得分		排名		排名变化
	2025 年	2024 年	2025 年	2024 年	
湘潭	9.77	13.32	42	29	-13
江门	9.66	8.71	43	54	11
肇庆	9.22	9.26	44	51	7
湖州	9.22	12.58	45	33	-12
西安	9.01	10.52	46	43	-3
常州	8.91	8.37	47	59	12
益阳	8.50	6.07	48	72	24
茂名	8.44	9.81	49	47	-2
沈阳	8.36	10.58	50	41	-9
吉安	8.36	0.71	51	100	49
泰安	8.18	10.54	52	42	-10
南京	8.18	8.68	53	55	2
营口	8.17	6.61	54	65	11
锦州	7.98	7.76	55	63	8
重庆	7.82	8.74	56	53	-3
成都	7.77	9.66	57	49	-8
鞍山	7.69	8.55	58	57	-1
北京	7.65	8.61	59	56	-3
滁州	7.60	11.8	60	36	-24
镇江	7.51	5.98	61	74	13
泉州	7.01	6.39	62	67	5
衢州	6.64	8.08	63	61	-2
中山	6.53	5.16	64	79	15
宜昌	6.51	9.70	65	48	-17
清远	6.36	10.07	66	46	-20
贵阳	6.34	7.19	67	64	-3
威海	6.16	8.97	68	52	-16
天津	5.97	6.21	69	70	1
上海	5.72	6.22	70	69	-1
济南	5.35	16.33	71	14	-57
合肥	5.34	11.45	72	38	-34

续表

城市	得分		排名		排名变化
	2025年	2024年	2025年	2024年	
襄阳	5.33	15.28	73	19	-54
东营	5.32	2.63	74	92	18
玉溪	5.25	6.42	75	66	-9
石家庄	5.13	4.90	76	80	4
景德镇	4.90	15.14	77	20	-57
泰州	4.88	5.46	78	77	-1
昆明	4.69	4.50	79	81	2
大连	4.43	5.18	80	78	-2
呼和浩特	4.34	1.84	81	95	14
郑州	4.31	3.88	82	86	4
烟台	4.24	6.07	83	73	-10
西宁	4.10	2.89	84	90	6
盐城	4.03	4.17	85	83	-2
哈尔滨	3.91	6.37	86	68	-18
湛江	3.84	3.90	87	85	-2
咸宁	3.80	4.23	88	82	-6
自贡	3.58	3.31	89	89	0
咸阳	3.51	7.84	90	62	-28
海口	3.13	2.15	91	93	2
长春	2.79	1.96	92	94	2
桂林	2.74	2.89	93	91	-2
南宁	2.70	3.82	94	87	-7
太原	2.47	1.82	95	96	1
铜陵	2.40	3.70	96	88	-8
银川	1.66	3.94	97	84	-13
兰州	1.62	1.62	98	98	0
乌鲁木齐	1.51	1.79	99	97	-2
克拉玛依	0.47	1.08	100	99	-1

第7章 科技创业的环境与平台分析

7.1 总体概述

科技创业的环境与平台是决定一个城市科技创业水平的关键因素之一。这一生态因素在很大程度上塑造着创业者的成功路径,在提供市场机会、连接人才和专业网络、促进融资以及提供先进基础设施和技术支持等方面发挥着重要作用。城市的科技创业环境与平台充当着创新的催化剂,助力创业者更好地理解市场、建立关键人际关系,并在竞争激烈的创业领域中取得成功。因此,充分利用和了解城市科技创业的环境与平台,对于创业者来说具有重要战略意义。本章使用营商环境和配套设施两个二级指标评估100个城市为科技创业提供的环境与平台。

7.1.1 综合得分与排名

2025年,城市科技创业的环境与平台排名第1位的城市是北京,综合得分为87.57分,其次是上海和杭州,综合得分分别为76.15分和64.34分。除此之外,进入前10位的城市还有南京、深圳、珠海、无锡、嘉兴、广州和衢州(图7-1)。总体而言,在城市科技创业的环境与平台维度,排名靠前的城市主要来自长三角地区和珠三角地区,以及北京等经济相对发达的城市,排名前10位的城市中,长三角地区占据6席。

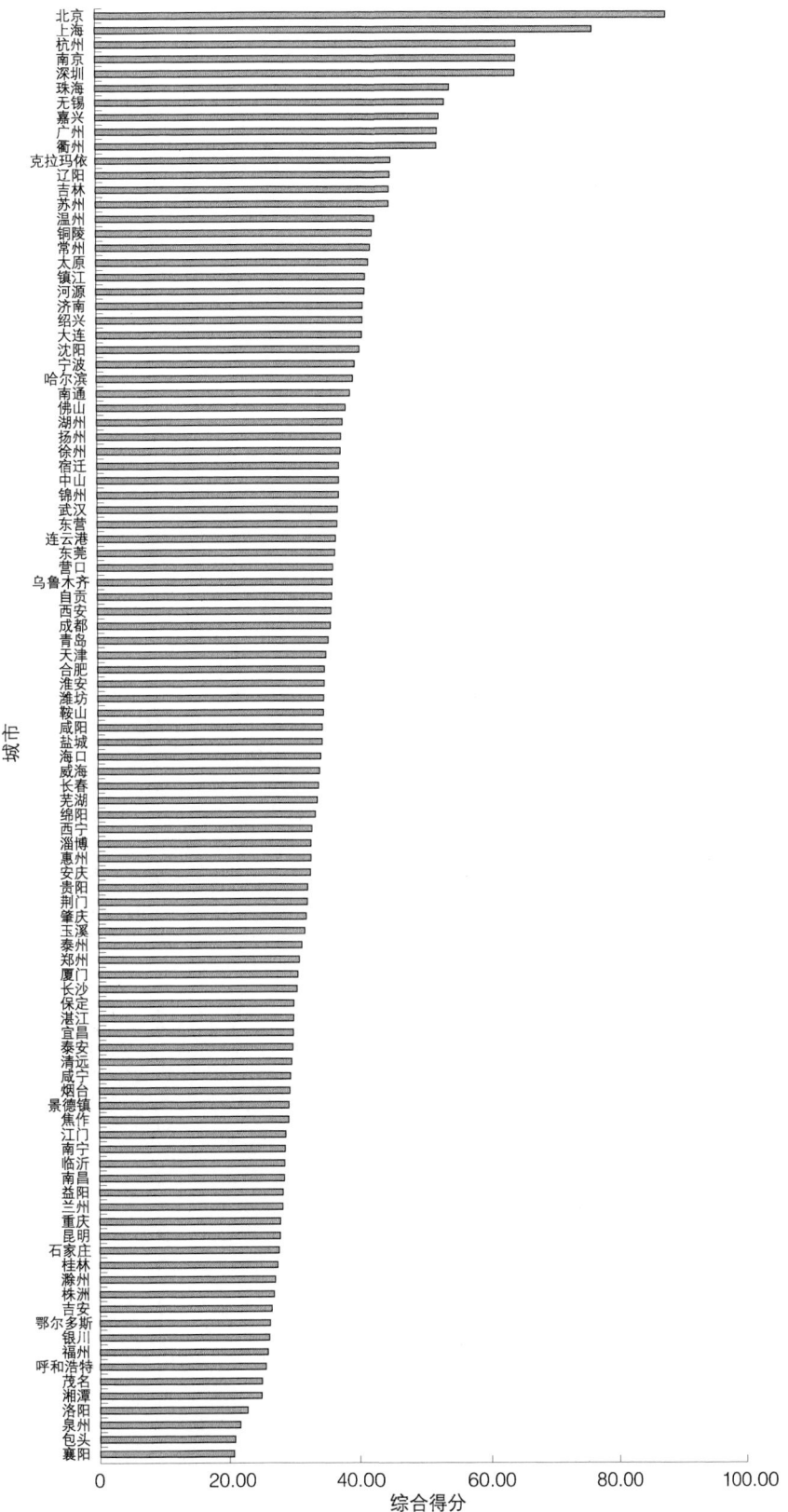

图7-1 2025年中国城市科技创业的环境与平台综合得分

7.1.2 二级指标分析

绝大部分城市的环境与平台综合排名其二级指标排名有一定程度上的差别，仅有少数几个城市例外（表7-1）。例如，北京在营商环境方面，以99.23分排名第1位；环境与平台方面，以87.57分排名第1位。排名前10位的城市还包括上海、杭州、南京、深圳、珠海、无锡、嘉兴、广州和衢州。可以发现，珠三角地区的城市在营商环境这一指标上表现出色，珠海和深圳分别排名全国第3位和第4位。

表7-1 2025年城市科技创业的环境与平台及其各维度得分与排名

城市	环境与平台		营商环境		配套设施	
	得分	排名	得分	排名	得分	排名
北京	87.57	1	99.23	1	75.90	1
上海	76.15	2	77.34	2	74.97	3
杭州	64.34	3	62.38	5	66.29	6
南京	64.27	4	59.10	6	69.44	4
深圳	64.13	5	72.72	4	55.53	14
珠海	54.11	6	75.71	3	32.52	86
无锡	53.40	7	58.17	7	48.63	20
嘉兴	52.51	8	57.33	8	47.69	24
广州	52.29	9	56.02	9	48.56	21
衢州	52.19	10	43.09	17	61.29	10
克拉玛依	45.06	11	14.25	94	75.88	2
辽阳	44.91	12	25.52	48	64.29	7
吉林	44.77	13	20.71	68	68.84	5
苏州	44.75	14	52.25	10	37.25	69
温州	42.63	15	41.00	19	44.26	35
铜陵	42.32	16	22.48	60	62.15	9
常州	41.99	17	44.91	13	39.07	59
太原	41.78	18	25.87	47	57.68	12
镇江	41.24	19	39.18	23	43.30	39
河源	41.16	20	37.36	28	44.96	33
济南	40.90	21	30.09	40	51.70	16
绍兴	40.87	22	43.38	16	38.35	63
大连	40.76	23	18.67	79	62.85	8

续表

城市	环境与平台		营商环境		配套设施	
	得分	排名	得分	排名	得分	排名
沈阳	40.34	24	21.14	65	59.54	11
宁波	39.61	25	45.89	11	33.34	82
哈尔滨	39.39	26	22.50	59	56.29	13
南通	38.95	27	40.50	20	37.40	68
佛山	38.27	28	44.06	14	32.49	87
湖州	37.77	29	42.61	18	32.92	83
扬州	37.54	30	35.92	30	39.16	57
徐州	37.46	31	35.14	31	39.79	51
宿迁	37.20	32	35.05	32	39.35	54
中山	37.18	33	45.40	12	28.96	91
锦州	37.13	34	25.50	49	48.76	19
武汉	36.95	35	28.72	42	45.19	31
东营	36.87	36	22.73	58	51.02	18
连云港	36.67	37	34.42	33	38.91	60
东莞	36.52	38	43.95	15	29.09	90
营口	36.20	39	20.44	70	51.97	15
乌鲁木齐	36.13	40	26.38	45	45.87	27
自贡	36.01	41	20.37	71	51.65	17
西安	35.88	42	30.77	38	40.99	46
成都	35.78	43	31.19	37	40.37	48
青岛	35.46	44	27.16	44	43.76	37
天津	35.11	45	28.78	41	41.44	44
合肥	34.85	46	30.43	39	39.27	56
淮安	34.83	47	34.24	34	35.41	74
潍坊	34.72	48	24.31	54	45.12	32
鞍山	34.68	49	21.68	62	47.68	25
咸阳	34.53	50	20.53	69	48.53	22
盐城	34.48	51	36.82	29	32.15	88
海口	34.22	52	33.90	36	34.54	78
威海	34.04	53	25.34	50	42.73	42
长春	33.88	54	19.75	73	48.00	23

续表

城市	环境与平台		营商环境		配套设施	
	得分	排名	得分	排名	得分	排名
芜湖	33.70	55	22.16	61	45.23	30
绵阳	33.38	56	21.03	66	45.74	28
西宁	32.88	57	18.49	81	47.28	26
淄博	32.73	58	24.40	53	41.06	45
惠州	32.72	59	39.97	22	25.48	93
安庆	32.64	60	20.03	72	45.25	29
贵阳	32.20	61	21.63	63	42.78	41
荆门	32.12	62	20.84	67	43.40	38
肇庆	31.92	63	39.08	24	24.76	95
玉溪	31.76	64	19.27	75	44.24	36
泰州	31.24	65	37.63	27	24.85	94
郑州	30.85	66	21.46	64	40.24	49
厦门	30.65	67	23.86	57	37.45	67
长沙	30.55	68	25.98	46	35.12	75
保定	30.07	69	23.95	55	36.19	71
湛江	29.98	70	37.82	26	22.13	97
宜昌	29.93	71	19.16	77	40.69	47
泰安	29.86	72	25.00	51	34.72	77
清远	29.67	73	38.34	25	20.99	98
咸宁	29.51	74	19.21	76	39.82	50
烟台	29.37	75	23.90	56	34.85	76
景德镇	29.22	76	13.52	96	44.91	34
焦作	29.16	77	16.52	88	41.80	43
江门	28.72	78	40.26	21	17.19	99
南宁	28.63	79	18.59	80	38.66	61
临沂	28.55	80	24.54	52	32.56	85
南昌	28.47	81	18.75	78	38.20	66
益阳	28.29	82	17.48	84	39.10	58
兰州	28.26	83	18.31	82	38.21	65
重庆	27.89	84	16.26	90	39.51	52
昆明	27.87	85	19.45	74	36.29	70

续表

城市	环境与平台		营商环境		配套设施	
	得分	排名	得分	排名	得分	排名
石家庄	27.64	86	28.46	43	26.83	92
桂林	27.43	87	16.36	89	38.49	62
滁州	27.09	88	15.90	92	38.27	64
株洲	26.88	89	18.26	83	35.50	73
吉安	26.52	90	13.54	95	39.51	53
鄂尔多斯	26.26	91	9.70	98	42.81	40
银川	26.17	92	13.04	97	39.31	55
福州	25.90	93	16.11	91	35.69	72
呼和浩特	25.60	94	17.29	85	33.92	79
茂名	25.03	95	34.00	35	16.05	100
湘潭	24.94	96	17.21	86	32.67	84
洛阳	22.76	97	15.40	93	30.11	89
泉州	21.63	98	9.45	99	33.81	81
包头	20.82	99	7.72	100	33.92	80
襄阳	20.68	100	16.98	87	24.37	96

营商环境排名超前于环境与平台综合排名的城市有 45 个，落后于环境与平台综合排名的城市有 46 个。其中，克拉玛依、吉林和大连的营商环境排名相较于各自的环境与平台综合排名分别落后 83 位、55 位和 56 位，说明这些城市在营商环境方面相对处于劣势，这严重影响了其对科技创业者的吸引力。因此，政府目前的主要任务是加强对知识产权的保护或引入大量金融投资，尽快改善这些城市的营商环境。

在配套设施方面，北京以 75.90 分的得分排名全国第 1 位，克拉玛依紧随其后，得分为 75.88 分；排名全国第 3 位的是上海，得分为 74.97 分。进入前 10 位的城市还有南京、吉林、杭州、辽阳、大连、铜陵和衢州。

配套设施排名超前于环境与平台综合排名的城市有 54 个，落后于环境与平台综合排名的城市有 42 个。其中，珠海、苏州、宁波、佛山、湖州、中山和东莞的配套设施排名分别比其环境与平台综合排名落后 80 位、55 位、57 位、59 位、54 位、58 位和 52 位，常州、绍兴和南通的配套设施排名也落后其环境与平台综合排名 40 位以上，说明这些城市的配套设施仍不完善，是限制环境与平台综合排名提升的主要因素。这些城市的政府应重点加强基础设施（如医院和学校）的建设。

排名靠后的城市中，襄阳的环境与平台得分最低，排名末位；包头的营商环境得分最低，排名末位；茂名的配套设施得分最低，排名末位。营商环境和配套设施的排名均位于第

80位之后的城市有4个，分别是湘潭、洛阳、泉州和襄阳，由表看到，这些城市的环境与平台排名同样靠后，分别排名第96位、第97位、第98位和第100位。

由两项二级指标的得分可以计算得出，营商环境的标准差为15.90，而配套设施的标准差为11.97，这说明各城市间配套设施的差距相对较小，而营商环境的差距相对较大。

7.1.3 排名变化

相较于2024年，2025年环境与平台排名上升的城市有23个，其中上升幅度最大的是宿迁，上升了63位。除此以外，西安和咸宁的排名也都上升了超过20位（表7-2）。即便如此，这些城市的环境与平台指标在2025年的排名仍大多处于中下位置，如咸宁的排名从2024年的第96位上升到了2025年的第74位，西安的排名从2024年的第65位上升到了2025年的第42位。

表7-2 城市科技创业的环境与平台指标排名与变化

城市	排名 2025年	排名 2024年	排名变化	城市	排名 2025年	排名 2024年	排名变化
北京	1	1	0	济南	21	21	0
上海	2	2	0	绍兴	22	26	4
杭州	3	4	1	大连	23	23	0
南京	4	5	1	沈阳	24	24	0
深圳	5	3	-2	宁波	25	19	-6
珠海	6	9	3	哈尔滨	26	26	0
无锡	7	10	3	南通	27	27	0
嘉兴	8	15	7	佛山	28	48	20
广州	9	6	-3	湖州	29	33	4
衢州	10	10	0	扬州	30	30	0
克拉玛依	11	11	0	徐州	31	31	0
辽阳	12	12	0	宿迁	32	95	63
吉林	13	13	0	中山	33	29	-4
苏州	14	7	-7	锦州	34	34	0
温州	15	35	20	武汉	35	37	2
铜陵	16	16	0	东营	36	36	0
常州	17	18	1	连云港	37	37	0
太原	18	18	0	东莞	38	44	6
镇江	19	19	0	营口	39	39	0
河源	20	20	0	乌鲁木齐	40	45	5

续表

城市	排名 2025年	排名 2024年	排名变化	城市	排名 2025年	排名 2024年	排名变化
自贡	41	41	0	宜昌	71	71	0
西安	42	65	23	泰安	72	83	11
成都	43	49	6	清远	73	67	-6
青岛	44	44	0	咸宁	74	96	22
天津	45	38	-7	烟台	75	75	0
合肥	46	57	11	景德镇	76	76	0
淮安	47	47	0	焦作	77	77	0
潍坊	48	34	-14	江门	78	64	-14
鞍山	49	49	0	南宁	79	79	0
咸阳	50	50	0	临沂	80	80	0
盐城	51	51	0	南昌	81	78	-3
海口	52	23	-29	益阳	82	72	-10
威海	53	53	0	兰州	83	83	0
长春	54	54	0	重庆	84	84	0
芜湖	55	63	8	昆明	85	56	-29
绵阳	56	56	0	石家庄	86	93	7
西宁	57	57	0	桂林	87	87	0
淄博	58	58	0	滁州	88	88	0
惠州	59	41	-18	株洲	89	89	0
安庆	60	60	0	吉安	90	90	0
贵阳	61	73	12	鄂尔多斯	91	91	0
荆门	62	62	0	银川	92	90	-2
肇庆	63	54	-9	福州	93	91	-2
玉溪	64	64	0	呼和浩特	94	77	-17
泰州	65	50	-15	茂名	95	95	0
郑州	66	66	0	湘潭	96	68	-28
厦门	67	22	-45	洛阳	97	80	-17
长沙	68	40	-28	泉州	98	98	0
保定	69	69	0	包头	99	81	-18
湛江	70	76	6	襄阳	100	94	-6

排名下降的城市有25个,其中厦门的排名下降幅度最大,厦门从2024年的第22位下降至2025年的第67位,下降了45位。除此之外,海口、长沙、昆明和湘潭的排名也都下降了超过25位。另有52个城市的排名没有发生变化。

7.2 领先地区

7.2.1 北京

2025年，北京在科技创业的环境与平台评估中居全国首位。分指标看，如图7-2所示，2025年北京的营商环境得分为99.23分，排名全国第1位，与2024年持平；配套设施得分为75.90分，排名全国第1位，较2024年上升9位。三级指标中，2025年北京有两个指标（金融发展水平和风险投资）排名全国第1位，但在创新环境和医疗水平方面表现不佳。

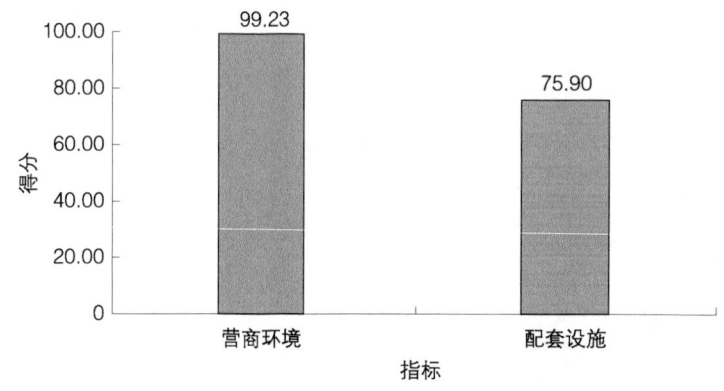

图7-2　2025年北京环境与平台二级指标得分

7.2.2 上海

2025年，上海的环境与平台排名全国第2位，与2024年持平。分指标来看，上海在营商环境建设方面表现非常出色，得分达到77.34分（图7-3），排名全国第2位；配套设施得分为74.97分，排名全国第3位，较2024年下降2位。三级指标中，2025年上海有两个指标（金融发展水平和风险投资）排名全国第2位；但是创新环境指标得分相对较低，在全国排名第35位。

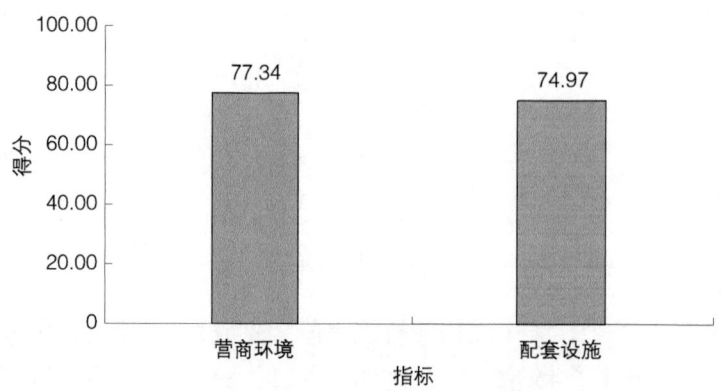

图7-3　2025年上海环境与平台二级指标得分

7.2.3 杭州

2025年,杭州的环境与平台指标得分为64.34分,排名全国第3位,比2024年上升1位。分指标来看,如图7-4所示,2025年杭州营商环境得分为62.38分,排名全国第5位,较2024年下降1位;配套设施得分为66.29分,排名全国第6位,较2024年上升2位。杭州在金融发展水平、风险投资、医疗条件和休闲与文化方面更具优势,对应排名均位居全国前10位。但相对地,杭州的创新环境和基础教育只能排到全国第34位和第47位,是其在营商环境和配套设施方面的两大短板。

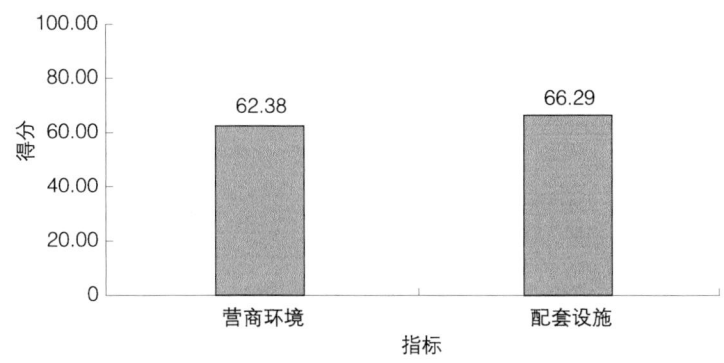

图7-4 2025年杭州环境与平台二级指标得分

7.2.4 南京

2025年,南京的环境与平台指标得分为64.27分,排名全国第4位,比2024年上升1位。分指标来看,南京在6个三级指标上的表现相对其他城市更加均衡,排名最靠前的指标是休闲与文化,全国第6位;排名最靠后的指标是创新环境,全国第22位。南京在各指标上的排名相对其他城市也更加稳定:6个三级指标中,排名变化最大的仅下降7位。2025年,南京的配套设施得分为69.44分(图7-5),排名全国第4位,较2024年上升2位;营商环境排名全国第6位,较2024年上升1位。综合来说,南京在配套设施方面表现优异。

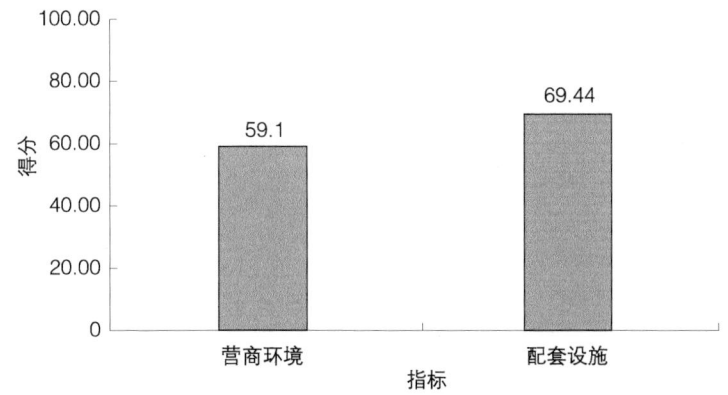

图7-5 2025年南京环境与平台二级指标得分

7.2.5 深圳

2025年，深圳的环境与平台得分为64.13分，排名全国第5位，比2024年下降2位。分指标来看，如图7-6所示，2025年深圳的营商环境得分为72.72分，排名全国第4位，与2024年相比下降2位；配套设施得分为55.53分，排名全国第14位，与2024年相比上升7位。从三级指标来看，深圳的发展非常失衡：创新环境、金融发展水平、风险投资和休闲与文化的排名均位于前列，分别为全国第1位、第4位、第6位和第4位；然而，深圳的基础教育仅排名全国第55位，处于中后位置；医疗条件指标排名全国第75位，排名靠后。因此，深圳在环境与平台方面的发展中应首先提升医疗条件并加强基础教育。

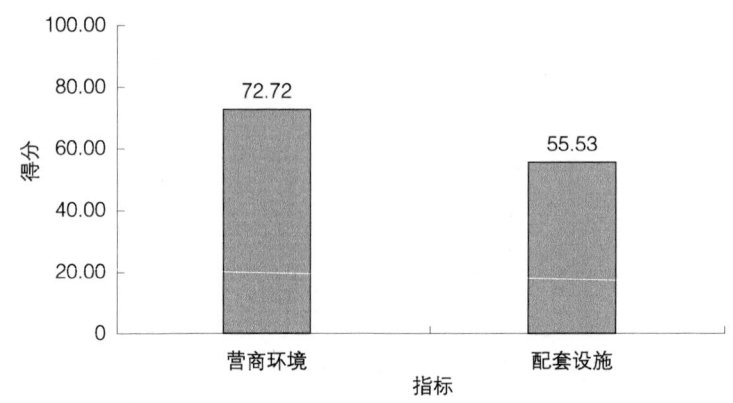

图7-6　2025年深圳环境与平台二级指标得分

7.2.6 珠海

2025年，珠海的环境与平台得分为54.11分，排名全国第6位，比2024年上升3位。分指标来看，如图7-7所示，2025年珠海的营商环境得分为75.71分，排名全国第3位，与2024年相比下降3位；配套设施得分为32.52分，排名全国第86位，与2024年相比下降12位，两项指标排名差距显著。三级指标方面，珠海在医疗条件、休闲与文化和基础教育三项指标上排名靠后，分别排全国第55位、第37位和第98位。

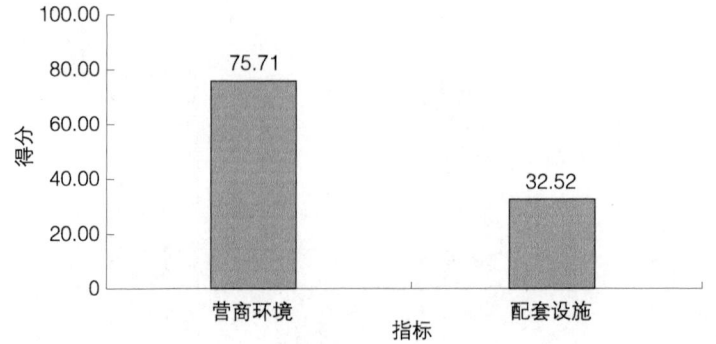

图7-7　2025年珠海环境与平台二级指标得分

7.2.7 无锡

2025年，无锡的环境与平台得分为53.40分，排名全国第7位，比2024年上升3位。分指标来看，如图7-8所示，2025年无锡的营商环境得分为58.17分，排名全国第7位，与2024年相比上升7位；配套设施得分为48.63分，排名全国第20位，与2024年相比上升14位。三级指标方面，无锡在金融发展水平指标上排名靠后，排名全国第64位。

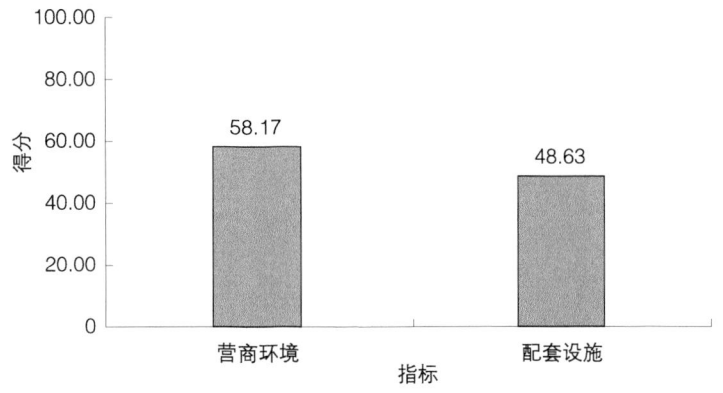

图7-8 2025年无锡环境与平台二级指标得分

7.2.8 嘉兴

2025年，嘉兴的环境与平台得分为52.51分，排名全国第8位，比2024年上升7位。分指标来看，如图7-9所示，2025年嘉兴的营商环境得分为57.33分，排名全国第8位，与2024年相比上升13位；配套设施得分为47.69分，排名全国第24位，与2024年相比上升14位。三级指标方面，嘉兴在医疗条件和基础教育两项指标上排名靠后，分别排名全国第62位和第77位。

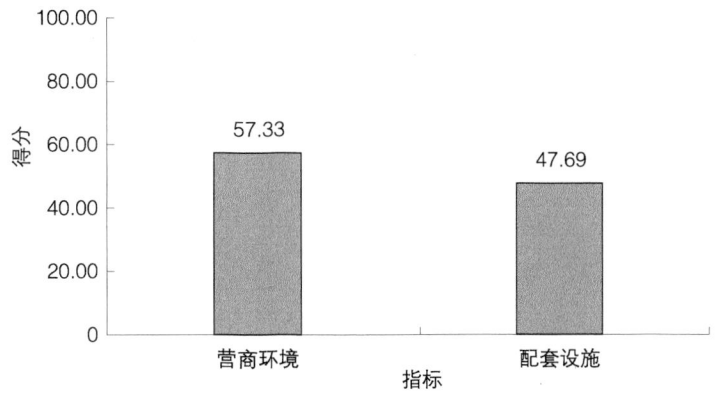

图7-9 2025年嘉兴环境与平台二级指标得分

7.2.9 广州

2025年，广州的环境与平台得分为52.29分，排名全国第9位，比2024年下降3位。分指标来看，如图7-10所示，2025年广州的营商环境得分为56.02分，排名全国第9位，与2024年相比下降4位；配套设施得分为48.56分，排名全国第21位，与2024年相比上升12位。三级指标方面，广州在基础教育指标上排名靠后，排名全国第63位。

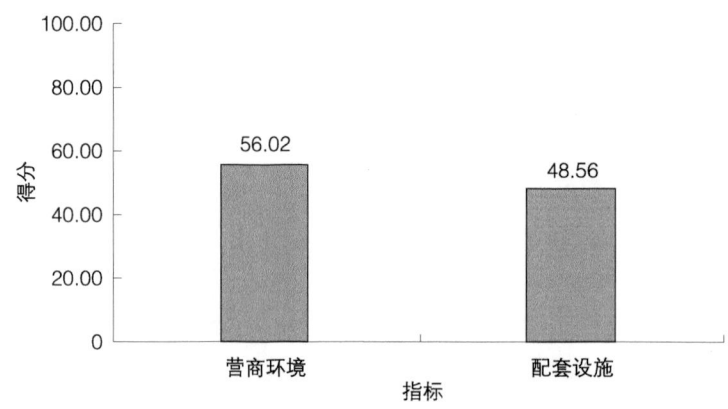

图7-10　2025年广州环境与平台二级指标得分

7.2.10 衢州

2025年，衢州的环境与平台得分为52.19分，排名全国第10位，与2024年持平。分指标来看，如图7-11所示，2025年衢州的营商环境得分为43.09分，排名全国第17位，与2024年相比上升9位；配套设施得分为61.29分，排名全国第10位，与2024年相比下降12位。三级指标方面，衢州在休闲与文化指标上排名靠前，排名全国第9位；在金融发展水平指标上排名全国第37位。

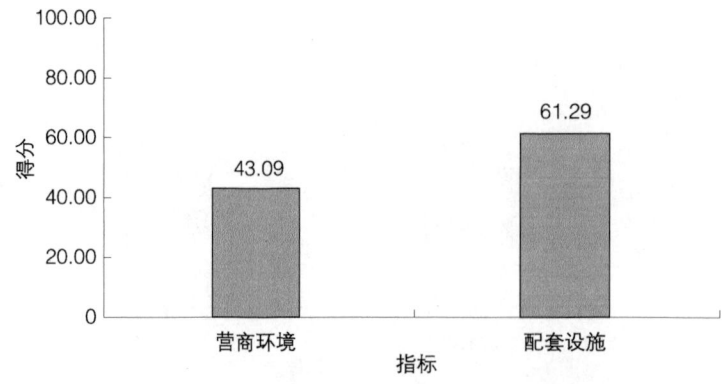

图7-11　2025年衢州环境与平台二级指标得分

7.3 重点区域

7.3.1 京津冀城市群

京津冀地区共有4个城市纳入评价，分别是北京、天津、保定和石家庄，其环境与平台指标排名依次为第1位、第45位、第69位和第86位（表7-3）。可以发现，属河北省的2个城市和2个直辖市之间的排名有较大差距。与2024年相比，4个城市在营商环境这一指标上的排名均未有太大变化，但保定在配套设施方面有长足发展，排名上升28位。

表7-3 2025年京津冀城市群环境与平台及其各维度的得分和排名

城市	环境与平台		营商环境		配套设施	
	得分	排名	得分	排名	得分	排名
全国均值	36.21		30.29		42.13	
地区均值	45.10		45.10		45.09	
北京	87.57	1	99.23	1	75.90	1
天津	35.11	45	28.78	41	41.44	44
保定	30.07	69	23.95	55	36.19	71
石家庄	27.64	86	28.46	43	26.83	92

总体来说，京津冀城市群在科技创业环境与平台方面的表现不如预期，虽然地区均值略高于全国均值，但只有北京呈遥遥领先的发展态势。

7.3.2 长三角城市群

长三角地区共有26个城市纳入评价，按环境与平台得分排名，依次是排名前10位的上海（第2位）、杭州（第3位）、南京（第4位）、无锡（第7位）、嘉兴（第8位）和衢州（第10位），排名前11~20位的苏州（第14位）、温州（第15位）、铜陵（第16位）、常州（第17位）、镇江（第19位），排名前21~39位的绍兴（第22位）、宁波（第25位）、南通（第27位）、湖州（第29位）、扬州（第30位）、徐州（第31位）、宿迁（第32位）、连云港（第37位），以及排名相对靠后的合肥（第46位）、淮安（第47位）、盐城（第51位）、芜湖（第55位）、安庆（第60位）、泰州（第65位）、滁州（第88位），如表7-4所示。与2024年相比，10个城市的排名得到上升。分指标来看，长三角城市群的配套设施相对其营商环境较弱，未来配套设施的建设应成为长三角城市群的发展重点。但同时也发现，安徽省纳入评价的5个市中有3个，即芜湖、安庆和滁州排名均位于全国后50位，说明安徽的环境与平台是长三角城市群的短板。

表7-4 2025年长三角城市群环境与平台及其各维度的得分和排名

城市	环境与平台		营商环境		配套设施	
	得分	排名	得分	排名	得分	排名
全国均值	36.21		30.29		42.13	
地区均值	42.72		41.05		44.38	
上海	76.15	2	77.34	2	74.97	3
杭州	64.34	3	62.38	5	66.29	6
南京	64.27	4	59.10	6	69.44	4
无锡	53.40	7	58.17	7	48.63	20
嘉兴	52.51	8	57.33	8	47.69	24
衢州	52.19	10	43.09	17	61.29	10
苏州	44.75	14	52.25	10	37.25	69
温州	42.63	15	41.00	19	44.26	35
铜陵	42.32	16	22.48	60	62.15	9
常州	41.99	17	44.91	13	39.07	59
镇江	41.24	19	39.18	23	43.30	39
绍兴	40.87	22	43.38	16	38.35	63
宁波	39.61	25	45.89	11	33.34	82
南通	38.95	27	40.50	20	37.40	68
湖州	37.77	29	42.61	18	32.92	83
扬州	37.54	30	35.92	30	39.16	57
徐州	37.46	31	35.14	31	39.79	51
宿迁	37.20	32	35.05	32	39.35	54
连云港	36.67	37	34.42	33	38.91	60
合肥	34.85	46	30.43	39	39.27	56
淮安	34.83	47	34.24	34	35.41	74
盐城	34.48	51	36.82	29	32.15	88
芜湖	33.70	55	22.16	61	45.23	30
安庆	32.64	60	20.03	72	45.25	29
泰州	31.24	65	37.63	27	24.85	94
滁州	27.09	88	15.90	92	38.27	64

7.3.3 珠三角城市群

珠三角地区有13个城市纳入本次评价，分别是深圳（第5位）、珠海（第6位）、广州（第9位）、河源（第20位）、佛山（第28位）、中山（第33位）、东莞（第38位）、惠州（第59位）、肇庆（第63位）、湛江（第70位）、清远（第73位）、江门（第78位）和茂名（第95位），如表7-7所示。从整体来看，珠三角城市群在环境与平台方面的表现与长三角地区具有一定的相似性，均呈现出重视营商环境而轻配套设施的特征，且珠三角城市群这两项指标的差距更大。具体而言，珠三角城市群营商环境的地区均值（46.51分）显著高于长三角城市群，然而其配套设施的地区均值（30.67分）显著低于全国均值。

表7-5 2025年珠三角城市群环境与平台及其各维度的得分和排名

城市	环境与平台		营商环境		配套设施	
	得分	排名	得分	排名	得分	排名
全国均值	36.21		30.29		42.13	
地区均值	38.59		46.51		30.67	
深圳	64.13	5	72.72	4	55.53	14
珠海	54.11	6	75.71	3	32.52	86
广州	52.29	9	56.02	9	48.56	21
河源	41.16	20	37.36	28	44.96	33
佛山	38.27	28	44.06	14	32.49	87
中山	37.18	33	45.40	12	28.96	91
东莞	36.52	38	43.95	15	29.09	90
惠州	32.72	59	39.97	22	25.48	93
肇庆	31.92	63	39.08	24	24.76	95
湛江	29.98	70	37.82	26	22.13	97
清远	29.67	73	38.34	25	20.99	98
江门	28.72	78	40.26	21	17.19	99
茂名	25.03	95	34.00	35	16.05	100

7.3.4 长江中游城市群

长江中游城市群共有12个城市纳入评价，分别是武汉（第35位）、荆门（第62位）、长沙（第68位）、宜昌（第71位）、咸宁（第74位）、景德镇（第76位）、南昌（第81位）、益阳（第82位）、株洲（第89位）、吉安（第90位）、湘潭（第96位）和襄阳（第

100位),如表7-6所示。从整体来看,长江中游城市群在环境与平台方面表现较差,地区均值(28.67分)低于全国均值(36.21分),仅有武汉得分36.95分,高于全国均值。分指标看,2025年长江中游城市群的营商环境地区均值(19.14分)远远低于全国平均水平(30.29分);配套设施地区均值(38.21分)也低于全国均值(42.13分),仅武汉(45.19分)、荆门(43.40分)得分超过全国均值(42.13分)。

表7-6 2025年长江中游城市群环境与平台及其各维度的得分和排名

城市	环境与平台		营商环境		配套设施	
	得分	排名	得分	排名	得分	排名
全国均值	36.21		30.29		42.13	
地区均值	28.67		19.14		38.21	
武汉	36.95	35	28.72	42	45.19	31
荆门	32.12	62	20.84	67	43.40	38
长沙	30.55	68	25.98	46	35.12	75
宜昌	29.93	71	19.16	77	40.69	47
咸宁	29.51	74	19.21	76	39.82	50
景德镇	29.22	76	13.52	96	44.91	34
南昌	28.47	81	18.75	78	38.20	66
益阳	28.29	82	17.48	84	39.10	58
株洲	26.88	89	18.26	83	35.50	73
吉安	26.52	90	13.54	95	39.51	53
湘潭	24.94	96	17.21	86	32.67	84
襄阳	20.68	100	16.98	87	24.37	96

7.4 关键指标分析

科技创业的环境与平台由6个三级指标决定,分别是营商环境中的创新环境、金融发展水平、风险投资,以及配套设施中的医疗条件、休闲与文化、基础教育。本节对其中的4个指标——风险投资、医疗条件、休闲与文化、基础教育进行重点分析。另外,由于4个三级指标所用的原始数据均是易于理解且有现实意义的值,因此在分析中直接列出这些原始数据。

7.4.1 风险投资

风险投资指标的原始数据以省为单位,因此每个城市的得分使用的是对应省份的数据,如表7-7所示。从表7-7可以看出,北京在风险投资方面表现最佳,排名全国第1位,其他位列前10位的城市还有厦门、深圳、上海、海口、苏州、惠州、杭州、宁波、无锡和常州。河源、辽阳、玉溪和茂名等城市的该项指标排名则在后5位。

表7-7 风险投资指标得分与排名变化

城市	得分		排名		排名变化
	2025年	2024年	2025年	2024年	
北京	91.26	80.77	1	1	0
厦门	78.24	64.85	2	2	0
深圳	78.13	57.00	3	3	0
上海	58.25	56.44	4	4	0
海口	54.11	39.59	5	5	0
苏州	51.71	35.50	6	6	0
惠州	35.05	33.68	7	7	0
杭州	35.04	33.18	8	8	0
宁波	34.11	32.38	9	9	0
无锡	33.04	29.40	10	10	0
常州	28.86	28.97	11	11	0
广州	26.96	28.54	12	12	0
珠海	24.96	26.32	13	13	0
南京	24.39	23.16	14	14	0
湖州	21.31	21.22	15	15	0
鞍山	19.98	20.49	16	16	0
嘉兴	16.74	19.27	17	17	0
绍兴	15.52	16.62	18	18	0
昆明	13.96	15.89	19	19	0
成都	13.05	14.49	20	20	0
肇庆	12.21	14.23	21	21	0
长沙	12.07	14.17	22	22	0
湘潭	11.54	13.75	23	23	0
温州	10.92	13.60	24	24	0

续表

城市	得分		排名		排名变化
	2025 年	2024 年	2025 年	2024 年	
烟台	10.46	13.58	25	25	0
武汉	9.16	12.84	26	26	0
合肥	9.15	11.78	27	27	0
乌鲁木齐	8.69	11.52	28	28	0
西安	8.68	10.81	29	29	0
芜湖	8.59	10.25	30	30	0
中山	8.58	9.74	31	31	0
益阳	8.35	9.40	32	32	0
东莞	7.51	8.25	33	33	0
洛阳	7.22	7.65	34	34	0
贵阳	7.08	7.29	35	35	0
株洲	6.85	6.86	36	36	0
南通	6.49	6.62	37	37	0
潍坊	6.45	6.55	38	38	0
徐州	6.28	6.50	39	39	0
淄博	5.94	6.47	40	40	0
衢州	5.70	6.17	41	41	0
重庆	5.69	6.06	42	42	0
天津	5.52	5.75	43	43	0
石家庄	5.41	5.35	44	44	0
沈阳	5.10	5.24	45	45	0
泰安	5.00	5.00	46	46	0
济南	4.60	4.53	47	47	0
保定	4.55	4.29	48	48	0
铜陵	4.44	4.27	49	49	0
泰州	3.80	3.83	50	50	0
扬州	3.51	3.76	51	51	0
青岛	3.50	3.74	52	52	0
锦州	3.48	3.70	53	53	0
绵阳	3.40	3.70	54	54	0
宜昌	3.35	3.64	55	55	0

续表

城市	得分		排名		排名变化
	2025 年	2024 年	2025 年	2024 年	
湛江	3.28	3.62	56	56	0
镇江	3.16	3.46	57	57	0
吉林	3.14	3.40	58	58	0
银川	3.00	3.15	59	59	0
桂林	2.92	2.92	60	60	0
滁州	2.53	2.79	61	61	0
福州	2.49	2.42	62	62	0
东营	2.48	2.35	63	63	0
南昌	2.38	2.23	64	64	0
宿迁	2.34	2.12	65	65	0
太原	2.30	2.02	66	66	0
连云港	2.24	1.95	67	67	0
清远	2.12	1.88	68	68	0
大连	2.09	1.76	69	69	0
郑州	2.07	1.66	70	70	0
盐城	1.91	1.64	71	71	0
佛山	1.63	1.39	72	72	0
哈尔滨	1.57	1.25	73	73	0
长春	1.47	1.09	74	74	0
襄阳	1.47	1.08	75	75	0
营口	1.34	0.73	76	76	0
鄂尔多斯	1.32	0.63	77	77	0
呼和浩特	1.24	0.57	78	78	0
兰州	1.21	0.51	79	79	0
自贡	1.16	0.49	80	80	0
南宁	1.11	0.42	81	81	0
威海	0.94	0.36	82	82	0
荆门	0.93	0.35	83	83	0
江门	0.82	0.32	84	84	0
泉州	0.77	0.30	85	85	0
克拉玛依	0.73	0.23	86	86	0

续表

城市	得分		排名		排名变化
	2025 年	2024 年	2025 年	2024 年	
包头	0.56	0.20	87	87	0
临沂	0.46	0.18	88	88	0
咸宁	0.35	0.12	89	89	0
咸阳	0.34	0.10	90	90	0
西宁	0.34	0.04	91	91	0
吉安	0.32	0.03	92	92	0
焦作	0.25	0.03	93	93	0
安庆	0.24	0.02	94	94	0
景德镇	0.20	0.00	95	95	0
淮安	0.19	0.00	96	96	0
茂名	0.11	0.00	97	97	0
玉溪	0.00	0.00	98	98	0
辽阳	0.00	0.00	99	99	0
河源	0.00	0.00	100	100	0

7.4.2 医疗条件

100 个城市的医疗条件指标数据与排名变化如表 7-8 所示。不难发现，医疗条件相对较好的城市并不是北京（第 26 位）、上海（第 16 位）和广州（第 36 位）等传统发达大都市，而是一些远离国家经济中心的小城市，如四川省的自贡、山西省的太原，或东北地区的吉林等，关键原因在于这些城市的低人口密度。北京、上海、广州这类超大城市虽然有着完善的基础设施，但在巨大的人口负荷面前仍显乏力。

表 7-8 医疗条件指标得分与排名变化

城市	得分		排名		排名变化
	2025 年	2024 年	2025 年	2024 年	
自贡	79.69	49.03	1	55	54
太原	78.72	81.60	2	2	0
乌鲁木齐	78.09	72.31	3	7	4
西宁	77.03	83.41	4	1	-3
杭州	76.05	71.28	5	9	4

续表

城市	得分		排名		排名变化
	2025年	2024年	2025年	2024年	
吉林	76.01	74.29	6	6	0
沈阳	75.89	81.27	7	3	-4
哈尔滨	73.44	80.83	8	4	-4
济南	70.64	66.37	9	15	6
贵阳	69.49	58.35	10	29	19
辽阳	69.41	71.88	11	8	-3
南京	69.24	67.28	12	13	1
咸阳	69.24	67.73	13	11	-2
宿迁	66.70	22.44	14	95	81
武汉	66.44	63.62	15	18	3
上海	66.44	62.92	16	20	4
衢州	66.25	33.42	17	77	60
营口	65.20	61.72	18	21	3
西安	63.69	54.74	19	38	19
景德镇	62.40	59.29	20	26	6
绵阳	61.97	61.16	21	23	2
芜湖	61.67	63.80	22	17	-5
潍坊	61.15	56.25	23	35	12
焦作	60.53	29.91	24	85	61
兰州	60.08	57.00	25	33	8
北京	59.85	57.76	26	30	4
包头	59.65	58.84	27	27	0
无锡	58.91	55.72	28	36	8
郑州	58.78	76.77	29	5	-24
海口	58.65	60.43	30	24	-6
青岛	58.08	56.72	31	34	3
南昌	57.51	52.64	32	44	12
玉溪	57.24	53.18	33	42	9
益阳	57.19	57.62	34	31	-3
荆门	57.06	23.40	35	94	59
广州	56.72	53.44	36	41	5

续表

城市	得分		排名		排名变化
	2025年	2024年	2025年	2024年	
东营	56.10	39.33	37	69	32
合肥	55.08	64.98	38	16	-22
咸宁	54.87	51.56	39	46	7
泰安	53.97	25.61	40	91	51
长春	53.65	49.88	41	51	10
昆明	53.57	68.65	42	10	-32
临沂	53.17	49.77	43	52	9
克拉玛依	53.12	51.00	44	47	3
安庆	52.71	55.18	45	37	-8
长沙	52.50	67.28	46	14	-32
滁州	52.43	50.12	47	50	3
保定	52.08	17.97	48	99	51
徐州	51.45	29.60	49	86	37
成都	50.87	49.12	50	53	3
呼和浩特	50.84	52.05	51	45	-6
铜陵	49.32	61.46	52	22	-30
淄博	49.29	58.69	53	28	-25
银川	49.07	45.79	54	58	4
珠海	48.96	43.73	55	63	8
重庆	48.92	42.81	56	65	9
天津	48.90	45.47	57	59	2
大连	48.57	63.28	58	19	-39
吉安	48.32	44.83	59	61	2
常州	48.07	49.06	60	54	-6
河源	47.45	47.31	61	56	-5
嘉兴	47.43	45.82	62	57	-5
桂林	46.67	44.90	63	60	-3
温州	45.22	21.81	64	96	32
镇江	43.90	24.89	65	92	27
连云港	43.75	42.38	66	66	0
南宁	43.69	53.70	67	40	-27

续表

城市	得分		排名		排名变化
	2025年	2024年	2025年	2024年	
佛山	43.44	39.50	68	68	0
厦门	40.71	40.35	69	67	-2
鞍山	39.74	35.82	70	71	1
湘潭	39.69	67.47	71	12	-59
泉州	39.32	16.26	72	100	28
威海	39.00	35.07	73	74	1
洛阳	38.89	60.19	74	25	-49
深圳	36.44	34.19	75	76	1
石家庄	36.42	34.54	76	75	-1
锦州	35.53	57.09	77	32	-45
宜昌	35.25	35.42	78	72	-6
福州	35.21	33.30	79	78	-1
惠州	32.86	32.50	80	81	1
东莞	32.69	32.45	81	83	2
株洲	32.52	33.26	82	79	-3
湖州	31.57	29.47	83	87	4
宁波	31.31	42.93	84	64	-20
绍兴	30.87	28.81	85	88	3
南通	30.39	30.47	86	84	-2
襄阳	30.33	54.35	87	39	-48
中山	30.08	35.28	88	73	-15
淮安	29.91	44.49	89	62	-27
烟台	29.33	50.21	90	49	-41
扬州	28.07	28.66	91	89	-2
鄂尔多斯	25.66	50.53	92	48	-44
苏州	24.07	53.15	93	43	-50
泰州	23.91	23.90	94	93	-1
湛江	21.61	20.59	95	98	3
盐城	21.02	21.03	96	97	1
肇庆	20.18	38.09	97	70	-27
清远	16.72	32.46	98	82	-16
茂名	12.41	33.07	99	80	-19
江门	11.96	25.83	100	90	-10

7.4.3 休闲与文化

100个城市的休闲与文化指标数据与排名变化如表7-9所示。可以看到,新疆维吾尔自治区的克拉玛依和长三角地区的大部分城市表现出色。与2024年相比,100个纳入评价的城市中,有47个城市的排名上升,有45个城市的排名出现了下降现象。其中,沈阳和玉溪两个城市的排名比2024年分别下降51位和78位,应重点关注后续发展情况。

表7-9 休闲与文化指标得分与排名变化

城市	得分		排名		排名变化
	2025年	2024年	2025年	2024年	
克拉玛依	3662.55	39 451.04	1	1	0
大连	13 045.87	16 934.33	2	17	15
北京	10 906.86	15 968.23	3	22	19
深圳	5967.74	34 117.23	4	2	-2
上海	25 415.34	33 128.27	5	3	-2
南京	10 934.84	23 767.26	6	6	0
杭州	8974.64	24 274.03	7	5	-2
嘉兴	6806.75	22 598.48	8	7	-1
衢州	11 578.39	20 697.35	9	10	1
苏州	6187.50	21 612.94	10	8	-2
呼和浩特	8496.73	9775.81	11	49	38
铜陵	27 958.12	18 910.20	12	14	2
厦门	5072.82	19 862.26	13	12	-1
株洲	5682.73	17 330.22	14	16	2
温州	7770.52	16 615.22	15	18	3
天津	33 401.69	17 481.99	16	15	-1
广州	22 173.91	20 394.14	17	11	-6
绍兴	8237.89	16 345.42	18	19	1
福州	7400.61	16 224.19	19	20	1
东营	10 308.64	9165.39	20	57	37
中山	5865.58	14 807.13	21	25	4
威海	9388.30	16 082.47	22	21	-1
扬州	9626.47	13 440.80	23	32	9
宁波	4943.18	13 277.17	24	33	9

续表

城市	得分		排名		排名变化
	2025 年	2024 年	2025 年	2024 年	
银川	5124.15	14 105.33	25	28	3
宜昌	37 049.41	10 554.84	26	45	19
鄂尔多斯	7572.46	14 138.20	27	27	0
无锡	14 186.67	13 707.67	28	30	2
南宁	6979.25	13 643.82	29	31	2
湖州	11 466.67	12 026.35	30	37	7
镇江	9623.92	15 068.51	31	23	-8
泉州	5646.88	13 056.34	32	34	2
太原	7048.46	12 459.34	33	36	3
南通	4760.64	11 077.93	34	42	8
咸宁	7294.12	6008.25	35	83	48
东莞	17 902.28	11 698.34	36	39	3
珠海	16 289.59	11 854.90	37	38	1
肇庆	8751.27	9011.25	38	58	20
吉安	12 643.68	9298.33	39	56	17
湛江	4803.74	11 516.16	40	40	0
济南	8791.21	21 280.47	41	9	-32
河源	5046.08	10 000.00	42	48	6
海口	4460.69	3585.13	43	99	56
淮安	41 632.65	10 955.85	44	43	-1
桂林	9635.92	11 121.06	45	41	-4
吉林	6298.76	10 796.17	46	44	-2
乌鲁木齐	7315.27	8206.24	47	69	22
盐城	4038.29	10 277.15	48	47	-1
鞍山	7583.15	10 535.71	49	46	-3
江门	9836.45	13 834.84	50	29	-21
常州	20 500.00	8850.70	51	64	13
景德镇	19 692.31	8950.62	52	62	10
泰州	7751.61	9507.29	53	51	-2
清远	14 982.82	9385.50	54	54	0
成都	12 088.35	9487.45	55	53	-2

续表

城市	得分		排名		排名变化
	2025年	2024年	2025年	2024年	
安庆	9138.20	8975.37	56	60	4
潍坊	17 925.22	8918.80	57	63	6
青岛	37 626.00	9344.92	58	55	-3
连云港	11 867.88	9492.08	59	52	-7
芜湖	10 334.57	8490.94	60	68	8
佛山	11 478.87	8951.18	61	61	0
烟台	23 673.84	8993.83	62	59	-3
重庆	11 313.13	8536.39	63	65	2
沈阳	17 971.31	19 239.25	64	13	-51
长春	13 591.33	14 274.98	65	26	-39
合肥	9520.70	9712.96	66	50	-16
辽阳	14 038.03	8502.16	67	67	0
湘潭	9261.95	6362.57	68	80	12
营口	19 174.48	8084.56	69	70	1
锦州	10 527.95	7925.35	70	71	1
襄阳	8370.37	7254.12	71	75	4
惠州	13 536.04	5520.48	72	88	16
武汉	16 082.47	14 894.06	73	24	-49
淄博	7485.88	7483.18	74	72	-2
石家庄	36 402.47	4095.18	75	95	20
徐州	7613.54	6064.10	76	81	5
包头	8022.81	6563.12	77	78	1
洛阳	14 719.39	7375.65	78	73	-5
西安	16 788.67	7165.62	79	76	-3
滁州	7841.85	6676.65	80	77	-3
荆门	12 631.08	5769.09	81	85	4
玉溪	18 389.61	26 407.86	82	4	-78
郑州	13 808.14	8524.74	83	66	-17
哈尔滨	15 175.26	6540.90	84	79	-5
长沙	16 994.43	12 630.86	85	35	-50
贵阳	12 645.16	6060.90	86	82	-4

续表

城市	得分		排名		排名变化
	2025年	2024年	2025年	2024年	
西宁	7897.73	5007.41	87	90	3
绵阳	16 165.92	7355.97	88	74	-14
茂名	11 365.64	4053.26	89	96	7
宿迁	9174.96	5679.86	90	86	-4
南昌	15 882.35	5937.79	91	84	-7
兰州	14 594.59	3623.43	92	98	6
咸阳	22 075.62	4603.32	93	92	-1
昆明	10 155.21	4723.23	94	91	-3
焦作	11 624.29	5625.00	95	87	-8
泰安	10 881.91	4554.45	96	93	-3
益阳	11 937.05	5041.25	97	89	-8
临沂	10 000.00	4123.12	98	94	-4
保定	5792.00	3763.60	99	97	-2
自贡	10 394.19	3383.59	100	100	0

7.4.4 基础教育

100个城市的基础教育指标数据与排名变化如表7-10所示。可以看到，教育基础相对较好的城市并不是北京（第9位）、上海（第12位）和广州（第63位）等传统发达大都市，而是集中在东北地区，如辽宁省的锦州、辽阳、鞍山和沈阳，吉林省的吉林和长春，黑龙江省的哈尔滨，关键在于这些城市的低人口密度。值得注意的是，包头的2025年指标值排名较上一年下降80位，后续应该多加关注。

表7-10 基础教育指标得分与排名变化

城市	得分		排名		排名变化
	2025年	2024年	2025年	2024年	
锦州	1042.53	921.45	1	2	1
辽阳	1010.84	991.82	2	1	-1
吉林	993.97	919.70	3	3	0
铜陵	968.79	889.31	4	4	0
鞍山	933.95	852.04	5	6	1

续表

城市	得分		排名		排名变化
	2025 年	2024 年	2025 年	2024 年	
鄂尔多斯	903.40	840.11	6	8	2
沈阳	841.29	738.03	7	33	26
哈尔滨	838.50	796.42	8	17	9
北京	833.43	856.23	9	5	-4
长春	832.52	837.98	10	9	-1
克拉玛依	818.49	744.00	11	31	20
上海	813.81	809.76	12	12	0
营口	807.65	749.45	13	29	16
烟台	801.83	843.78	14	7	-7
盐城	799.66	781.33	15	20	5
河源	784.94	747.13	16	30	14
扬州	782.42	798.92	17	15	-2
南通	781.07	779.23	18	24	6
安庆	771.20	781.08	19	22	3
南京	770.41	794.87	20	19	-1
淮安	768.42	765.43	21	26	5
宜昌	762.54	780.39	22	23	1
绵阳	755.69	723.39	23	39	16
咸阳	753.98	743.06	24	32	8
淄博	753.80	826.96	25	10	-15
玉溪	751.44	776.44	26	25	-1
镇江	749.16	760.10	27	28	1
威海	742.18	805.65	28	13	-15
衢州	738.12	802.35	29	14	-15
自贡	738.02	685.07	30	57	27
东营	735.76	818.70	31	11	-20
连云港	734.15	732.87	32	35	3
荆门	731.97	733.92	33	34	1
绍兴	718.17	732.20	34	37	3
徐州	709.48	680.44	35	60	25
焦作	706.60	706.46	36	45	9

续表

城市	得分		排名		排名变化
	2025年	2024年	2025年	2024年	
太原	703.05	726.80	37	38	1
重庆	701.41	697.89	38	48	10
无锡	696.76	706.91	39	44	5
保定	693.25	682.97	40	59	19
益阳	688.41	703.31	41	46	5
济南	688.37	717.35	42	42	0
青岛	687.59	722.70	43	40	-3
成都	687.02	690.80	44	50	6
芜湖	685.69	719.86	45	41	-4
潍坊	684.51	781.18	46	21	-25
杭州	683.93	695.73	47	49	2
常州	679.74	690.20	48	51	3
温州	677.51	686.33	49	56	7
滁州	673.70	689.59	50	52	2
苏州	673.43	684.46	51	58	7
大连	671.01	688.23	52	54	2
湘潭	668.66	669.31	53	62	9
武汉	665.99	670.39	54	61	7
深圳	665.58	653.19	55	70	15
桂林	664.51	659.69	56	67	11
昆明	662.52	686.80	57	55	-2
吉安	658.79	660.09	58	66	8
湖州	657.80	689.35	59	53	-6
郑州	656.19	644.41	60	76	16
景德镇	655.57	651.96	61	71	10
南昌	651.26	659.33	62	68	6
广州	651.09	644.54	63	75	12
茂名	649.61	649.76	64	72	8
南宁	649.26	618.84	65	87	22
宁波	644.53	661.55	66	64	-2
合肥	642.07	661.31	67	65	-2

续表

城市	得分		排名		排名变化
	2025年	2024年	2025年	2024年	
洛阳	640.35	658.42	68	69	1
肇庆	639.39	599.46	69	93	24
泰州	635.67	796.05	70	18	-52
兰州	635.21	715.91	71	43	-28
西宁	634.86	638.93	72	77	5
清远	631.97	597.24	73	96	23
泰安	631.09	763.40	74	27	-47
长沙	627.13	647.80	75	74	-1
福州	624.68	628.97	76	79	3
嘉兴	623.48	648.14	77	73	-4
株洲	619.22	627.02	78	80	2
西安	615.01	638.21	79	78	-1
贵阳	614.92	620.79	80	85	5
佛山	611.57	626.62	81	82	1
泉州	603.31	618.98	82	86	4
襄阳	602.10	611.27	83	89	6
临沂	601.29	624.03	84	83	-1
惠州	600.31	600.22	85	92	7
石家庄	596.19	615.24	86	88	2
江门	595.33	604.90	87	91	4
银川	591.86	597.57	88	95	7
东莞	589.88	595.35	89	97	8
咸宁	585.95	598.33	90	94	4
天津	584.40	732.43	91	36	-55
宿迁	582.25	577.14	92	100	8
湛江	577.32	589.81	93	98	5
厦门	562.84	621.55	94	84	-10
中山	550.42	579.91	95	99	4
包头	508.81	796.54	96	16	-80
乌鲁木齐	507.89	609.75	97	90	-7
珠海	506.80	626.66	98	81	-17
海口	462.02	666.46	99	63	-36
呼和浩特	366.59	701.57	100	47	-53

后 记

新一轮科技革命和产业变革向纵深推进，经济社会发展的底层逻辑也发生了深刻变革。大数据、人工智能等新技术的涌现和应用场景的丰富，为创新创业提供了新的机遇。在新形势下，习近平总书记高瞻远瞩，以全球视野首次提出"新质生产力"[①]这一概念，为推动我国经济高质量发展和实现中国式现代化提供了有力支撑。

创业是一个地区活跃程度最直接的体现，对经济社会发展具有重要促进作用。创业需要良好的创业生态环境支撑，国外已经有不少机构对城市创业生态开展研究，并强调高技术创业活动对城市发展的带动作用。国内关于城市创业评价的研究相对较少，大多数研究依然以创新评价为基础，科技部火炬中心也推出过火炬高新技术产业开发区行业指数，但该指数缺乏连续性。从现实需求来看，随着我国创新驱动发展战略的纵深推进，对新赛道和新动能的需求愈发强烈，以独角兽企业、高新技术企业等为代表的基于高科技的创业型企业，对高质量发展的支撑作用不断显现。

在此背景下，柳卸林教授提出开发中国科技创业评价指数的计划，以此为国家提供城市科技创业水平的客观评估依据，综合分析过去一定时间内我国总体科技创业水平。因此，本书将具有国际性的意义，对建设创新型国家具有重要的参考价值。本书以城市为分析单位，通过涵盖宏观和微观层面的测度指标，构建一个基于"城市—企业"两个维度进行综合评价的指标体系，进而得到一个综合评价报告。

作为国内最早引进国家创新体系的学者之一，柳卸林教授持续关注中国区域创新问题，并连续二十余年发布《中国区域创新能力评价报告》。本书最早源于柳卸林老师对新形势下关于区域创新发展趋势的研判，强调依靠科技创业促进科技成果转化，以科技创新带动产业创新，这也符合习近平总书记关于发展新质生产力的要求。本书试图对城市科技创业水平进行监测和分析，为地区因地制宜发展新质生产力提供参考。

2023 年 5 月立项以来，课题组对评价指标体系、评价对象等进行了多轮讨论和修改，并

[①] 《习近平：发展新质生产力是推动高质量发展的内在要求和重要着力点》，https://www.gov.cn/yaowen/liebiao/202405/content_6954761.htm，2024-05-31。

邀请相关专家给出建议，最终确定了包含五个维度的城市科技创业评价指标体系。本年度在五个基本维度基础上，进一步根据理论和数据可得性对评价体系的基础指标进行了调整。在评价对象方面，本年度将所有拥有国家级高新技术产业开发区的城市都纳入评价，并选取前100强进行展示和分析。

  本书由柳卸林教授进行总体设计并组织撰写，在框架设计和写作过程中，得到上海科技大学创业与管理学院各位领导的支持和帮助。本书内容由课题组成员共同分析和撰写，其中，第1章和第2章的作者为中国社会科学院数量经济与技术经济研究所的杨博旭老师，第3章的作者为上海科技大学创业与管理学院的郦光伟老师，第4章的作者为上海科技大学创业与管理学院的贾建军老师，第5章的作者为上海科技大学创业与管理学院的郑雯老师，第6章的作者为上海科技大学创业与管理学院的杨锡怡老师，第7章的作者为首都经济贸易大学孔祥茹博士。

  鉴于主观和客观条件的限制，本书依然存在一些不足，部分原有目标尚未实现，如个别维度由于缺乏权威企业分类目录，所以使用专利数据来代替等。未来，课题组将进一步迭代更新评价指标体系，持续完善评价报告内容，以期为国家和地方经济高质量发展提供战略支撑。

  鉴于科技创业属于多学科交叉范畴，加之课题组水平有限，书中难免出现遗漏和不足之处，敬请各位同行和读者批评指正。

上海科技大学创业与管理学院
中国城市科技创业评价课题组
2025年7月3日